"十四五"职业教育国家规划教材

幼师童话故事训练

黄冬冬　编著

北京理工大学出版社
BEIJING INSTITUTE OF TECHNOLOGY PRESS

版权专有　侵权必究

图书在版编目（CIP）数据

幼师童话故事训练 / 黄冬冬编著. -- 北京：北京理工大学出版社，2019.9（2024.1 重印）

ISBN 978 - 7 - 5682 - 7642 - 9

Ⅰ.①幼… Ⅱ.①黄… Ⅲ.①幼教人员 – 童话 – 讲述法 – 幼儿师范学校 – 教材 Ⅳ.①G615

中国版本图书馆 CIP 数据核字（2019）第 208883 号

责任编辑：李慧智　　**文案编辑**：李慧智
责任校对：刘亚男　　**责任印制**：施胜娟

出版发行 /	北京理工大学出版社有限责任公司
社　　址 /	北京市丰台区四合庄路 6 号
邮　　编 /	100070
电　　话 /	（010）68914026（教材售后服务热线）
	（010）68944437（课件资源服务热线）
网　　址 /	http://www.bitpress.com.cn

版 印 次 /	2024 年 1 月第 1 版第 11 次印刷
印　　刷 /	定州启航印刷有限公司
开　　本 /	710 mm × 1000 mm　1/16
印　　张 /	12
字　　数 /	206 千字
定　　价 /	36.00 元

图书出现印装质量问题，请拨打售后服务热线，负责调换

自 序

在党的二十大报告中，为我们重申了教育"立德树人"的伟大重任，本教材完全从学生身心特点和思想实际出发，真正做到以生为本，从教材体系上强调"为幼儿"做的前提，在教学技法上强调"轻声"讲故事的风格，在教学资源上强调实效性和趣味性。同时本教材完全遵循二十大报告中的创新精神和现代化理念，做到资源的信息化和数字化，其中包含76个故事视频、44个故事文本案例，是历届技能大赛师生反复打磨、精益求精的精华成果。

讲故事看似人人都会讲，但现在好多初练者，一拿到文本就照念、照读、照背，而家里父母给孩子讲故事，也是照着故事书读，或者讲得很随意，就是为了哄孩子睡觉，讲个道理而已。其实讲故事有很高的技巧和含金量，它是幼儿教师的一项基本功，幼儿教师练习讲故事是多方位技能的锻炼：其一，训练自己的语言生动力，训练教学语言的形象性；其二，对幼儿可以进行语言的感染熏陶；其三，还能对幼儿的语言给予有效的引导。

沧州市学前教育专业技能大赛迄今为止已经举办十届。前六届的幼师讲故事比赛和钢琴、舞蹈、声乐、美术占有同等的分数比例，而到了第七届，钢琴、舞蹈、声乐合成一项技能占总成绩的20%，讲故事仍保持单独一项占到30%的比例，这时候讲故事变得更加重要。而河北省学前教育专业技能大赛从第二届也开始设置了讲故事的赛场，而且设置的标准也越来越难，由自备一个故事到自备三个故事，再到现在的现场抽故事临场讲故事。技能大赛就是学前教育专业职业性的方向标，代表的就是幼儿教师的就业方向。而沧州地区各县市的幼儿园公立教师招考中，每次面试环节，讲故事也经常是重要的技能考查。由此可见掌握讲故事的能力对幼儿教师来说是很必要的。

但现在的故事良莠不齐，在网上百度一搜，单故事名字就会让你眼花缭乱，而且版本也很多，有的故事对大班、中班、小班也没有明确的划分，如果你去参加比赛或者应聘，想从网上找一些视频学习和借鉴的话，简直少之又少。虽然网上有一些音频，声音感觉还不错，但音频故事和现场讲述故事效果是不一样的，音频讲求的是声音感觉，是唯美的感觉，反而有些朗诵的味道，这和现场讲故事是不同的，就更没有师幼的互动状态了。

  我从事幼师口语教学已经16年，也连续承担了八届沧州市学前教育专业技能大赛的讲故事辅导工作，担任了七届讲故事赛场的评委，而且在河北省中职和高职技能大赛的讲故事辅导中积累了不少的经验。在此书中，我将对这些年自己讲故事教学和辅导的收获进行总结，给其余的口语老师和讲故事辅导老师提供参考。而且这些年也留下许多故事文字资料和学生的讲故事视频，借此机会搜集成册，作为一种财富保存和积累。

  此书从编辑到成稿，得到了沧州幼儿师范高等专科学校（原泊头职业学院）十届沧州市学前教育专业技能大赛师生团队的大力协助，在此深表感谢。

作者简介

黄冬冬，文学硕士学位，沧州幼儿师范高等专科学校（原泊头职业学院）教授，河北省优秀教师，河北省"三三三人才工程"第三层次人选，沧州市教育系统"三八"红旗手，沧州市第九批市管专业技术拔尖人才，从事学前教育专业幼儿教师口语教学。工作期间致力于教学与科研的探索，发表核心论文5篇；在国家级省级期刊发表论文30余篇；参与编写国家规划教材3本；主持并主要参与省市级17项课题的研究。

获奖情况：

1. 2011—2018年连续八届辅导沧州市学前教育专业技能大赛幼儿故事比赛，均获得"优秀指导教师奖"。

2. 2014年辅导河北省学前教育专业技能大赛幼儿故事比赛，所指导的学生获得故事单项一等奖，个人获得优秀指导教师一等奖。

3. 2014年参与的学前教育专业教学团队获得"省级优秀教学团队"荣誉称号。

4. 2015年辅导河北省学前教育专业技能大赛幼儿故事比赛，获得优秀指导教师二等奖。

5. 2017年指导的学生获得河北省学前教育专业技能大赛一等奖。

6. 2018年在全国职业教育学会礼仪大赛中辅导的学生获得三等奖。

7. 2019年在河北省职业教育技能礼仪大赛中指导的学生获得一等奖。

8. 2019年参加学院组织的信息化教学能力大赛获得一等奖。

9. 2019年参加沧州市信息化教学能力大赛获得一等奖。

10. 2020年参加河北省信息化交流活动微课比赛获得二等奖。

11. 2021年参加河北省信息化交流活动微课比赛获得二等奖。

12. 2021年参加河北省优秀教学成果奖评选，获得二等奖。

目 录

第一章　讲故事概述 ·· 1

第二章　为幼儿"明辨"童话故事 ································ 46

第三章　为幼儿"润饰"童话故事 ································ 60
 一、熟悉故事的步骤 ·· 60
 二、再创作的技巧 ·· 62
 三、复述的辅助技巧 ·· 77
 四、再创作案例赏析 ·· 79

第四章　为幼儿"绘声"童话故事 ································ 86
 一、叙述语言的"生动性" ······································ 86
 二、角色语言的"形象感" ······································ 90

第五章　为幼儿"绘色"童话故事 ································ 95
 一、态势语的基本教态 ·· 95
 二、态势语的基本内容 ·· 96
 三、态势语的注意事项 ·· 98
 四、态势语的运用原则 ·· 99

第六章　幼师讲故事的最佳风格 ·································· 102

附录一　技能大赛故事再创作案例（文本、视频）············ 108
 故事目录 ·· 108

附录二　经典童话故事原版故事库 ······························ 163
 故事目录 ·· 163

后记 ·· 182

第一章

讲故事概述

　　所谓讲故事,就是把我们看到的、听到的或自己编的故事,用口语有声有色、绘形绘神地讲出来。从概念可以了解讲故事先是经过语言的组织,再用声音展示出来,同时用肢体点缀辅助,这三方面缺一不可。美国心理学家艾伯特给情感表达定了一个公式:情感的表达＝7%的语言+38%的声音+55%的表情和动作,而讲故事也是一种传情达意的语言方式。所以幼儿教师想讲好故事也应该从这几方面着手,这些会在后面的章节中逐一体现。

　　好的故事是人们非常喜闻乐见的一种口语形式。好的故事不仅有助于人们开阔视野、增长知识、认识生活、发展思维,还可以让人们精神愉悦、陶冶情操。而讲故事也是幼儿教学中寓教于乐的有效手段,是对幼儿进行教育教学活动的极好形式。比如在幼儿学前班中,教师可以通过讲述《小熊捞皮球》的故事传达"水的浮力"的科学原理,幼儿在教师形象生动的故事讲述中可以轻松而愉悦地了解到抽象的科学常识,同时又在有趣的故事情境中认识"浮"和"捞"等生字,一举两得。有的幼儿教师在给小班孩子讲述彩虹的科学现象时,把彩虹的形成原理也用丰富的语言和生动的故事情节表达:小雨点变成了水滴宝宝,太阳成了老公公,彩虹成了七彩衣。连成故事情节就是:有一天天空中云姐姐带了许多水滴宝宝出来玩(下雨了),玩了半天,太阳公公出来叫大家回家。大多数宝宝都很听话,可是有些小水滴太贪玩,来不及回去,太阳公公就心疼地为他们披上了七色彩衣，这就是我们看到的彩虹。老师即兴编的小故事多么生动有趣呀！小朋友们在有趣的故事中知晓了复杂枯燥的自然原理。所以会讲故事是幼儿教育职业的要求，是幼儿教师的一项基本功。

在2010年国家颁布的幼儿教师专业标准中，第一项就是幼儿故事的讲述（会说），同简笔画、弹唱、舞蹈一样的重要。而国家、河北省、沧州地区的中等和高等职业院校学前教育专业技能大赛中，幼儿故事的分数比例逐渐高于声乐、舞蹈、钢琴等技能，而且难度也在逐渐加大。沧州市学前教育专业技能大赛迄今为止已经举办了八届，前六届的幼师讲故事比赛和钢琴、舞蹈、声乐、美术占有同等的分数比例；而到了第七届，钢琴、舞蹈、声乐合成一项技能占总成绩的20%，故事仍保持单独一项，占到30%的比例，这时候讲故事变得更加重要。河北省中职学前教育专业技能大赛从第二届也开始设置了讲故事的赛场，而且设置的要求也越来越难，由自备1个故事到自备3个故事，还要求大班、中班、小班各一个，同时要设置导入语、提问语和结束语。国家和河北省高职学前教育专业技能大赛的讲故事规则是现场抽故事，准备7分钟左右就立即进赛场讲故事，这样对复杂的道具等形式要求就小了，而对幼师自身讲故事的素质和技巧运用的能力要求更高了。学前教育专业的技能大赛就是职业教育的风向标，代表的就是幼儿教师的就业方向。而沧州地区各县市的幼儿园公立教师招考中，每次面试环节中，讲故事也是重要的技能考查方式。而幼儿教师资格证面试中抽到的讲故事环节，和高职学前教育专业技能大赛中选手现场抽签、现场准备、现场讲述的形式又极为相似。这个环节考生会抽到至少300至800字的童话故事，在备考室中仅准备20分钟的时间就上场讲述，由此可见学前教育专业的学生想成为一名合格的幼儿教师，想成功展示幼儿教师的气质风采，就必须掌握讲故事能力。

附录　河北地区教师招考"语言考核信息"访谈记录

访谈主题：语言（讲故事）在面试考查中的形式和比重
1. 南大港第二幼儿园刘娟老师的访谈记录
　　我是在2012年通过教育局正式的教师招考进入了公立幼儿园工作，除了我自己经历这样的考试外，我们幼儿园每年都有正式考入的同事。据了解每次考核面试，讲故事、说课、讲课在就业招考中很重要。面试考核在考试中占了60%的比重，这60%中50%都是讲故事、说课、讲课，只有10%是才艺展示。此外，现在面试的语言特别讲究声情并茂，除了注重考生的发音，还对考生的面部表情要求很高。每年考试的形式也会有所不同，记得有一年是绘画、弹琴、讲故事，抽签选取，后来有一年讲故事变成了必选项，其他项目可以自愿。总之讲故事年年有，只是出现的形式不一样而已。而且无论考查哪一项，每项都是6分钟。教师招聘考试中，笔试占总成绩的40%，面试占到60%，面试真的越来越重要。

2. 南皮县第三幼儿园郑明洋老师的访谈记录

我是通过南皮县编考试进入正式教师的行列的。在面试环节我们这儿只有讲课没有才艺，往年是讲课、才艺展示，从我们那年开始变了，抽题然后讲课，最后回答考官的问题。我们这边没有说课，就是抽题，抽到之后准备教案，然后开始讲，形式特别简单，而且是十分钟的试讲，里边能加一些小才艺最好，比如在试讲的时候随手画个画，唱个歌。因为我们这边没有单独的才艺展示环节了，所以试讲的时候能表现一下最好。考试时间是10分钟，有时也没有那么长，大概五六分钟，考官就会喊停，最后一个提问问题环节，主要还是考查考生的心理素质、教态和语言表达，比如条理是否清晰，观点是否明确，情感态度、价值观是否向上等。我们面试的时候讲课题目一样、问题一样，每个考生先抽号，抽完后按照顺序去备课，流程一般是两个人一起进去准备，教室两头一头一个，考完后有专人带出去别的教室等成绩，考试的教室、备考的教室和最后等成绩的教室都不在一个楼层。

3. 沧州市运河区南陈屯中心幼儿园王晨老师的访谈记录

我是2016年通过沧州市教师招考进入教师行业的。沧州运河区教师招聘考试中，笔试成绩和面试成绩的比例是5∶5，最近几年只有2016年招考时面试没才艺环节，只有说课，其他几年都有才艺环节。2016年招聘，所有人说课的题目一样，都是同一个绘本故事《小兔走了》。那会儿三个人一组，到一个教室，发材料，准备10分钟，然后开始说课。

4. 泊头市第一幼儿园尹姗姗老师的访谈记录

我是2012年泊头市招聘的第一批幼师，当时面试的技能是：说课、讲故事、唱歌、弹琴、舞蹈、美术（绘画和手工），说课是50分，其他几项各占10分。讲故事这一项是让考生们自备一个故事，没有服装和道具要求，时间在5分钟以内。我认为讲故事很重要，对其他科目不擅长的考生，这一项很增分，我当时讲的故事是《猴吃西瓜》，讲的过程中加上肢体动作，最后得分还算高：8.6分。

5. 泊头市第一幼儿园庞雪晴、白双双、张雪梅老师的访谈记录

我们都是2017年参加泊头公立教师招考的，自备环节我们都用的是我们在校期间参加技能大赛的技能内容，比如讲故事，庞雪晴用的是当时培训的《卖火柴的小女孩》，张雪梅用的是技能大赛培训时的《狼和小羊》，白双双用的是当时培训的《狐狸和乌鸦》。

6. 泊头市第二幼儿园郭圣洁老师的访谈记录

我是2021年通过泊头教师招聘进入的泊头市第二幼儿园。当时我们面试分为三个环节（试讲、舞蹈和弹唱），分别在两个教室完成。首先进行的是试讲，老实说我比较怵头的就是试讲，当时心情比较忐忑。我当时抽到的是语言领域的活动，讲一个关于丰收的小儿歌，这次活动主要是让孩子们了解秋天成熟的果物有哪些，而且让孩子们用恰当的形容词形容它，比如：金灿灿的玉米、红彤彤的苹果等。我当时迅速设计总体思路：比如怎样导入更新颖，怎样解说才能更明白，怎样提问才能启发幼儿，这个过程对教师的语言能力要求很高，当时内心挺慌，但是幸好结果是好的。

7. 交河幼儿园盖雅丽老师的访谈记录

我是2021年参加泊头公立教师招考的，笔试成绩和面试成绩是5∶5，其中面试的技能是：讲课50分，自弹自唱30分，舞蹈20分。由于我的笔试成绩不是很占优势，所以在面试中一定要把握好机会。自弹自唱和舞蹈都是考生们自备歌曲和舞蹈，选定好后就可以在考试前多练习，相对难度小一些。但讲课是进入备课室后按抽签的形式才能从健康、科学、社会、语言和艺术五大领域的教材中选定讲课内容，抽完题目后会有二十分钟的时间备课（这和教师资格证考试相似），试讲时间是五分钟，我抽到的是科学领域"珍惜粮食"。在讲课过程中尤其是作为幼儿教师，表情一定要和蔼可亲，动作生动活泼，语言要儿童化，就像真的有一群孩子在你的面前一样。讲课在面试中占一半的比例，所以讲课是很重要的一项，而且讲课中语言的生动性、启发性和形象感非常的重要。

8. 盐山县幼儿园张晨老师的谈话记录

我是2021年参加盐山县编考试正式进入教师行业的。在面试环节中，只有技能才艺表演，没有说课和讲课。技能包括讲故事、唱歌、弹琴、舞蹈、美术（任选两项）。我当时选的是舞蹈和故事。在面试前，通过自己练习每个故事语气的发音和肢体动作的配合。考试时故事是现场抽题，很有可能抽到自己没有练习过的，准备时间只有十分钟，所以我们平时在学校和工

作中的讲故事积累非常重要。

> **9. 雄安容和教育总校双文幼儿园肖楠楠老师的访谈记录**
>
> 　　我是2021年8月考上的雄安容和教育总校。据我个人多次考取教师资格证和考编学习经验总结，每次考试过程都很严格，其中难度最大的一个环节应该是面试。有很多笔试排位不靠前的考生就是凭借面试完成逆袭。面试环节大概分三部分：答辩、试讲、才艺，整个面试过程无论是和考官的直接沟通还是课堂模拟试讲，或是才艺展示中的讲故事，最终考查重点都是落在口语表达上：首先要有标准的普通话；其次注意吐词清晰自然，语调和谐悦耳，语气亲切和蔼，语速流畅适中，切忌说太快导致自己越讲越紧张；最后还要注意面部表情和体态动作的控制，切忌全程冷脸，自然、真诚的眼神和微笑会让考官更加青睐，毕竟人天生就喜欢笑脸，何况是枯坐了半天的考官呢。总体来看语言表达最能体现一位老师的文化素养、道德修养以及良好的沟通能力，而这些也不能仅仅依靠集训就能具备，所以我们在校期间的培养和坚持训练非常必要。

　　通过以上访谈记录我们不难发现，河北省各县市教师招考面试中语言表达越来越重要，各项语言考查中对幼师语言的条理性、表现力、教态感觉和面对幼儿的情感素质要求很高，而且在这些语言形式中讲故事则是重中之重，这对我们在校期间的语言训练有很大启发，具体总结如下：

　　①语言类别多样化：讲课、讲故事和说课，所占比重非常大，讲课和说课中的语言领域涉及故事技能的概率也很大。

　　②语言要求越来越高：不仅要有语言的生动性和形象感，还要增加幼师面对幼儿的教态，体现幼师的甜美和亲切。

　　③"课、岗、赛、考"有很大关联：教师岗位考核、技能大赛和教资考试中语言考查形式很相似，这就需要在校期间借助赛、考的显性方向引领训练方向，最终使语言培养效果和岗位需要精准对接。

> **附录　沧州市近年来学前教育专业技能大赛"幼儿故事"**
> **考核方案和评分标准**
>
> **2017年沧州市第七届学前教育专业技能大赛"幼儿故事"技能考核方案和评分标准**
> 　　**一、比赛方案的改革背景**
> 　　讲故事是幼儿教师的一项基本功，所以无论市赛、省赛怎样改革，讲故事仍然是一项独立的技能考核项，分值一直很高。但随着职业院校的职业化

改革和教育部门的职业方向标的准确化定位，故事的比赛标准在不断地变化，最早在河北省和沧州市的中职比赛中讲幼儿故事都是自备一个故事，但后来河北省的中职比赛难度逐渐增加，改为自备大班、中班、小班三个故事，而且还必须加入导入语、结束语、提问语等教法元素，这就是逐渐往幼师职业和就业上靠近。而现在的高职赛场难度更大了，不自备故事了，要临场讲故事，最多准备七八分钟，比赛标准除了基本的语言素质要求外，也加入了再创作的教法设计等，这和幼儿教师资格证考试面试中故事教学设计的环节也十分接近了。此前，沧州市学前教育专业技能大赛已经举办了六届，讲故事环节比赛中同学们的表现已经逐渐偏离了语言考核的方向，选手们把重点放在了道具服装和表演等外在元素上，幼师的内在语言素质和教师语言教法元素逐渐淡化。所以这次力求做一次重大的比赛改革，让幼儿故事的讲述比赛更符合职业化要求，更能发挥技能大赛职业化方向标的引领作用。

二、比赛的具体程序

1. 为了符合县域中职院校学生的水平，这次沧州市比赛打算在省级中高职比赛的基础上既提升高度又降低难度，提供故事库：30个故事名称。这些故事都是比较经典的故事，百度中都能搜到，如果有的版本有细微的不同，选手可以任意选择，到比赛时，只要故事完整，主题明确，讲述生动，增加教法特点就行，其中具体细节的变化，不在扣分范围。

2. 在比赛的第一天下午考完手工和理论，参赛学校的选手就开始从工作人员手里的30个故事中抽取两个故事名称（必须让工作人员做好记录选取的是哪两个故事），过后自己任选一个比较好驾驭的故事准备。此时不再像往年一样设置拷贝音乐环节了，因为这种比赛形式不再适合选手应用背景音乐了。

3. 第二天讲故事比赛，选手入场时直接交给工作人员自己抽取的故事签。接着向评委点明自己选取的故事是什么，接着讲述即可。

三、故事库中故事名称

1. 小猴吃瓜果 2. 城市老鼠和乡村老鼠 3. 狐狸和乌鸦 4. 狐假虎威 5. 猴吃西瓜 6. 谦虚过度 7. 没有牙齿的大老虎 8. 苍蝇和毛毛虫 9. 狼和小羊（寓言版） 10. 雪孩子 11. 小猪变干净了 12. 三只小猪盖房子 13. 会打喷嚏的帽子 14. 小猫钓鱼 15. 乌鸦喝水（详细版） 16. 聪明的小乌龟 17. 狗熊进城 18. 青蛙卖泥塘 19. 龟兔赛跑 20. 美丽的大公鸡（课文版） 21. 狐狸和小鸡（邻居版） 22. 两只笨狗熊 23. 贪吃的小猪 24. 猴子捞月亮 25. "咕咚"来了 26. 会动的房子 27. 小马过河 28. 小苹果树找医生 29. 三头公牛和狮子 30. 狮子和老鼠

四、比赛评分标准

1. 语音标准,语言表达流畅、清晰,内容完整。(10分)

2. 必须脱稿讲述,而且无论故事长短,通过再创作故事时间必须控制在2~4分钟。(10分)

3. 恰当、自然地运用语言技巧,感情充沛、情绪饱满、抑扬顿挫,叙述语言和角色语言要分明,符合故事内容和特点。(30分)

4. 必须对故事进行合理的再创作加工,让故事更生动,形象更突出,而且为了体现幼师讲故事的启发性和引导性,必须为故事设计有吸引力的导入语、启发性的提问语和意味深长的结束语。(20分)

5. 仪表大方、体态自然,恰当运用态势语言。(20分)

6. 有限的道具适合故事的话可以酌情加分(比赛现场提供粉笔和黑板,但没有提前准备的时间,只能现场使用)。(10分)

2018年沧州市学前教育专业技能大赛"幼儿故事"考核方案

一、比赛的具体程序

1. 为了符合县域中职院校学生的水平,第八届沧州市比赛打算在省级中高职比赛的基础上既提升高度又降低难度,从自备故事、30个故事库改为提供15个文本故事库,从去年比赛头一天下午抽取故事改为比赛当天现场抽故事。(正式比赛时会由教育局提前按照场次抽取不同的故事,进行档案袋密封,同一场次讲一个故事,每场次换一个故事,现场拆封)

2. 正式比赛当天,早晨第一场讲故事的学生需要被带到封闭室等待工作人员通知叫号带领,接着会逐一被带到备考室,在备考室会拿到工作人员发的文本故事稿准备五分钟,然后进考场讲述幼儿故事。(最开始是两位选手同时备考,当1号选手进入赛场,备考室需要再带进3号选手备赛,当1号选手比赛完毕,2号选手从备考室进入赛场,3号继续备赛,4号选手需要从封闭室进入备赛室备赛,依次类推。这样每位选手的准备时间就是两位选手的讲述时间,大约5分钟)

二、比赛评分标准

1. 语音标准,语言表达流畅、清晰,内容完整。(10分)

2. 必须脱稿讲述,而且无论故事长短,通过再创作故事时间必须控制在3分钟以内。(10分)

3. 恰当、自然地运用语言技巧，感情充沛、情绪饱满、抑扬顿挫，叙述语言和角色语言要分明，符合故事内容和特点。(35分)

4. 仪表大方、体态自然，恰当运用态势语言。(25分)

5. 必须对故事进行合理的再创作加工，让故事更生动，形象更突出，而且为了体现幼师讲故事的启发性和引导性，必须为故事设计有吸引力的导入语、启发性的提问语和意味深长的结束语。(20分)

备注：这次比赛形式加入了临场的成分，而且一个场次选手讲同一个故事，更能考查不同学生对故事的再创作和临场驾驭能力，更有对比效果。而且这样的比赛流程和幼儿园教师资格证、县域公立教师面试环节很相似。因为加入很多临场的元素，所以这次不需要准备音乐和道具，完全考查的是一位幼儿教师对故事稿的再创作能力和临场驾驭语言的能力。

沧州市第八届学前教育专业技能大赛幼儿故事备赛故事库

1. 城市老鼠和乡村老鼠

从前，有两只老鼠，他们是好朋友。一只老鼠居住在乡村，另一只住在城里。很多年以后，乡下老鼠碰到城里老鼠，他说："你一定要来我乡下的家看看。"于是，城里老鼠就去了。乡下老鼠领着他到了一块田地上他自己的家里。他把所有最精美的食物都找出来给城里老鼠。城里老鼠说："这些东西不好吃，你的家也不好，你为什么住在田野的地洞里呢？你应该搬到城里去住，你能住上用石头造的漂亮房子，还会吃上美味佳肴，你应该到我城里的家中看看。"乡下老鼠就到城里老鼠的家中去。房子十分漂亮，好吃的东西也为他们摆好了。可是正当他们要开始吃的时候，听见很大的一阵响声，城里的老鼠叫喊起来："快跑！快跑！猫来了！"他们飞快地跑开躲藏了起来。

过了一会儿，他们出来了。当他们出来时，乡下老鼠说："我不喜欢住在城里，我喜欢住在田野里我的洞中。因为这样虽然贫穷但是快乐自在，比起虽然富有却要过着提心吊胆的生活来说，要好些。"

2. 青蛙卖泥塘

青蛙住在烂泥塘里，他觉得这儿不怎么样，就想把泥塘卖掉，换几个钱，搬到城里去住。于是青蛙在泥塘边竖起了一块牌子，写上：卖泥塘！"卖泥塘嘞，卖泥塘！"青蛙站在牌子下大声吆喝起来。

一头老牛走过来，他看见了泥塘说："嗯，是这个水坑坑吗？在里面打打滚倒是挺舒服,不过,要是周围有些草就好了。"老牛不想买泥塘,走了。青蛙想,要是在泥塘周围种些草,就能卖出去了。于是他就去采集草籽,播撒在泥塘周围的地上。到了春天,泥塘周围长出了绿茵茵的小草。青蛙又站在牌子下面,大声吆喝起来:"卖泥塘嘞,卖泥塘!"

一只野鸭子飞来了,他看了看泥塘说:"嗯,这地方好是挺好,就是塘里的水太少了。"野鸭没有买泥塘,飞走了。青蛙想,要是往泥塘里引进些水,就能卖出去了。于是他跑到周围的山里找到泉水,把水引到自己的泥塘里来。等泥塘里灌足水以后,青蛙又站在牌子下大声吆喝起来:"卖泥塘嘞,卖泥塘!"可是他的泥塘还是没有卖出去。

小鸟飞来说,这里缺点儿树;蝴蝶飞来说,这里缺点花儿;小兔跑来说,这里还缺条路……青蛙想:对!对!要是那样的话,泥塘准能卖出去。于是他就在泥塘边栽了树,种了花,修了路。

"卖泥塘嘞,卖泥塘!"有一天,青蛙又站在牌子下吆喝起来,"多好的地方!有树、有花、有草、有水塘。你可以看蝴蝶在花丛中飞舞,听小鸟在树上歌唱。还可以在水里尽情游泳,躺在草地上晒太阳……"说到这里,青蛙突然愣住了,他想:这么好的地方,自己住挺好的,为什么要卖掉呢?

3. 乌鸦喝水(详细版)

一只乌鸦口渴了,他在低空盘旋着找水喝。找了很久,他才发现不远处有一个水瓶,便高兴地飞了过去,稳稳地停在水瓶口,准备痛快地喝水了。可是,水瓶里水太少了,瓶口又小,瓶颈又长,乌鸦的嘴无论如何也够不着水。这可怎么办呢?

乌鸦想,把水瓶撞倒,就可以喝到水了。于是,他从高空往下冲,猛烈撞击水瓶。可是水瓶太重了,乌鸦用尽全身的力气,水瓶仍然纹丝不动。

乌鸦一气之下,从不远处叼来一块石子,朝着水瓶砸下去。他本想把水瓶砸坏之后饮水,没想到石子不偏不倚,"扑通"一声正好落进了水瓶里。

乌鸦飞下去,看到水瓶一点儿都没破。细心的乌鸦发现,石子沉入瓶底,里面的水好像比原来高了一些。

"有办法了,这下我能喝到水了。"乌鸦非常高兴,他"哇哇"大叫着开始行动起来。他叼来许多石子,把它们一块一块地投到水瓶里。随着石子的增多,水瓶里的水也一点儿一点儿地慢慢向上升……

终于，水瓶里的水快升到瓶口了，而乌鸦总算可以喝到水了。他站在水瓶口，喝着甘甜可口的水，心里是那么痛快、舒畅。

4. 不听劝说的小公鸡

有一天，小公鸡穿上自己最喜欢的衣服，到小河边去散步，走着走着，突然听见了愉快的笑声。他朝四周看了看，只见小鸭哥哥在游泳，玩得可开心了，还不时地能抓到鱼呢！小公鸡说："小鸭哥哥，小鸭哥哥，我也想下水玩。"小鸭连忙劝说小公鸡："别，别，你千万不要下来，你不会游泳呢。"小公鸡听了，非常生气，以为小鸭不想和他一起玩，嘲笑他不会游泳。于是，他找了一条没有人的小河，心想："哼，臭鸭子，说我不会游泳，我就偏要游给你看看。"小公鸡"扑通"一声跳下水，马上就沉了下去。他痛苦地喊着："救命啊！救命啊！快救救我啊！"但是附近根本没有人，可怜的小公鸡就这样被淹死了。

这个故事告诉我们，要学会听从别人的劝告，千万不要去尝试危险的活动。

5. 猴子捞月亮

有只小猴子在井边玩。他往井里一看，里面有个月亮。小猴子叫起来："糟啦！糟啦！月亮掉在井里啦！"

大猴子听见了，跑过来一看，跟着叫起来："糟啦！糟啦！月亮掉在井里啦！"

老猴子听见了，跑过来一看，也跟着叫起来："糟啦！糟啦！月亮掉在井里啦！"

附近的猴子听见了，都跑过来看。大家跟着叫起来："糟啦！糟啦！月亮掉在井里啦！咱们快把它捞上来！"

猴子们爬上了井旁边的大树。老猴子倒挂在树上，拉住大猴子的脚。大猴子也倒挂着，拉住另一只猴子的脚。猴子们就这样一只接一只，一直挂到井里头，小猴子挂在最下边。

小猴子伸手去捞月亮。手刚碰到水，月亮就不见了。

老猴子一抬头，看见月亮还在天上，他喘着气，说："不用捞了，不用捞了，月亮好好地挂在天上呢。"

6. 以大欺小的狗熊

森林里住着一只狗熊，它常常欺负小动物。

清早，狗熊一出门，看见小鸭子在河里游泳，就悄悄地躲到树背后，悄悄地捡起一块石头，往河里扔。小鸭子以为狐狸来了，吓得赶紧躲到芦苇丛里。狗熊说："哈哈哈哈，胆小鬼！"小鸭子说："狗熊最坏！"

狗熊继续往前走，看见小刺猬，便拦住他，叫他背着苹果走路。小刺猬害怕狗熊，只得乖乖地背着苹果走路。狗熊说："哈哈哈哈，不中用的小家伙！"小刺猬说："狗熊尽欺负人！"

狗熊继续往前走，看见小猴子，跑过去夺下小猴子头上的草帽戴在自己头上。小猴子说："狗熊哥哥，把草帽还给我吧，狗熊哥哥，把草帽还给我吧！"狗熊说："你有本事自己来拿呀！"

长颈鹿来了，低下头去，咬住狗熊头上的帽子还给小猴子。狗熊说："你、你、你多管闲事！"长颈鹿不说话，咬住狗熊，把它举得高高的，狗熊吓坏了，说："放开我，放开我！"长颈鹿放下狗熊，说："下次不许以大欺小！"狗熊说："我知道，我知道！"

从此以后，狗熊再也不做以大欺小的事了，森林里的小家伙们都愿意和他交朋友了。

7. 谦虚过度

水牛爷爷是森林世界公认的谦虚人，很受大家的尊重。小白兔夸他："水牛爷爷的劲儿最大了！"他就说："唉，过奖了，犀牛、野牛劲儿都比我大。"小山羊夸他："水牛爷爷贡献最多了！"他回答说"唉，不能这样讲了，奶牛吃下的是草，挤出来的是奶，他的贡献比我多。"

狐狸艾克很羡慕水牛爷爷谦虚的美名。他想："我也来学习一下谦虚吧，这谦虚太好学了。"他想："水牛爷爷的谦虚不就是这两点吗？一是把自己的什么都说小点儿；二是把自己的什么都说少点。嗯，对！就是这样！"

一天，艾克遇到一只小老鼠。小老鼠看到艾克有一条火红蓬松的大尾巴，不禁发出了由衷的赞美："哎呀，艾克大叔，您的尾巴真大呀！"艾克学着水牛爷爷的口气，歪歪嘴说："哎，过奖了，你们老鼠的尾巴比我大多了。""啊，什么？"小老鼠大吃一惊，"你长那么长的四条腿，却拖根比我还小的尾巴？"艾克谦虚地说："哎，不能这么讲了，我哪有四条腿，三条了，三条了。"小老鼠以为艾克得了精神病吓跑了。

艾克的谦虚没有换来美名，倒换来一大堆谣言。大家说："唉，森林世界出了一条妖怪狐狸，只有三条腿，还拖着一根比老鼠还小的尾巴。"

8. 狐狸和乌鸦

森林里有棵好大好大的树，树上住着乌鸦。树下有个洞，洞里住着一只狐狸。

一天，乌鸦叼来一块肉，站在树上休息，被狐狸看到了。狐狸馋涎欲滴，很想从乌鸦嘴里得到那块肉。由于乌鸦在树枝上，狐狸在树下没有办法得到肉。对肉的垂涎三尺又使狐狸不肯轻易放弃。它眼珠一转说："亲爱的乌鸦，您好吗？"乌鸦没有回答。狐狸只好赔着笑脸又说："亲爱的乌鸦，您的孩子好吗？"乌鸦看了狐狸一眼，还是没有回答。狐狸摇摇尾巴，第三次说话了："亲爱的乌鸦，您的羽毛真漂亮，麻雀比起您来，就差远了。您的嗓子真好，谁都爱听您唱歌，您就唱几句吧！"乌鸦听了非常得意，心想："说我嗓子好，爱听我唱歌的只有你狐狸。"于是，就高兴地唱了起来。刚一张嘴，肉就从嘴里掉了下去。狐狸叼起肉就钻到洞里去了，只留下乌鸦在那里"歌唱"。

9. 小猪变干净了

有一只小猪，他长着圆圆的头、大大的耳朵、翘翘的鼻子、胖乎乎的身子。他喜欢在垃圾堆里找吃的，吃饱了，就在泥坑里滚来滚去，身上全是泥浆。他想："哼！我就不洗澡！"

一天，小猪想去找朋友，走着走着看到了一只小白兔。小白兔耳朵长长的，尾巴短短的，眼睛红红的，身子白白的。小猪看着小白兔很可爱，就想和他交朋友。小猪着急地说："小兔小兔我想和你交朋友。"小兔一看小猪这么脏就说："小猪呀，你太脏了，你洗了澡，我就和你玩。"小猪不想洗澡，只好伤心地走掉了。

小猪走着走着看见了小白鹅，小白鹅头上戴着红红的帽子，身子白白的。小猪看见了，觉得小白鹅很漂亮，就想和他交朋友，小猪说："小白鹅，小白鹅，我想和你交朋友。"小白鹅看了看小猪的身子说："你太脏了，你洗完澡我就和你玩。"

小猪看了看自己的身子很脏，但他很想跟小白鹅交朋友，小白鹅就说："走，我带你去洗澡吧。"小白鹅带小猪来到了池塘，把水扑腾扑腾扑在了小猪的身上，小猪终于变干净了。从此以后小白鹅和小兔都跟他玩了！

10. "咕咚"来了

森林中有一个很大的湖，湖边长着一棵高大的木瓜树，树上结满了黄灿灿的木瓜。有一天小白兔从木瓜树下经过的时候，一只熟透了的木瓜被风一吹从树上掉了下来，"咕咚"一声正好掉在了湖里。

小白兔听到"咕咚"声吓了一大跳，以为是一个大怪兽来了，于是拔腿就跑。狐狸看见小白兔慌慌张张地逃跑，忙问道："小白兔你跑什么呀？""不好了，不好了，'咕咚'来了，快跑呀！"狐狸看到小白兔那惊慌的样子也以为"咕咚"是个很可怕的怪物，吓得跟着小白兔也没命地跑了起来。"你们跑什么呀，怎么了呀？""不好了，'咕咚'来了，快跑呀！"猴子也不知道"咕咚"是什么，也跟着他们跑了起来。一路上他们碰到了狗熊、斑马、大象、老虎，于是狗熊、斑马、大象、老虎也跟着没命地跑起来。一路上很多小动物都加入了逃跑大军。

最后他们碰到了一头狮子。"什么东西把你们吓成了这个样子？"狮子问道。这时候，小动物们已经跑得满头大汗了，七嘴八舌地说："不好了，'咕咚'来了。""'咕咚'是个什么东西？住在哪儿？"大家你看看我，我看看你，都回答不出来。

这时小白兔回答说，"咕咚"就在湖边。狮子听了说："你带我们去瞧瞧，大家都别怕，有我在！"小白兔带着大家来到湖边，大家东瞧瞧，西瞧瞧，"咕咚"在哪儿呢？怎么没看见呢？

这时候又有一只木瓜熟透了，掉进湖里，发出"咕咚"的声音。这下大家才明白，"咕咚"根本不是什么可怕的怪物。小白兔看着大家不好意思地低下了头，别的小动物们也很不好意思地红了脸。

11. 小猫钓鱼

有一天，天气很晴朗，小猫咪咪和妈妈一起去河边钓鱼。

来到小河边，看到河边长满了青青的小草，河里的小鱼欢快地游着，咪咪开心极了，就迫不及待地开始钓鱼了。等了一会儿，鱼竿还没动，咪咪有点着急了。这时一只蜻蜓飞过来了，在咪咪的面前飞来飞去，咪咪于是就把鱼竿放下，去捉蜻蜓了，但蜻蜓越飞越远，咪咪捉不到蜻蜓，只好回来了。

咪咪看到妈妈已经钓了一条大鱼，但是自己连一条小鱼也没有钓到，于是很着急，又开始坐下钓鱼。这时一只蝴蝶飞过来了，咪咪一看，蝴蝶真漂亮，咪咪就想捉蝴蝶送给妈妈，想到这儿，咪咪又去捉蝴蝶了。最后，蝴蝶越飞越远，咪咪还是没有捉到，就只好回来了。

这时妈妈又钓到一条大鱼。咪咪觉得很奇怪，就问妈妈："妈妈，为什么你钓了好多大鱼，我连一条小鱼也没有钓到？"妈妈笑了笑说："咪咪，你一会儿捉蜻蜓，一会儿捉蝴蝶，怎么会钓到鱼呢？钓鱼需要耐心，你这样钓到天黑也钓不到鱼。"咪咪听了妈妈的话，就耐心地坐下钓鱼，蜻蜓和蝴蝶在他身边飞来飞去，他就像没有看见一样，一心一意地钓鱼。最后，咪咪钓到了一条大鱼，他高兴极了。

12. 聪明的乌龟

一只狐狸，肚子饿得咕咕叫，东奔西跑地找东西吃，看见一只青蛙正在捉害虫，心里想，先拿这只青蛙当点心，填填肚子也好。狐狸一步一步轻轻地跑过去，再跑上两步就要捉到青蛙了，可是，青蛙正在捉害虫，一点儿也不知道。

这事儿让乌龟看见了，他急忙伸长脖子，一口咬住狐狸的尾巴。"哎哟，哎哟，谁咬我的尾巴？"狐狸叫了起来。乌龟回答了吗？没有。他张嘴说话，不是就放了狐狸了吗？乌龟不说话，一个劲儿地咬住狐狸的尾巴不放。青蛙听见背后狐狸在叫，就连蹦带跳地跑到池塘边，"扑通"一声跳到水里去了。狐狸没吃到青蛙，气坏了，回过头来一看："啊！原来是一只乌龟，我没吃到青蛙，就吃乌龟也行。"

乌龟可聪明了，把头一缩，缩到硬壳里去了。狐狸实在饿慌了，就去咬乌龟的硬壳壳，"咯嘣，咯嘣"，咬得牙齿都发酸了，还是咬不动。狐狸说："乌龟，乌龟，我要把你扔到天上去……'啪嗒'一下摔死你。"乌龟说："谢谢你，谢谢你，你扔吧，我正想到天上去玩玩呢！"狐狸说："乌龟，乌龟，我要把你扔到火盆里去……'呼啦'一下烧死你。"乌龟说："谢谢你，谢谢你，你扔吧，我身上发冷，正想找个火盆来烤烤火呢！"狐狸说："乌龟，乌龟，我要把你扔到池塘里去……'扑通'一下淹死你。"乌龟听到狐狸这么一说，"哇"的一声哭了："狐狸，狐狸，你行行好，千万别把我扔到池塘里去，我最怕水，掉在水里就没命了！"

狐狸才不理他呢，抓起他的硬壳，走到池塘旁边，"扑通"一声，把乌龟扔到水里去了。乌龟下了水，就伸出四条腿来，划呀，划呀，一直划到青蛙身边。这下可把狐狸气昏了，身子一纵，向青蛙和乌龟扑去，"扑通"一声，掉到池塘里淹死了。

13. 狐假虎威

在茂密的森林里，有一只老虎正在寻找食物。一只狐狸从老虎身边窜过。老虎扑过去，把狐狸逮住了。

狐狸眼珠子骨碌碌一转，扯着嗓子问老虎："你敢吃我？"

"为什么不敢？"老虎一愣。

"老天爷派我来管你们百兽，你吃了我，就是违抗了老天爷的命令。我看你有多大的胆子！"

老虎被蒙住了，松开了爪子。

狐狸摇了摇尾巴，说："我带你到百兽面前走一趟，让你看看我的威风。"

老虎跟着狐狸朝森林深处走去。狐狸神气活现，摇头摆尾；老虎半信半疑，东张西望。

森林里的野猪啦，小鹿啦，兔子啦，看见狐狸大摇大摆地走过来，跟往常很不一样，都很纳闷。再往狐狸身后一看，呀，一只大老虎！大大小小的野兽吓得撒腿就跑。

老虎信以为真，以为动物们都很害怕狐狸。其实他受骗了。原来，狐狸是借着老虎的威风把百兽吓跑的。

14. 小苹果树请医生

果园里有两棵苹果树，一棵大苹果树和一棵小苹果树，大苹果树每年都结很多苹果，小苹果树很羡慕。

有一天大苹果树忽然"哎哟，哎哟"地叫起来，小苹果树连忙问："奶奶，您怎么啦？"大苹果树奶奶痛苦地说："我肚子里面有几条虫子在咬我，痛死我了。"说完，又"哎哟""哎哟"地叫起来。小苹果树想那可怎么办呢？

这时，一只喜鹊飞过，小苹果树急忙喊："喜鹊阿姨，喜鹊阿姨，慢点飞，苹果树奶奶病了，您能帮她治病吗？"喜鹊阿姨说："好孩子，我只会捉叶子上的虫子，不会捉树干里的虫子。"说完就飞走了。

小苹果树着急地哭起来。这时，一只猫头鹰听到了问小苹果树怎么啦，小苹果树说："奶奶病了，很难受，您会给她治病吗？"猫头鹰摇了摇头："我不会，我只会捉田鼠。"小苹果树又哭了。猫头鹰说："你别急，我去找啄木鸟医生，他会帮大苹果树奶奶治病的。"

第二天早晨，只听见果园里传出"笃笃笃"的声音，小苹果树一睁开眼睛，就看见啄木鸟叔叔在帮大苹果树奶奶治病。啄木鸟叔叔用尖尖的嘴巴啄出了许多虫子，大苹果树奶奶的脸上露出了笑脸，腰杆也挺得更直了，小苹果树高兴地笑了。

15. 龟兔赛跑

兔子长了四条腿，一蹦一跳，跑得可快啦。乌龟也长了四条腿，爬呀，爬呀，爬得真慢。

有一天，小乌龟出门采花，半路碰到了小兔子，只听小兔子对小乌龟说道："乌龟，乌龟，我们来比赛吧。"乌龟听了，没有搭理小兔子，小兔子见了便嘲笑道："乌龟乌龟爬爬，一早出门采花；乌龟乌龟走走，傍晚还在家门口。"这次啊，小乌龟生气了："你别神气，我们就来比赛，看看到底谁会赢。"就这样比赛开始了，他们请来山羊大叔做裁判，在山羊大叔一声枪响后，小兔子冲出了起跑线，不一会儿就将乌龟甩下好远。他回头一看，乌龟还在慢慢地爬，心想："这只乌龟真是不自量力，还敢和我比赛。"不一会儿，这只小兔子跑累了，便靠在大树边睡起了大觉。这时候小乌龟也已经很累了，但是他却不敢休息，他还在一步一步地往前爬，终于小乌龟爬到了终点，成了这场比赛的冠军。而小兔子，也已经睡醒了，他想到自己还有比赛没有完成，便急忙跑到终点，可是一切都晚了。就这样，自大的小白兔输掉了这场比赛。

沧州市第九届学前教育专业技能大赛幼儿故事备赛故事库

1. 爱唱歌的三腿蛙

在草丛里，有一只三腿蛙。

谁也不知道三腿蛙因为什么少了一条腿，三腿蛙也从来不说，每天总是一边唱着快乐的歌儿，一边捕捉害虫吃。

三腿蛙虽然只有三条腿，但是它的舌头很长很灵活，所以从来不会饿肚子。

有一天晚上，三腿蛙正在唱着快乐的歌儿，捉着害虫吃，突然听见有谁在哭。

三腿蛙就蹦着循声找去，原来是一只小刺猬。

"小刺猬，你为什么哭啊?"三腿蛙问。

小刺猬一边擦眼泪，一边伤心地回答："我的一条腿瘸了，再也不能跑啦!"

"是这样呀!"三腿蛙指着自己对小刺猬微笑着说，"你看看我，才只有三条腿，可是这并不妨碍我寻找食物呀!"

"你说得很有道理!"小刺猬走到三腿蛙面前说,"我们可以成为好朋友吗?"

"当然可以!"

小刺猬不再哭了,对三腿蛙说:"和你在一起,我觉得很开心!"

"真的吗?太棒啦!"三腿蛙高兴地对小刺猬说,"我给你唱一首快乐的歌吧,你会更加开心的!"

"好呀!"小刺猬高兴地拍起手来。

三腿蛙开始唱起歌来,唱得那么响亮,那么有劲,小刺猬听啊听啊,脸上露出了微笑。

2. 胆小乌龟借勇气

从前有只胆子特别小的乌龟,不管遇到什么事情都会躲进自己的壳里。因为胆小怕事,所以森林所有的小动物们都欺负它,捉弄它。

小乌龟决定要让自己的胆量变大,变得有勇气。可是怎么做呢?小乌龟看见远处一只大黑熊正在和几只狡猾的狐狸搏斗,它只是轻轻一抬脚就把狐狸们踢得远远的。乌龟走到熊先生面前说:"熊先生,您这么勇敢可以把您的勇气借给我一点吗?"熊先生摸摸自己的脑袋看着胆小乌龟,说:好啊,于是对着乌龟的手轻轻吹了口气。"我现在把勇气借给了你,以后你会变得很勇敢。不过你的勇敢还不够,你还要向比自己更强大的动物去借勇敢。"

胆小乌龟觉得自己好像有了一点勇气。

乌龟听了熊先生的话又去找最强壮的动物大象借勇气。

大象吹了两下之后小乌龟觉得自己好像变得强壮勇敢了起来。

小乌龟接着又去向森林之王狮子借勇气。

胆小乌龟现在觉得自己小小的身体里面装满了勇气的力量,它再也不胆小了,有一天它竟然连猎鹰都打跑了。

森林的动物们听说了胆小乌龟的事迹都夸它勇敢,大家现在都叫它勇敢的乌龟。

3. 逃学的小猪

在树林里有一所动物学校,动物学校里山羊公公是老师。猴子、小猪、母牛、黑狗和小马都是学生。山羊公公每天都非常认真地教大家学说话。猴子、母牛、黑狗和小马学得很认真。只有小猪学习不专心,山羊老师教的话,它一点儿也没好好学。

有一天哪,小猪还假装肚子疼,没有去上学。他趁妈妈上班的机会,从抽屉里拿了些钱，要去玩个痛快，吃个痛快。小猪高高兴兴地来到了熊猫百货商店。小猪东瞧西看，最后决定买一条新裤子。熊猫阿姨看到小猪就问了："小猪，你要买点什么呀？"小猪说："我要买兔子。"熊猫阿姨奇怪地说："我们这是百货商店，没有卖兔子的。"小猪马上说："我不是买兔子，我要买兔子。"熊猫阿姨还是不明白地摇摇头。小猪着急了，他用蹄子在身上比画着说："我就要买穿在身上的兔子。"熊猫阿姨仔细地听着看着，这才知道小猪要买的是裤子。小猪试了试裤子，满意极了，咧开嘴笑着走出了熊猫百货店。

忽然，小猪闻到一股饭香，接着小猪的肚子也"咕咕咕"地叫起来。小猪就来到松鼠饭店准备美美地吃它一顿。小猪坐在饭店里，想起了上次在这里吃的炸鸡蛋很好吃。这时候松鼠走过来礼貌地问："猪弟弟你想吃点什么？"小猪忘记鸡蛋该怎么说了，山羊公公教过的，可是可是怎么也想不起来。小猪眼珠子一转，马上说："松鼠先生您知道'喔喔''喔喔'叫的是什么吗？"松鼠说："嗯，是公鸡。你吃点什么呢？"小猪又说："那公鸡的夫人叫什么呢？"松鼠耐心地说："公鸡的夫人叫母鸡，啊，你是不是想吃只母鸡呢？"小猪忙说："不不不，我想知道母鸡的孩子叫什么呢？"松鼠认真地回答："母鸡的孩子叫鸡蛋。哈哈哈，你是不是想吃炸鸡蛋啊？"小猪一听，连忙说："对对，对对对，我要吃的正是炸鸡蛋，请您快点好吗？"旁边吃饭的小动物听到小猪和松鼠的对话，都在悄悄地笑话小猪，小猪觉得很不好意思，他想以后一定要好好学习。

4. 熊大砍树记

夏天到了，天气特别的热，就像一个大锅炉一样，这让熊大特别难忍受。

熊大看到黑猩猩在一颗树底下乘凉，舒服地睡着懒觉，于是跑过去找黑猩猩。果然，在大树下面非常凉快，舒服极了。

熊大问道："你是怎么找到这么凉爽遮荫的大树呢？"

黑猩猩说："去森林的那头找吧，你可能会找很久。"

于是熊大决定也找一棵粗壮的大树来遮荫。

果然熊大找到了一棵非常强壮的大树，这棵大树的枝叶特别繁茂，正好用来遮挡阳光。

这使熊大很高兴，欢呼道："找到了……我找到大树了……"

熊大把自己的家搬到大树下，微风阵阵吹来。打在熊大的身上，熊大觉得没什么比住在大树下更舒服的事了！

不久……冬天到来了，寒冷的冬风凛冽，熊大在树下冬眠。

冬天过后的春天熊大被冻醒了，觉得树底下冷如冰窖。熊大急忙从房子里出来，发现树周围的积雪如冰般厚实，一点都没融化。

熊大觉得都是大树碍事，温暖的阳光才照不进家里。熊大想到这就火气大发，拿起斧头照着大树砍去，决定要把大树砍掉。

"123……嘿咻嘿咻……123……嘿咻嘿咻……123……"

熊大每天都去砍树，砍了整整三个月终于把大树砍倒了，可没过几天，又是如火般的炎炎夏日。这次，熊大再也没了遮荫乘凉的大树。

5. 狮子照哈哈镜

有件事情真好笑，小猫和狮子比大小。

有一天，狮子抓住小猫，张开大嘴巴，想把他一口吞下去。

小猫"喵呜喵呜"叫："你为什么吃我呀？"

狮子听了哈哈大笑："那还用问，因为我大，你小。"

小猫说："什么，什么，你大，我小？你一定是眼睛花了，明明是我大，你小。"

狮子听小猫这么一说，糊涂起来了，疑惑地看着小猫。

小猫说："我家有一面镜子，你照一照，就知道自己有多大了。"

狮子从来没有照过镜子，他想，照镜子一定很有趣，就跟着小猫走，走呀走，一直走到小猫家门口。

小猫家的镜子可奇怪了，正面可以照，反面也可以照，正面鼓起来，反面凹进去，电钮一按就转一转。

"狮子，狮子，快去瞧一瞧，瞧瞧你自己，是大还是小？"

狮子走进屋子，在镜子前面一站，正好鼓起来的一面朝着他。他往镜子里一瞧，看见自己又矮又小，像只小老鼠。

小猫说；"你看明白了吧，你的个儿有多大？现在你站到旁边去，让我来照镜子。"

小猫偷偷地把电钮一按，镜子转了一转，凹进去的一面朝着他。嘀，不得了，这镜子里的小猫比狮子还大呢。

"狮子，狮子，你快瞧一瞧，我比你大呀，还是比你小？"

狮子站在旁边偷偷地瞧了一眼，看见镜子里的小猫这么大，这么高，嘴巴一张一张，真吓人。狮子以为小猫要来吃他了，转过身子就跑，一直跑到树林里，再也不敢出来了。

你们看见过小猫家的镜子吗？这种镜子叫作哈哈镜。你们在凹进去的一面照一照，就会变成个巨人，可是在鼓起来的一面照一照，恐怕要变成一只跳蚤了。

6. 小公鸡找快乐

农场里有一只小公鸡整天闲着没有事做，日子过得很悠闲却从来没有快乐过。

它想：怎样我才能得到快乐呢？

跑到牛棚问黄牛："叔叔，你快乐吗？"

黄牛说："我很快乐啊。"

"叔叔，你如何得到快乐的呢？"

黄牛说："我帮助人们耕田使得他们来年获得收获，就快乐了。"

小公鸡跑到荷花池边问青蛙："哥哥，你快乐吗？"

青蛙说："我快乐啊。"

"你怎么得到快乐的呢？"小公鸡问。

青蛙说："为庄稼捉害虫使得人们获得更多的粮食，就快乐了。"

他跑到花丛中问蜜蜂："姐姐，你快乐吗？"

"我很快乐。"

"你怎么得到快乐呢？"

蜜蜂说："飞来飞去给花儿传播花粉使得果树能结出又大有好吃的果实来，就快乐了。"

小公鸡回到家里问爸爸："爸爸，做什么事最快乐？为什么黄牛、青蛙哥哥、蜜蜂姐姐说的不一样呢？"爸爸笑着说："帮助别人，你就会获得快乐。"

从此，小公鸡每天早早起床与爸爸一起为人们报时，这样它成了一只快乐的小公鸡。

7. 丢了的彩虹

天空的彩虹突然少了一种颜色，红、橙、黄、绿、青、蓝、紫。七种颜色现在只剩下六种了，因为绿色不见了，少了绿色的彩虹失去了发光的能力，六种颜色单调地挂在空中，他们觉得自己太丑了，所以躲了起来。

森林里的动物们觉得这可不是一件好事，因为它们已经很久没有见过彩虹了，小动物们决定要一起把彩虹找回来，可是绿色的彩虹藏到哪里去了呢？

小动物们来到河边，看见碧绿的河水，小狮子说："你是绿色彩虹吗？"

河水欢快地说："不——我不是！"

小动物们又来到草地上，看到遍地的绿色，小猴跳出来大声地说："你是绿色彩虹吗？"

小草们晃着身体在风中摇摆着说："不——我们不是！"

小动物们又来到熊伯伯的裁缝店，看到绿色的衣服布匹，小象说："你是绿色彩虹吗？"

一旁的熊伯伯笑了起来，说："不——它不是！"

小动物们失望地往回家的路上走着，绿色的大森林里一道绿色的光在树木间跳跃，小动物们看到了绿色，小兔跳出来说："请问，你是绿色彩虹吗？"

一道绿色的光在一棵大树下停留住说："是的！我就是绿色的彩虹，我迷路了，你们能送我回家吗？"

小动物们高兴地欢呼起来："找到绿色了，我们找到了……"

小动物们带着绿色彩虹走出森林，回到天空上，天空上的六道彩虹看到绿色，马上从躲避着的云朵里出来欢迎，七种颜色散发着闪耀的光芒，挂在天上微笑着感谢小动物们！

8. 小猴吃瓜果

小猴跑到西瓜地里，他头一次看见西瓜，感到很有趣，摘下一个西瓜就要吃。

旁边一头小牛见他把滚圆的西瓜往嘴边送，就对他说："你大概不会吃西瓜吧？我来教你——"

小猴很不耐烦地打断小牛的话说："不用你教！不用你教！"说着一口咬下一大块西瓜皮，嚼嚼吃掉了，生气地把咬破的西瓜往地上一扔，撇着嘴说："不好吃！不好吃！"

小牛告诉他："谁让你吃瓜皮呢？吃西瓜，应该吃里头的瓤啊！"

小猴一踩一踩地跑掉了，边跑边说："吃瓜要吃瓤，这谁不知道？"

小猴跑到香瓜棚里，伸手摘下一个香瓜，一拳把香瓜砸成两半，掏出里头的瓜瓤就往嘴里塞，旁边的小驴告诉他："吃香瓜应该吃肉，瓜瓤里尽是滑溜溜的籽，不好吃！"

小猴张口就把滑溜溜的香瓜籽吐出来，生气地把香瓜肉扔掉，一蹦一蹦地跑了，边跑边嘟囔："这回我记住啦，应该吃肉！应该吃肉！"

　　小猴蹦到了一棵核桃树旁，树上正结着绿油油的核桃果。他蹦到树上，伸手就摘果子。一只喜鹊来告诉他："这核桃可不能乱吃啊。"小猴马上自以为是地说："不用你多嘴啦！我知道，得吃肉。"说着"吭哧"就咬了一口核桃果的绿肉，这回，小猴嘴里又麻又涩，难过得他一筋头翻下树来，赶忙跑到小河边漱口，小喜鹊飞过来告诉他："吃核桃，应当吃核里面的仁儿。"

　　小猴漱完口，又一蹦一蹦地跑了。这回他跑到一棵梨树边，蹦到梨树上，摘下一个大鸭梨，在树干上七磕八碰，把果肉全部碰烂碰掉，只剩一个梨核儿，这才放到嘴里吃。唉呀！他不由得又把嚼烂的渣子吐了，酸得直嘬牙。喜鹊飞来问他："这回好吃了吧？"他气得摘下一个鸭梨朝喜鹊扔去，翻身下树，一蹦一蹦地朝远处跑去，边跑边嘟囔："西瓜没味儿，香瓜净是籽儿，核桃麻嘴儿，鸭梨酸牙儿……我从今后再不吃这些瓜果儿！"

　　你说小猴错在哪儿呢？

9. 公鸡比美

　　有一只公鸡，长着火红的鸡冠，亮丽的羽毛，匀称的身体，显得既精神又漂亮。他总是昂首挺胸，目中无人，认为自己长得最漂亮。

　　有一天，他迈着四方步子，来到一个花园里散步，看见一群蜜蜂在花丛中飞来飞去，他得意地走过去对蜜蜂说："我们可以比一比谁长得最漂亮！"蜜蜂回答说："公鸡先生，对不起！现在正是百花盛开的季节，我们正忙着采蜜呢。"

　　公鸡很不高兴地离开了花园，来到一片树林里，看见一只啄木鸟正在树上工作，连忙对啄木鸟喊道："我们比一比谁长得最漂亮！"啄木鸟听到公鸡的话，很有礼貌地回答说："很抱歉，公鸡先生！我的病人很多，我正忙着给他们治病呢。"

　　公鸡继续往前走，看到一群蚂蚁在一旁忙碌，连忙走过去对蚂蚁说："小不点们，我们比一比谁长得最漂亮！"蚂蚁们正忙着运粮食说："你没有看到我们很忙吗，公鸡先生？"

　　后来，公鸡又遇上了青蛙、松鼠，提出跟他们比美，结果和前面一样，被拒绝了。漂亮的公鸡，走了这么多地方，可大家都在忙着做事，谁也不和他比美，因此他感到很扫兴。

他无精打采地往家走，迎面走来一匹老马，便问这匹老马说："我走了很多地方，遇到很多动物，可是他们谁也不愿和我比美，这是为什么呢？"老马语重心长地说："美与丑，不能只看外表，要看他为别人做出的贡献有多大。仅仅有好看的外表，不能算真正的美。"

公鸡接受了老马的教诲，从那以后，再也不四处比美了，他天天坚守岗位，清晨准时打鸣报时，唤醒人们开始一天的工作。

10. 谁的本领大

小鸡和小鸭是一对好朋友，他们每天朝夕相处，形影不离。

有一天，他们都说自己的本领大，谁也不服气谁。小鸡得意地说："咱们来比赛捉虫子，怎么样？"小鸭不屑一顾地说："行，比就比，谁怕谁呀！"小鸡又不紧不慢地说了比赛的规则：各自把捉到的虫子放进盆子里，如果在规定的时间内，谁捉到的虫子最多，谁就获胜。

比赛开始了，他们飞快地捉起虫子，不一会儿，小鸡捉到了许多的虫子，小鸭捉了大半天，连一条虫子也没捉到。小鸭气得都跺起了脚，跑过来怒气冲冲地说："这样不行，捉虫可不是我的强项！咱们换一种方式比赛。"小鸡连忙问："你想换什么方式比赛？"小鸭趾高气扬地说："游泳呗！在规定的时间内，谁先游到河对岸就算赢。"

又开始比赛了，小鸭轻松地游到了对岸。小鸡呢，他刚下水就被呛了好几口水，狼狈地跑回岸边。

正在这时，河岸上的老牛看见了说："这是怎么回事？"小鸭把事情的经过告诉了老牛，老牛语重心长地说："原来是这样，但要记住，你们各有各自的本领，千万不能用自己的长处和别人的短处比。"小鸡和小鸭听了，都羞愧地低下头，互相道歉后又开心地玩了起来。

11. 瓜瓜吃瓜

有个小朋友叫瓜瓜，特别爱吃西瓜。有一天，瓜瓜又闹着要吃西瓜。妈妈拿出一个小西瓜来，说："就剩这个小的了，先吃着吧。一会儿，外婆要来，说不定会给你带个大西瓜哩！"

瓜瓜真不想吃那个小西瓜，可他太渴了，又想：瓜儿小，说不定还挺甜哩！就拿起一块，咬了一口。可是那瓜一点也不甜。

瓜瓜生着气把西瓜吃完，把西瓜皮一块一块都扔到窗口外面胡同里了。他想：要是外婆真的带个又大又甜的大西瓜来，那该多好啊！他就趴在窗台上，朝外看。

这时候，外婆真的从胡同口走来了，手里还抱着一个大西瓜呢！

瓜瓜大声嚷嚷："外婆，我来接你——"就连蹦带跳，跑下楼去。

外婆听见赶忙加快了脚步，可却一不小心踩在了西瓜皮上摔倒了，手里抱的大西瓜一下子摔了个粉碎。

外婆一边爬起来，一边说："唉哟，谁把西瓜皮扔了这一地！"

瓜瓜出去一看外婆坐在地上，连忙跑去把她搀起来，一边抬脚去踩那块西瓜皮："该死的西瓜皮，哪个坏蛋扔的。"

忽然，他发现那西瓜皮就是自己扔的。瓜瓜偷偷看了外婆一眼，吐了吐舌头，悄悄地把西瓜皮一块一块拾起来，丢到路旁垃圾箱里去。

瓜瓜再看看外婆带来的大西瓜，瓤儿红红的，一定很甜，可惜全都碎了，沾上了泥。他只好把它们都扔进了垃圾箱里。

外婆不知道西瓜皮是瓜瓜扔的，只看见瓜瓜把西瓜皮扔到垃圾箱去，就说："真乖，真乖，都像咱瓜瓜这么懂事就好了。"

小朋友，你们猜猜，瓜瓜听了外婆的话，心里是怎么想的呀？

12. 猴吃西瓜

猴王找到一个大西瓜，可是怎么吃呢？忽然，他想到一个妙计，于是就把所有的猴都找来了，对大家说："今天，我找到一个大西瓜，这个西瓜的吃法嘛，我是全知道的，不过我要考考你们的智慧，看你们谁能说出这西瓜的吃法。要是说对了，我可以多赏他一份，要是说错了，我可要惩罚它！"小毛猴一听，挠着腮说："我知道我知道，吃西瓜是吃瓤。""不对，我不同意小毛猴的意见。"一个短尾巴猴说。"我清清楚楚地记得，我和爸爸去姑姑家的时候吃过甜瓜，吃甜瓜是吃皮，我想西瓜是瓜，甜瓜也是瓜，当然是吃皮了。"

大家一听，短尾巴猴说得有道理，可到底是谁对呢？于是大家都不由得把目光集中到一只老猴的身上，老猴一看，认为出头露面的机会来了，于是就对大家说："吃西瓜嘛，当然是吃皮了！我从小就吃西瓜，而且一直是吃皮，我想我之所以老而不死，也正是由于吃了西瓜皮的缘故。"大家一听都跟着嚷了起来："对！吃西瓜吃皮，吃西瓜吃皮！"

猴王一看，认为自己已经找到了正确答案，于是就向前跨了一步说："对，大家说的都对，吃西瓜吃皮，就小毛猴崽子说吃瓤，那就让他一个人去吃瓤，咱们大家都吃西瓜皮！"于是西瓜一刀两半，小毛猴吃瓤，大家伙都吃西瓜皮。有个猴吃了两口，就捅了捅旁边的猴说："哎，我说这可不是个味儿啊！""哎，老弟，我常吃西瓜，西瓜嘛，就这味儿！"

13. 小白兔照镜子

天亮了，太阳出来了，小白兔在幽静的林荫小道上散步。突然，她看见路边有一件闪闪发光的东西，走过去一看，啊！原来是一个美丽的小镜子。小白兔对着小镜子一照，看见了自己漂亮的外表：一对长长的耳朵，一双红红的眼睛，一身白色的绒毛。

小白兔高兴地叫道："我捡到了一个美丽的小镜子！"

小山羊走过来说："给我照一照吧。"

"你昨天偷吃了我的胡萝卜，我不给你照。"

小猪走过来说："给我照一照吧。"

"你饭前不洗手，不讲卫生，会弄脏我的小镜子，我不给你照。"

小狗说："你给我照一照吧。"

"你晚上'汪汪汪'地叫着，吵得我睡不好觉，我不给你照。"

小牛说："给我照照行吗？"

"你笨手笨脚的，会打烂镜子的，不给。"

小山羊、小猪、小狗、小牛都垂头丧气地走了。

小白兔拿着镜子独自走回家，走着走着，突然，看到前面有个好大好大的镜子，能照到天上的白云小鸟，照到路边的绿树红花，也能照到自己美丽的外表。

小白兔迫不及待地伸手去拿，谁知却"扑通"一声跌进水里去了。原来那不是镜子，是一口池塘。

"救命啊！快来救命啊！"小白兔大声地喊着。

小山羊、小猪、小狗、小牛听到喊声，马上跑来，大家同心协力把小白兔拉了上来。

小白兔难为情地低下头，拿出小镜子对大家说："你们也来照照小镜子吧！"

14. 不爱刷牙的小狮子

小狮子不讲卫生，不爱刷牙，他的嘴巴越来越臭。有一天，小狮子来找小熊玩，他刚开口说："小熊，我——"话还没说完呢，只听小熊说了句："什么味儿！"接着，"扑通"一声，倒在了地上。

"小兔，我们——"小狮子看了小兔走过来，想和他一起玩。可他话还没说完呢，小兔头晕晕地说了句："好臭！"接着，也"扑通"一声，倒在了地上。

小狮子呆呆地看着，不久，小象甩着鼻子走过来，小狮子张开嘴巴，对小象说："小象，我们来玩——"

"好难闻的气味！啊——啊——啊嚏！"小象打了个大喷嚏，接着，也摇摇晃晃地倒在了地上。

小狮子没有找到一个朋友玩，他闷闷不乐地回到家。这时，他看到出远门的爸爸回来了，小狮子张嘴巴，高兴地喊："爸爸！"爸爸突然把鼻子捂住，向后退。他对小狮子说："天哪，你多久没刷牙了？"

小狮子挠挠脖子上的毛，不好意思地说："好像……好像两个星期……"

爸爸急忙给小狮子找出牙刷和牙膏，让他仔细刷牙。不一会儿，小狮子把牙齿刷干净了，他的嘴巴一点都不臭了。

小狮子把今天的经历说给爸爸听。"宝贝，以后你一定要早晚按时刷牙，不然，嘴巴臭臭的，小伙伴都不爱和你玩啊！"爸爸对小狮子说。小狮子听了点了点头。

从那以后，小狮子每天都按时刷牙，小伙伴们再也没有被他熏倒了！

15. 老鼠开会

很久很久以前，老鼠们因深受猫的侵袭，感到十分苦恼。于是，他们在一起开会，商量用什么办法对付猫的骚扰，以求平安。会上，各有各的主张，但都被否决了。最后一只小老鼠站起来提议，他说："咱们在猫的脖子上挂个铃铛，只要听到铃铛一响，咱们就知道猫来了，就可以马上逃跑。你们说怎么样？"大家对他的建议报以热烈的掌声，并一致通过。只有一只年老的老鼠坐在一旁，始终一声没吭。这时，他站起来说："小老鼠想出的这个办法是非常绝妙的，也是十分稳妥的；但还有一个小问题需要解决，那就是派谁去把铃铛挂在猫的脖子上？"

大家听了，你看看我，我看看你，都跑掉了。

16. 三只小猪

有三只可爱的小猪，他们都想建一座漂亮的房子。

老大随便用稻草围成了一座房子。"哈哈，我有自己的房子了！"老大乐得欢蹦乱跳。

老二呢，用木头建成了一座房子。

老三却想用砖瓦砌一座房子，于是它夜以继日地干了起来。哥哥们早就住进新房子了，它还在不辞辛苦地砌墙、粉刷。

这样整整过了三个月，老三的新房子也盖好了。它好高兴啊！

有一天，来了一只大野狼。老大惊慌地躲进了自己的稻草屋。野狼"嘿嘿"地冷笑了两声，狠狠吹了口气，就把稻草屋吹倒了。老大只好逃到老二家里。

大野狼追到老二家门前停了下来，心想：你们以为木头房子就能难住我吗？它用力向大门撞去。"哗啦"一声，木头房子被撞倒了。

兄弟两只好拼命逃到老三家，气喘吁吁地说："狼来了！"老三赶紧关紧了门窗，胸有成竹地说："别怕！没问题了！"

大野狼站在大门前，它知道房子里有三只小猪，可不知怎样才能进去。它对着房子又吹又撞，可是房子坚不可摧。

大野狼气急败坏地绕着房子转了一圈，最后爬上屋顶，它想从烟囱溜进去。老三从窗口发现后，马上点起了火。大野狼滑下来时，刚好掉进火炉里，整条尾巴都烧焦了。它嚎叫着夹着尾巴逃走了，再也不敢来找三只小猪的麻烦了。

17. 小猴种柳树

小猴见小熊家门口的小河边栽有一排可爱的小柳树，十分羡慕，他问小熊，柳树是怎么栽的。小熊说："春天来临之前，你从老柳树上砍下一些多余的小树枝，把小树枝砍成一尺多长一截，把它们插入泥土里就可以了，春天它们就生根发芽，慢慢就长成小柳树了。"

栽树的季节到了，小猴按小熊说的方法砍了些柳树枝，又砍成一截一截插在他家门口的小河边。柳树枝栽下后十多天，小猴觉得他栽种的这一排树不好看，就把柳树枝一一拔了出来，拿回家中。想了三天三夜，把柳树枝拿出来，在河边栽种成一个一个圆圈形。

过了十多天，小猴想，这样栽种虽然好看，但小柳树长大后就太挤了。小猴又把柳树枝一一拔出来，拿回家中。他又想了三天三夜，把柳树枝拿出来，在河边栽种成一个一个三角形。过了十多天，小猴又觉得三角形不顺眼，他把柳树枝一一拔出来……

春暖花开，桃红柳绿。小熊的小柳树越长越高了，小猴栽种的柳树枝却没有发芽。小熊对小猴说："柳树的生命力十分旺盛，只要有泥土、水分和阳光就会生根发芽，茁壮成长。你事先没有计划，反复无常，柳树枝再有生命力，也经不起你这样反反复复折腾啊！"

18. 司马光砸缸

宋朝的时候，有个很有名的人，叫司马光。司马光小时候，有一天和小朋友在花园里玩，花园里有花有树还有假山，大家你追我赶，玩得很高兴。一个调皮的小男孩爬到了假山上去玩，突然，一不小心掉进了假山边上的大水缸。

水缸里满满的都是水，小男孩被吓到了，在水里挣扎着，大声喊："救命啊，救命啊，快救救我啊……"这时，小朋友们才发现，有人掉缸里了。大家惊慌失措，一时都不知道该怎么办，有的胆小的孩子，都吓得哭起来了。

这时，司马光说："大家不要害怕，我们赶紧想办法，把他救上来。"大家面面相觑，甚是慌张。聪明的司马光却不慌不忙，苦苦思索着。

当他看到假山边上一块块的石头时，突然灵光一闪。他高兴地想道："我可以用石头把水缸砸破啊。"随即他又想："万一砸到小伙伴怎么办呢？"于是他跑过去捡了一块不大不小的石头，对大家喊道："大家不要着急，我有办法了。"

他举起石头朝水缸砸去，水缸破了个窟窿，水哗哗地流了出来，小男孩终于被救出来了。大家高兴得手舞足蹈，直夸司马光聪明机智。

19. 小熊买糖果

有只小熊记性很不好，什么话听过就忘记了。

一天，小熊家里来了客人，妈妈让小熊到商店去买苹果、鸭梨、牛奶糖。小熊担心忘了，一边走一边念叨："苹果、鸭梨、牛奶糖，苹果、鸭梨、牛奶糖……"

他光顾着念叨，一不留神绊倒了，忘了刚才背的话。他使劲地想呀，想呀——"噢，想起来了，是气球、宝剑、冲锋枪！"

小熊挎着宝剑，背着冲锋枪，牵着红气球回家了。妈妈说："哟，你怎么买了玩具回来？"

妈妈又给了小熊一些钱，对他说："这回可别忘记了！"

小熊点点头："妈妈放心吧！"

"苹果、鸭梨、牛奶糖，苹果、鸭梨、牛奶糖……"小熊一边走一边念叨，又忘了看路，一头撞在大树上。撞得头上起了包，两眼冒金星。他又忘了妈妈让买的东西了。就使劲想呀，想呀——"噢，想起来了，是木盆、瓦罐、大水缸！"

小熊夹着木盆，顶着瓦罐，抱着大水缸呼哧呼哧地回到家里。妈妈见了大吃一惊，知道他又把话忘记了。只好再给他一些钱，说："这次可千万记牢啊！"

小熊提着篮儿点点头："妈妈放心吧！"

这回，小熊避开了石头，绕过了大树，来到食品店，总算买好了苹果、鸭梨、牛奶糖。

小熊高高兴兴地朝家里跑去。正跑着，忽然，一阵风刮来，把他的帽子吹掉了。小熊连忙放下手中的竹篮儿，去捡帽子。

等他捡起帽子往回走的时候，忽然看见地上的竹篮儿，里面还装着苹果、鸭梨、牛奶糖呢！他大声喊起来："喂，谁丢竹篮子啦？快来领呀！"

20. 善良的小羊

大森林里住着一只可爱又善良的小羊。小羊生日的时候，大伙请黄牛鞋匠做了四只防水的运动鞋送给小羊当生日礼物。鞋子做好了，那鞋是白色的，上面点缀着几条细细的花纹，穿起来又好看又舒适。小羊穿着新鞋在镜子前看了又看，心里甭提有多高兴了。

小羊穿着新鞋，来到小溪边散步。突然，他看见一只蚂蚁掉进水里，眼看就要淹死了，小羊连忙脱下鞋把蚂蚁捞了上来。"谢谢你，小羊，你能送我一只鞋，让它载着我在水上航行吗？"蚂蚁问。"好啊，没问题！"小羊不假思索地答应了。一只鞋就这样被送走了，剩下的三只鞋子不能穿了，小羊就把它们收藏起来了。

一天，森林里传来了一个好消息：猩猩阿姨要当妈妈了！大伙都给猩猩阿姨送去礼物。可是细心的小羊发现，虽然大家送来的礼物很多，可还没有宝宝穿的鞋子呢！小羊就从家里拿了两只鞋送猩猩阿姨。猩猩阿姨收到小羊的礼物，摸着小羊的头高兴地说："小羊，谢谢你，宝宝一定会很喜欢这双鞋子的。"小羊听了，心里乐滋滋的。

秋天到了，松鼠开始忙着采摘松果，可是松鼠一次只能运一颗松果回家，这可把她累坏了。小羊见了，连忙跑回家拿来最后一只鞋子。"松鼠姐姐，"小羊朝树上喊道，"把这只鞋当篮子来装松果吧！"松鼠从树上跳下来接过鞋子，感激地说："太好了，这下我有篮子了！"说完爬上树，又忙碌起来。

沧州市第十届学前教育专业技能大赛幼儿故事备赛故事库

1. 两只笨狗熊

一只青蛙在池塘边休息。一只老虎出来找东西吃。青蛙从来没有看见过老虎，就问："你是谁呀？""我是老虎。""那你是谁呀？""我是青蛙，是这里的大王。"老虎摇摇头，不相信。青蛙见老虎不相信，就说："你不信，那好，咱们俩比比，到底谁的本领大，那你就知道了。"老虎一听，说："好，那咱就比一比。"青蛙说："咱们就比跳远吧，咱们往河对岸跳吧，看看谁跳得远。老虎答应了，把身子一弓，呼的一声跳过河去了，青蛙呢，咬住老虎的尾巴，让老虎带过河去了。

老虎还以为青蛙在河那边呢，就朝着河对岸喊道："青蛙，你快跳啊。"青蛙呢，在老虎的后面叫道："我在这儿呢，怎么样，我比你跳得远吧！"老虎以为青蛙真的比自己跳得远，心里发了慌。这时，青蛙张开嘴巴，从嘴里吐出几根老虎的尾巴毛来。老虎一看，更加吃惊了，就问："青蛙，你嘴里怎么会有老虎毛呀？""啊，是这么回事，昨天，我吃了一只老虎，连皮带肉带骨头都吃下去了，只剩几根老虎的尾巴毛了。"老虎一听，青蛙要吃老虎，吓得它转身就跑。在路上，一只狐狸看见老虎在没命地跑，问道："老虎老虎，出了什么事呀？"老虎上气不接下气，过了老半天才把刚才的事情说清楚。狐狸听了哈哈大笑："老虎老虎，你听青蛙瞎吹牛呢，咱们去找他算账，把他打个稀巴烂。"老虎还是很害怕，不敢去。狐狸说："唉，有我呢，你怕什么呀？"老虎说："到了青蛙那儿，要是你自己跑了，那我可怎么办呀？不是没命了吗？""啊，原来你是怕我自己跑了呀。那好，咱们把尾巴缠在一起，那不就得了吗？"老虎和狐狸把尾巴缠在一起，一起去找青蛙。青蛙看见狐狸和老虎一起来了，就说："狐狸狐狸，我一早就叫你给我找个老虎来做点心，为什么这么晚才给我送来？快点，把老虎给我，我正饿着呢。"老虎一听，以为狐狸骗了他，想把自己送给青蛙做点心，吓得他转身就跑。狐狸一看急了，喊到："老虎老虎，你害怕也得把尾巴解开再跑呀。"那老虎哪里顾得上解开尾巴，结果呢，狐狸被活活地给拖死了。

2. 房子里的房子的故事

太阳火辣辣地晒着，小老鼠在一块空地上盖房子，他满头是汗，满身是泥。

黄牛伯伯看着辛苦的小老鼠，说："小老鼠，你别盖了，到我的房子里住吧，我的房子非常大，再住进20只老鼠也没问题的。"

"哦，谢谢您！"小老鼠说，"我要住自己亲手盖起的房子，这样住着才舒服。"

小老鼠盖呀盖，半个月后，一座新房子盖起来了。

可是，小老鼠还没住两天，下起了大雨，不远处河里的水涨上来，把小老鼠的房子冲垮了。

小老鼠重新找到了一块空地，动手盖起房子来。

黄牛伯伯看着忙碌的小老鼠说："你别盖了，还是到我的房子里住吧。"

"不，我一定要住自己亲手盖起来的房子。"

小老鼠盖呀盖，半个月后，又盖起了一座新房子。

可是，小老鼠才住一个星期，下了两天暴雨，山上的洪水冲下来，把小老鼠的新房又冲垮了。

小老鼠十分伤心，黄牛伯伯说："别伤心，你到我的房子里住吧！"

"不，我还要盖房子！"小老鼠坚定地说。

"这……"黄牛伯伯想呀想，忽然想到了一个办法，他大声说："对，是应该住自己亲手盖的房子。走，我带你去一个地方盖！"

黄牛伯伯带着小老鼠回到了自己又高又大的房子里，说，"这里十分宽敞，你在这里盖吧！这里地势高，洪水再也冲不到了！"

"哦，谢谢您！"小老鼠十分感激。

小老鼠盖呀盖，半个月后，一座漂亮的房子盖起来了。

小老鼠住进了新房子里，真舒适。他和黄牛伯伯住得真近呀，他们每天一起快乐地生活。

3. 鼠假虎须威

大家听说过"狐假虎威"却从没听说过"鼠假虎须威"吧？这就需要讲给你们听了。

一天，老鼠家庭在黑暗潮湿的地洞里开会，大发牢骚。有的说："我们白天躲在洞里，只有黑夜才能出去活动，这样的日子怎么过呀？"有的说："得想个办法改变我们的处境啊！"

一只年轻的老鼠摸着脑袋，兴奋地说："对了，上一回，狐狸陪着老虎在森林里走了一圈，不是把森林里所有的动物都吓跑了吗？"

"对呀！"大家异口同声的说。

"如果我们设法从老虎那里弄一根胡须来，扛着老虎的胡须在森林里走一圈，我们就能征服其他动物成为大王了！"

"妙！妙！简直妙极了！"大家异口同声地说。

可是，老虎的胡须到哪里去找呢？谁敢到老虎的嘴边拔胡须呀，那不是找死吗？说来也巧，一次老虎吃完小鹿，用他的前爪洗脸的时候，把一根胡须弄下来了，恰巧被一只老鼠看见。等老虎一走，这只机灵的老鼠就把老虎的胡须背了回来。大家真是喜出望外。于是他们在组长的带领下，扛着老虎的胡须出发了。

他们环绕森林趾高气扬地一边走，一边高声喊道："大家留心听着，山大王老虎被我们打死吃了。你们看，这是我们带回来的老虎胡须！你们以后，有好吃的先孝敬我们，不然的话，你们也会同老虎一样的下场。"

许多动物根本没有看清楚这些小东西有没有扛着什么，听他们瞎吹，觉得好笑。

此时，一只正在睡觉的猫被吵醒了，它伸了伸懒腰，大声说道："谁在这里吵吵嚷嚷的？"

老鼠们见了猫，心里毕竟是有点害怕的，老鼠族长壮着胆子对猫大声说："老猫，你小心点儿，老虎都被我们吃了，你看这是老虎的胡须。如果你以后继续残害我们的家族，我们就对你不客气了。"

"好大的口气！"猫摸了摸正饿的肚子，向前一纵，按住老鼠族长，张嘴一咬，把它的头给咬了下来。

老鼠弄巧成拙，山大王没当成，却成了猫的美餐。

4. 谁美谁丑

在一个美丽的森林里住着一只小猫咪，一身雪白的长毛，滚在地上像个绒球。眼睛像宝石，闪着奇异的光。大家都夸她漂亮，所以起名叫美美。

美美在森林里可出名啦，小动物都喜欢和美美在一起玩。每当妈妈们谈起自己的宝宝，都说："我的宝宝很可爱，要是能像美美一样漂亮就好了。"美美听了这些夸奖，相信自己长得好看。可是，她从来没有见过自己什么摸样儿。

小熊卡卡要请美美去游乐场，一进门，呀！那么多东西，把美美看得眼花缭乱。美美走到哈哈镜旁，看见许多小动物都嘻嘻哈哈地笑个不停，大家笑什么？迎面看去，大镜子里出现了一个丑陋的小猫，脸像核桃一样坑坑洼洼，嘴像歪把儿葫芦瓢，鼻子像一根大葱又细又长，眼睛呢？竟是一个三角形……哎呀呀，真难看！"这是谁呀？"美美问，"这就是你啊。"小刺猬说。美美有些不相信，她拍手、蹦跳，镜子里的那个小动物也拍手、蹦跳，美美看了哇哇大哭起来，跑出了游乐场……

天鹅看见了和气地说："你好！小猫咪，你为什么这么伤心呀？"小猫咪说："我长得丑，所以很伤心。"天鹅让美美走到小溪旁看一看，溪中倒映出一只既可爱又漂亮的小猫，她恍然大悟，溪中倒映出来的才是真正的自己。

一只小鸡走过来，唱着专门为小刺猬编的歌曲，美美说："你唱的歌儿真好听！""是呀！小刺猬很可爱，大家都喜欢他。"小鸡说。"为什么？小刺猬长得那么丑……"小猫迷惑不解地问，小鸡大叫："你才丑呢！小刺猬乐于助人，他才美！"小松鼠、小兔听到了都反对美美的说法，美美问天鹅："他们为什么说小刺猬美呢？""因为他帮助过很多动物。"原来是这样，美美向动物们道过歉便回家了。

美不是外表，而是一种心态。

5. 小猴下山

在一座很高的猴山上住着小猴子一家，小猴子什么都好，就是干什么事都不能够专心，而且常常半途而废。

有一天，它觉得这猴山上都玩遍了，没什么好玩的了，就想到山下走走，说不定能碰上什么好吃的好玩的，带点儿回来玩。于是，它就向妈妈告别，下山去了。

小猴子走呀走呀，走了许多的路，它看见前面有一片桃树林，桃树上结满了桃子，又大又红。小猴子快活极了，它自言自语地说"这桃子多大多好看，比山上的桃子好多了，摘一个带回去，妈妈一定会夸我的。"于是，它爬到桃树上，摘了一个最大最红的桃子捧在手上，高高兴兴地往前走。它又走呀走，走了许多路，经过一个菜园子，看见园子里种满了玉米，小猴子指着玉米说："这东西穿着绿绿的衣服，长着长长的胡子，山上可没有，我要摘一个带回去让妈妈瞧瞧我多棒呀！"于是小猴子把手里的桃子扔了，掂起脚摘了一个大玉米，扛在肩膀上高高兴兴地又往前走。

小猴又往前走了一段路，它经过一块西瓜地，一个个西瓜圆滚滚绿油油的，正朝着小猴子笑呢。小猴子乐得摇头摆尾，"这大西瓜真好，山上可没有，我要摘一个带回家去，妈妈一定会非常高兴的。"于是，小猴子把肩膀上的玉米一扔，摘了一个大西瓜抱在怀里高高兴兴地又往前走。

小猴子走呀走，可是西瓜又大又沉，把小猴子累得直喘气，于是小猴子把西瓜放了下来，一屁股坐在地上休息。

忽然，一只野兔从身边跑过去，小猴子一下子跳起来，大声喊："我要是要抓个兔子回去，那就更带劲啦！"于是丢下西瓜，向野兔扑去，可是小兔子跑得太快了，很快连影子也不见了。

天快黑了，小猴子什么也没有得到，只好两手空空地回家了

6. 勇敢的小刺猬

在这么多的小伙伴中，小猴顶顶瞧不起的就是小刺猬了。瞧他那丑样

儿：满身插着大针，又尖又小的脑袋，老是缩在肚子下面，一副胆小怕事的样子。

有一天，小伙伴们在玩捉迷藏，小刺猬也想参加，小猴不高兴了："去去去，你凑什么热闹？"小鹿、小松鼠都为小刺猬求情道："让小刺猬来吧，小猴！""哼，让他来，他能干什么？呆头笨脑的。"小猴叽咕道。

这话太不公平了！小白兔跳出来打抱不平："小刺猬并不笨，每天夜里他都能捉几只老鼠。"

"捉老鼠有什么了不起？"小猴提高了嗓门道，"他能像我跑得那样快吗？能像我一样爬上这棵树吗？"

大伙儿不吭声了，小刺猬那圆乎乎的身子动了动，悄悄地退到一边去了。

捉迷藏开始了，小白兔撒腿往草丛里跑，雪白的身子被长长的草遮住了，忽然，小白兔惊惶地尖叫起来："蛇！蛇！"

小伙伴们都从藏身的地方跑出来，问蛇在哪。不等小白兔回答，只听得"唰唰"的一阵响，那条蛇已经爬到他们跟前了，身体粗又长，三角形的脑袋，嘴里的毒信一伸一伸的，还发出"嘶嘶"的声音，怪吓人的。

小猴大喊一声："快跑！"他第一个转身就跑，小白兔、小松鼠和小鹿跟在后边，蛇拉直了身体，拼命朝前追，经过小刺猬跟前，小刺猬一下子咬住了蛇的尾巴，然后把头缩进肚子底下，蛇把头抬得高高的，凶狠地摇了摇，想咬死小刺猬，小刺猬一点儿也不害怕，还是紧紧地咬住蛇的尾巴不放，蛇盘成一团，想绞死小刺猬，小刺猬鼓足劲，弓起背，全身的尖刺都竖起来，蛇的身上被刺了无数个小洞，挣扎几下，最后一动也不动了。

小伙伴们都回来了，看到小刺猬把凶恶的大毒蛇给刺死了，七嘴八舌地夸奖起来。

"多谢你救我们！"

"小刺猬不但能捉老鼠，还能斗毒蛇，真了不起！"小猴红着脸，低着头说："小刺猬，你真勇敢，我以前小看你了，请原谅我吧！"

7. 不嘛不嘛

佳佳有句口头禅"不嘛不嘛"。早晨，起床时间到了，妈妈提醒佳佳该起床了，佳佳还想睡，就一个劲地嘟哝："不嘛，不嘛！"

好不容易哄佳佳起了床，妈妈对佳佳说，你自己刷牙，我给你准备早餐。佳佳不称心，小嘴一噘："不嘛，不嘛。"

爸爸说今天是休息日，早饭后带佳佳去公园。这下佳佳乐意了，快快吃完早餐跟着爸爸出了门。到了公园门口，佳佳看见有人在卖气球、风车、纸蝴蝶什么的，佳佳吵着要买。爸爸给她买了一个红气球，佳佳不满意，还要买别的，爸爸说："手里拿那么多东西，怎么玩呢？以后再买吧。"佳佳不肯，一边嘴里说："不嘛，不嘛！"一边干脆蹲到地上不起来了，非要爸爸买不可。

到了公园里，佳佳玩完了碰碰车，又玩小火车，爬上小山还划了船。爸爸说，时间不早了，我们回家吧，下次还可以再来玩。佳佳不听话，小脚一跺："不嘛，不嘛！"

爸爸费了好大的劲，才使佳佳同意回家。路上，他们看见一个小弟弟在哭，原来他的气球破了，看着小弟弟伤心的样子，爸爸劝佳佳把手中的气球送给小弟弟，并答应以后再给佳佳买新的。佳佳不乐意，一手护着气球，嘴里叫着："不嘛，不嘛！"就是不肯给小弟弟。

公共汽车站到了，爸爸让佳佳等着车来，可佳佳想坐出租车回家。爸爸说，已经到车站了，下次再坐出租车吧！佳佳就是不肯："不嘛，不嘛！"汽车来了，佳佳也不上去，爸爸来拖佳佳，佳佳干脆躺在了地上。

这一天，爸爸又疲劳又生气。小朋友，你知道佳佳爸爸疲劳和生气的原因吗？

8. 白兔行医

在美丽、富饶的大森林里，有一座诊所，叫"白兔诊所"。里面住着两只小白兔，一只叫小白，一只叫大白。他们一起行医，救了许多生命。

有一天，山羊伯伯生病了。它感冒、发烧，甚至体温达到43℃，随时都有生命危险。大白、小白立刻前往山羊伯伯家进行抢救。大白对小白说："我们带的草药呢？""用完了！""山药呢？""也没有了！""那你快去采吧！我给山羊伯伯输氧气。"小白立刻背上箩筐，爬到山上去采草药。

山顶上面住着一只老虎，见小白来了，就派它的手下——狼去抓它。狼对老虎说："可是，他救过我的命呀！我不能恩将仇报。""是啊！"狐狸也说，"它上次还把我从死神嘴里救回来了呢！"老虎恼怒了，生气地说："我要你们捉来就给我捉来，谁要是不听话，就小心自己的小命！"狼和狐狸只好去抓小白。小白一上山，就四处找草药。狼和狐狸对小白说："小白，帮帮我们吧！老虎让我们来抓你，我们不忍心啊！""这样啊，"小白说，"你们跟我采药，我有办法。"狼和狐狸很不解，只好听小白兔的。

回到病房里，山羊伯伯已经快不行了。大白见小白带回来狼和狐狸，害怕地说："小小小……小白，你怎么把它们带来了?"小白说："哎呀，别害怕，先把山羊伯伯救醒吧!"它们立刻动手，不一会儿，山羊伯伯得救了!大伙连连夸赞："不愧是白兔兄弟呀!"

"果然是医术高明，名不虚传啊!"

"这下我们不用担心了!"

小白说："对了，狼和狐狸，你们过来，我跟你们说，只要你们改邪归正，你们也可以加入我们!"狼和狐狸说："好，我们加入，以后保证不做坏事!"大家都开心地笑了!而老虎呢，因为恼羞成怒，急火攻心，不久就得病归天了。

这个故事告诉我们：善有善报,恶有恶报。犯错误的人，只要改邪归正，也会有好报。

9. 不讲卫生的小兔子

从前，森林王国里有一只可爱的小兔，叫贝贝。她原来是一只讲卫生的小兔子，但是她现在好像变了，兔妈妈好几次提醒贝贝，她都不耐烦地说："我知道了，别烦我!"兔妈妈只好生气地走了。

贝贝不喜欢走路，所以她就把一袋袋臭臭的垃圾往楼下扔，有几次还砸到了羊伯伯、猴叔叔的头上，"浓汁"从垃圾袋儿里流出来，流到他们的头上。羊伯伯抬起头来望了望天，说："谁那么缺德，乱扔垃圾!"猴叔叔使用了他的绝招跳上一棵大树，向小兔住的那座大楼扫射了一遍又一遍。小兔贝贝赶快躲了起来，生怕自己被发现。

有一次，小兔子把垃圾全部扔在了可回收垃圾箱，这时，负责卫生的监督员——鸡大婶来了，正好目睹一切，刚要把小兔子抓住，可鸡哪有兔子快，小兔子早就逃之夭夭了。鸡大婶把小兔子的罪行告到象爷爷那，象爷爷把这件事交给了羊伯伯。羊伯伯来到小兔子家，问小兔子你到底干了什么坏事，小兔子结结巴巴地说："没……没……没有……啊。""你还敢说没有那你想想你扔垃圾时有没有看到旁边的分类?""有……有……""那你知不知道你是全市用电池最多的人，你难道不知道电池给我们带来了多大的危害?""我……我，知道了，我一定会改过自新，以后不会做缺德的事了!"

从此，小兔子真的改了这个毛病。

10. 公鸡"逗号"先生

从前，有一只骄傲的大公鸡，他给自己起了个很神气的名字"逗号"，谁都不放在眼里。他每天早早地起床，给大家打鸣。他整天伸长了脖子，高昂着头，鸡冠子都翘到天上去了。瞧，他迈着大方步，大摇大摆、大模大样地踱来踱去，那副了不起的样子，还真像个逗号！

其实啊，大家都有一个秘密瞒着他：用不着公鸡打鸣，他们也能照常上班，因为现在都是高科技，都用上闹钟了。闹钟可比打鸣方便又准时，这样一来，大家就不用麻烦公鸡老人家了。但公鸡蒙在鼓里，每天还是得意洋洋地打鸣。

有一天，动物们都起床去工作了。过了一段时间，他们发觉好像没听见公鸡打鸣，心里嘀咕：公鸡也会睡懒觉了？他是不是出了什么事？下了班，他们纷纷去探望公鸡，还给他买去了几只肥肥的虫子。到了一看，原来公鸡得了重感冒，嗓子都哑了，连话都快说不出来了。大家关切地问他："怎么样，还难受吗？"公鸡使劲儿清了清嗓子，流下了幸福的泪水，说："谢谢你们，我好多了。"接下来的几天，小猴子和小燕子天天上山给他采草药吃，过了几天，公鸡的病好了，伙伴们继续保守那个秘密。每天公鸡照常打鸣，可是，他的尾巴再也没有像逗号那样翘上天，他变成了一个谦谦君子，对谁都彬彬有礼的。过了几天，他悄悄把名字改成了"句号"。

是呀，人生的每段经历都像一个逗号，只有谦虚、努力，才能让人生更加精彩，画上一个圆满的句号。

11. 虎大王治病

从前，有一只身强力壮的老虎，打败了许多猛兽，得到了"森林之王"这个称号。可是他当上"森林之王"后就开始暴饮暴食。不久，它就生病了，什么东西都吃不下去。

虎大王说："快……快把山林所有……名医全请来。"

山林里十几名鼎鼎有名的医生全来了，他们可谓八仙过海、各现神通，有的医生看舌头，有的在把脉，最后又开始激烈的讨论，开出了许多药，对虎大王说："只要坚持吃药。几个月就可以痊愈。"药运来了。虎大王指着像山一样的药问："这些好吃吗？"医生小声地说："是苦的。"

虎大王听了，皱了皱眉头，灵机一动说："传令下去，抓几只动物来帮我吃药。"

医生刚要劝说，已经被卫士们赶走了。日子一天天过去，虎大王越来越瘦，病越来越重，几个月后，动物们吃完了药，可虎大王死了。

这只老虎真是聪明一世，糊涂一时啊！自己的事就应该做，不能因为害怕辛苦、困难而让别替自己完成，这样吃亏的永远是自己。

12. 聪明的小乌龟

一只狐狸，肚子饿得咕咕叫，它东奔西跑地找东西吃，看见一只青蛙正在捉害虫，心里想，先拿这只青蛙当点心，填填肚子也好。狐狸一步一步轻轻地跑过去，再跑上两步就要抓到青蛙了，可是，青蛙正在捉害虫，一点儿也不知道。

这事儿让乌龟看见了，他急忙伸长脖子，一口咬住狐狸的尾巴。"哎哟，哎哟，谁咬我的尾巴？"狐狸叫了起来。

乌龟回答了吗？没有。它张嘴说话，不是就放了狐狸吗？乌龟不说话，一个劲儿地咬住狐狸的尾巴不放。

青蛙听见背后狐狸在叫，就连蹦带跳地跑到池塘边，"扑通"一声跳到水里去了。狐狸没吃到青蛙，气坏了，回过头来一看："啊，原来是一只乌龟，我没吃到青蛙，就吃乌龟也行。"

乌龟可聪明了，把头一缩，缩到硬壳里去了。狐狸没咬着它的头，就去咬它的腿，乌龟又把四条腿一缩，缩到硬壳里去。狐狸没咬着它的腿，一看，还有条小尾巴呢，就去咬它的小尾巴，乌龟再把小尾巴一缩，也缩到小硬壳里去了。

狐狸实在饿慌了，就去咬乌龟的硬壳壳，"咯嘣，咯嘣"，咬得牙齿都发酸了，还是咬不动。狐狸说："乌龟，乌龟，我要把你扔到天上去，'啪嗒'一下摔死你。"乌龟说："谢谢你，谢谢你，你扔吧，我正想到天上去玩玩呢！"狐狸说："乌龟，乌龟，我要把你扔到火盆里去，'呼啦'一下烧死你。"乌龟说："谢谢你，谢谢你，你扔吧，我身上发冷，正想找个火盆来烤烤火呢！"狐狸说："乌龟，乌龟，我要把你扔到池塘里去，'扑通'一下淹死你。"乌龟听到狐狸这一说，"哇"的一声哭了："狐狸，狐狸，你行行好，千万别把我扔到池塘里去，我最怕水，掉在水里就没命了！"狐狸才不理它呢，抓起它的硬壳壳，走到池塘旁边，"扑通"一声，把乌龟扔到水里去了。

乌龟下了水，就伸出四条腿来，划呀，划呀，一直划到青蛙身边。两个好朋友，一边笑，一边说："狐狸，狐狸，你还想吃我们吗？来呀，来呀！"

13. 谦虚过度

水牛爷爷是森林世界公认的谦虚的人，很受大家的尊重。小白兔夸它："水牛爷爷的劲最大了！""唉，过奖了，犀牛、野牛劲儿都比我大。"小山羊夸它:"水牛爷爷贡献最多了!"它就说:"唉,不能这样讲了,奶牛吃下的是草,挤出来的是奶,它的贡献比我多。"

狐狸艾克很羡慕水牛爷爷谦虚的美名。它想:"我也来学习一下谦虚吧,这谦虚太好学了。"它想:"水牛爷爷的谦虚不就是这两点吗?一是把自己的什么都说小点儿;二是把自己的什么都说少点。嗯,对!就是这样。"

一天,艾克遇到一只小老鼠。小老鼠看到艾克有一条火红蓬松的大尾巴,不禁发出了由衷的赞美:"哎呀,艾克大叔,您的尾巴真大呀!"艾克学着水牛爷爷的口气,歪歪嘴说:"哎,过奖了,你们老鼠的尾巴比我大多了。""啊,什么?"小老鼠大吃一惊:"你长那么长的四条腿,却拖根比我还小的尾巴?"艾克谦虚地说:"哎,不能这么讲了,我哪有四条腿,三条了,三条了。"小老鼠以为艾克得了精神病吓跑了。

艾克的谦虚没有换来美名,倒换来一大堆谣言。大家说:"唉,森林世界出了一条妖怪狐狸,只有三条腿,还拖一根比老鼠还小的尾巴。"

14. 猴子捞月亮

有只小猴子在井边玩。他往井里一看,里面有个月亮。小猴子叫起来:"糟啦,糟啦!月亮掉在井里啦!"

大猴子听见了,跑过来一看,跟着叫起来:"糟啦,糟啦!月亮掉在井里啦!"

老猴子听见了,跑过来一看,也跟着叫起来:"糟啦,糟啦!月亮掉在井里啦!"

附近的猴子听见了,都跑过来看。大家跟着叫起来:"糟啦,糟啦!月亮掉在井里啦!咱们快把它捞上来!"

猴子们爬上了井旁边的大树。老猴子倒挂在树上,拉住大猴子的脚。大猴子也倒挂着,拉住另一只猴子的脚。猴子们就这样一只接一只,一直挂到井里头,小猴子挂在最下边。

小猴子伸手去捞月亮。手刚碰到水,月亮就不见了。

老猴子一抬头,看见月亮还在天上,他喘着气,说:"不用捞了,不用捞了,月亮好好地挂在天上呢。"

15. 乌鸦喝水

有一年夏天,天气特别的炎热,好多天都没下过一次雨了,炎热的太阳晒得地皮都发烫,小河和池塘的水都干了,人们只好从井里打水喝。

一只乌鸦口渴极了，到处找不到水喝，它想起人们常到井边打水，于是就向井边飞去，正好井边放着一个大瓦罐，里面还有半罐子水，乌鸦一看，高兴极了，它探着身子站在水罐的罐口，准备痛痛快快地喝水，可是那罐子太深了，里面的水又很浅，乌鸦伸长脖子还是喝不着水。这可怎么办呢？乌鸦想把水罐子推倒，可是那水罐儿太重了，凭乌鸦的力气根本就搬不动。罐子里面有水，可就是喝不着，乌鸦又渴又气，她用爪子抓起一块石子，对准水罐子扔了进去，它想用石子儿把罐子砸碎，谁知石子扑通一声刚好掉进了水罐里，水罐子一点儿也没破。可是聪明的乌鸦却发现，石子儿掉进罐子里以后，里面的水好像比刚才高了一点。这下子乌鸦有办法了，它连忙用嘴捡起一块小石子儿又用爪子抓起一块，把两块石块儿都扔进了水罐子里，水又升高了一些，但还是够不着。

乌鸦没有泄气，它一次一次地把石子儿运来投进水罐儿里，罐子里的水呢，也一寸一寸，慢慢地向上升了，最后乌鸦终于可以喝到水啦。乌鸦站在那罐子的口上痛痛快快地喝了个够，它觉得这水特别甜，特别解渴，因为这水是它动脑筋、想办法才喝到的。

16. 爱吹牛的猴子

一天，小猴自看到会游泳的人们，自己小声地咕哝道："我要是会游泳就好了，不，我会爬树，而且爬得很好，这些把戏许多猴子都会，太没意思了，不如我学游泳吧！""游泳？"小兔突然出现说道："我最喜欢看人游泳了，你也会？"小猴心想，现在我只能吹牛了。于是，小猴子对小白兔战战兢兢地说："啊，怎……怎么啦，我会……会游泳！""那明天我叫小矮人一起来看你游泳喔！"小白兔说完就走了。小猴无可奈何，只能等待明天"残酷"的嘲笑了。

第二天小猴来到小河边，恰巧小矮人和小白兔来了。其实小矮人和小白兔知道小猴在吹牛，就想看看小猴出洋相的样子。小猴正要往下跳的时候，小白兔突然说："慢着，你不用游泳了，你只要跳下去能爬上来或者你能越过去就行。"小猴似乎松了一口气，自信地说："没问题！"可它刚跳下去就被河水冲走了……

17. 不爱洗澡的可可熊

可可熊不爱洗澡，他的衣服上经常粘着脏泥巴，鼻子上挂着鼻涕。有一天，可可熊在河边玩，他在地上打起了滚，这么一滚呀，可可熊变样了！

"怪物来了，怪物来了！"一条小鱼跳出水面玩，看到可可熊，他吓得大叫，赶忙躲进水里去了。

小鱼的叫声引来了小青蛙，小青蛙跳到大荷叶上，惊恐地看着可可熊，说："他好像是山上的野猪！"

"不，小鱼说得没错，他是怪物！"另一个小青蛙鼓着圆圆的大眼睛说。

可可熊听了，站在岸上呆呆地看着他们。不一会儿，一只小鸟飞来了，他看到可可熊，吓得差点从空中摔下来。

小鸟大喊起来："有怪物，有怪物！"他急忙去找黑熊警察。不一会儿，黑熊警察开着警车来了，他远远地看到可可熊，也吓了一大跳！

"不要抓我！"可可熊急得团团转。

"你这个大怪物，我要带你回警察局！"黑熊警察说着，拿出了闪闪发光的手铐。

"呜——我不是怪物，我是可可熊！"可可熊放声大哭。他的眼泪流呀流，不一会儿，脸上的脏泥巴被冲掉了，露出一张胖嘟嘟的小脸儿。这下，大家才看清，原来他真的不是怪物！

可可熊回到家，向妈妈说了自己的遭遇，妈妈对他说："你呀，要经常洗澡，让自己干干净净的，这样才不会被大家当成怪物呀！"可可熊脸红了。从此以后，可可熊变了，他按时洗澡，用小手绢擦鼻涕，变得越来越干净了。大家都夸他是一个讲卫生的好宝宝。

18. 猴子学本领

猴子在树上荡秋千，看到小鸟在天上飞来飞去，就对小鸟说："小鸟小鸟，请你当我的老师，教我怎么在天上飞吧！"小鸟答应了猴子的要求。可是，猴子怎么学也学不会，还差点把腿给摔断了，便只好放弃了。

猴子又看到小鸭子在池塘里游来游去，就对小鸭子说："小鸭子小鸭子，请你当我的老师，教我怎么在水里游吧！"小鸭子答应了猴子的要求。可是，猴子一跳进池塘就直往下沉，差点淹死在池塘里，便只好又放弃了。

猴子又看到小鹿在森林里跑来跑去，就对小鹿说："小鹿小鹿，请你当我的老师，教我怎么跑得快吧！"小鹿答应了猴子的要求，开始教猴子跑步。可是，猴子一跑快就跌跟头，只好又放弃了。

猴子很伤心，就去问森林里最有智慧的大象伯伯："为什么我很努力地去学本领，却什么也学不会呢？"

大象伯伯呵呵笑着说:"每个动物都有自己最擅长的方面,也有最不擅长的方面,千万不要强求自己去做那些不适合自己做的事情啊!"

猴子听了大象伯伯的话恍然大悟,不好意思地挠挠头说:"对呀,对呀,我擅长的本领是爬树呀!"

19. 小白兔采蘑菇

一天,兔妈妈提着篮子带着小白兔去森林里采蘑菇。

他们一边走一边采。突然,小白兔在一棵大树下看见了许多花蘑菇。便高兴地对妈妈说:"妈妈!妈妈!快来呀!这儿有好多个花蘑菇,我们来采吧!"说完,小白兔伸手就要去采。兔妈妈看见了,连忙跑过去,摇着手说:"孩子,你可千万别采啊!"小白兔好奇地问:"妈妈,为什么不能采呢?"兔妈妈抬起头,一本正经地说:"这些花蘑菇可是有毒的。""这么漂亮的花蘑菇怎么会有毒呢?"小白兔不解地问。兔妈妈严肃地说:"外表漂亮的东西不一定就是好的呀!"小白兔还是不明白:"那么应该怎样来分辨它是否有毒呢?"兔妈妈耐心地解释:"要想分辨它是否有毒,就应该把它跟我们以前采的蘑菇比较一下,看一看他们的形状和颜色是不是相同。如果是不相同,那就说不定会有毒了。""那还有别的办法分辨吗?"小白兔又疑惑不解地问。"如果你已经采回家了,还可以请经验丰富的长辈来分辨一下,等确定无毒后再吃。"兔妈妈仔仔细细地讲着其中的道理。小白兔高兴地说:"喔,我知道了,下次一定不会采这种漂亮的蘑菇了。"小白兔和妈妈继续向森林深处走去。

傍晚的时候,小白兔和兔妈妈采了一大筐蘑菇。小白兔兴奋地说:"回家可以饱餐一顿了哦!"

20. 鸡和猫换工作

在一个阳光明媚的早晨,公鸡看见天就要亮了,便开始打鸣叫人们起床了。花猫听见打鸣声尖叫道:"公鸡,你吵到我睡觉了!"公鸡愤怒地说:"太阳都晒屁股了,你还不起来?"花猫却说:"你睡觉的时候我还在捉老鼠呢!""捉老鼠?有趣!你敢和我换工作吗?"公鸡说。"好,成交!"花猫兴奋地说。

晚上,公鸡慢慢地走进仓库,这时,老鼠立刻躲了起来。后来仔细一看,原来是一只公鸡啊!于是老鼠大步跑出来吃米,公鸡一看它们不把自己放在眼里,很愤怒,就说:"你们这些老鼠,快滚出去,省得鸡大哥我亲自动手!"但是，没有一只老鼠理会公鸡，它们继续毫无顾忌地吃着大米，就在一瞬间，一只老鼠胆大包天飞速地跑过去，咬了公鸡一口。公鸡暴跳如雷地找它们决战，可是一只老鼠都看不见啦，公鸡只好朝着回家的路走。它突然觉得头上很疼，伸手摸向头上，发现鸡冠受伤了，只得气呼呼地去了动物医院。

第二天，花猫早早地起来了，它看见才露出头的太阳，就开始喵喵喵喵地叫个不停，可是只把附近几户人家叫醒了，花猫加大声音再叫了一阵子，远处几户人家还是没有动静。花猫想：我只好使出吃奶的力气再用力一叫，看远处几户人家会不会有一点动静。叫了好一会儿还是没有一点响声，这时花猫觉得喉咙有点痛，决定去动物医院检查一下，动物医生告诉猫咪因为叫得声音太大，喉咙发炎要打针。花猫懊丧极了，伤心得流下了眼泪。

第三天，花猫和公鸡在医院见面了，公鸡说："我捉老鼠的本领太差了，老鼠没捉到，还被老鼠咬伤了!"花猫用沙哑的声音说："别说了，我啼鸣也比不上你，还把喉咙叫哑发炎了!"哎! 它们都各自反省自己的言行，与此同时它们都悟出一个道理：每个人都有自己的长处，不要嘲笑轻视别人的付出。后来它们和好如初，工作也换回来了，花猫夜里捉老鼠，公鸡早上啼鸣。它们都成了人类的好帮手。

补录1. 大灰狼与小乌龟

一只大灰狼抓住了一只小乌龟，狼要用石头砸死乌龟，乌龟说："我的壳很坚硬，不怕石头砸。"狼要用火烧死乌龟，乌龟说："我的壳很硬，不怕火烧。"

狼指着一条河说："我要把你淹死。"乌龟说："狼大哥，千万不要把我扔进水里，我小时候就怕水，还有一次差点淹死啊! 所以千万不要把我扔进水里啊!""我偏要把你扔进水里!"狼恶狠狠地说。"狼大哥，请你给我一小时，就一小时，我会给你抓来一只兔子，或者一只小松鼠，一小时就够了!""我才不信呢。"狼说："你连跑过它们都不行，何况是抓住它们呢!"

狼说完，就把小乌龟高举过头，扔进了河里。狼在岸上慢慢地等乌龟的尸体浮出水面，一分钟过去了，两分钟过去了，等了两三分钟，水面上果然浮出了龟壳，狼刚想用手抓，突然从龟壳里冒出了一个脑袋，嘿! 没死! 乌龟说"谢了，狼大哥，你让我洗了次澡，我现在有点困，我回家睡觉去，Goodbye!"说完，划动四肢游走了。

狼在岸上气得暴跳如雷,破口大骂道:"死乌龟,下次别让我在碰见你!不然我就把你撕成两瓣!"

"那就等下一次吧,Byebye!我亲爱的狼先生!"说完,乌龟扬长而去。

补录 2. 小果树生病了

春天的时候,原野里五颜六色的花朵都开放了,只有一株小果树没精打采地站在那里,它呀只开了很少的几朵花。小果树怎么了?它是不是生病了呀?住在原野上的小动物可真急坏了,他们把啄木鸟医生请来,诊断了每一根树枝,都没有发现害虫。

勤快的小白兔把小果树树根底下的杂草拔得干干净净;能干的小象扑扑的给小果树浇了好多水,可是小果树还是没精打采的,大家呀急得团团转,这时候小果树有气无力地对小动物们说:"我亲爱的朋友们,别忙了,我的病是因为我脚下的土太硬了,我根本吸收不到水分和养料。"

这可怎么办呢?大家谁也不会松土呀!这时候几只小蚯蚓从土里钻出来,他们对小果树说:"我们来帮你吧!"然后他们就钻到小果树脚下的土里,用力地钻呐钻呐,把泥土钻得又松又软。

嘿!可真棒啊,没过几天,小果树就开满了鲜艳的花朵,小动物们开心极了,大家围着小果树高兴地唱起了歌。

通过沧州市学前教育专业技能大赛的附录资料你会发现最初沧州市的比赛形式和标准与河北省同步,但后来随着国家级技能大赛的改革,河北省和沧州市的比赛方案也在调整,从单纯自备故事到从大班、中班、小班中选择故事,增加导入语、提问语和结束语,再到提供故事库临场抽取故事讲述,而且涉及师幼互动的教法元素越来越明显,故事库故事的选择也越来越新颖,故事道理也更符合新时代的幼儿们。所以技能大赛的比赛方案不是一成不变的,但是无论怎样变化,都是根据幼儿们最需要"倾听"的方向和幼师们最需要"讲述"的方向去调整和变化。所以同学们在校期间讲故事的训练一定要紧跟这个职业方向。

总之结合以上就业招考信息和技能大赛信息,我们找到了幼师语言的职业方向:口语专业技能和幼儿园的教法元素一定要完美融合,而且还要关注幼儿的需要,心中要有幼儿,脸中要有笑容。而且在各类考试和比赛中,讲故事的形式使用得最多,其他教学模拟试讲和说课等对语言的要求也和讲故事的方向一致,所以我们只要具备了幼师讲故事的这项基本功,其他语言能力的获得会更加容易。

幼儿故事中童话故事最受幼儿的欢迎,在幼儿园语言教育活动中也是经常使用的,幼儿教师重点训练的也是童话故事的讲述能力。童话故事的最大特征是运用丰富的想象力，极度夸张的语言赋予动物、植物等物体人的感情，故事情节更丰富，更引人入胜，更能引起孩子的好奇心，丰富孩子的想象力。恩格斯曾经说过："孩子们喜欢他们周围的猫、狗等动物能像人一样说话有趣。"童话故事为我们展示的就是拟人化的世界，这与幼儿的心理特质极为吻合。所以幼师最应该具备的就是讲故事的技巧。

从幼儿的年龄段心理特征上来看，幼儿的思维水平以形象思维为主，抽象思维还不完善，而且理解能力较差，注意力也不易集中，因此幼师在讲述童话故事时应注重语言表达的形象性、趣味性和通俗性。同时，幼儿的模仿能力很强，可塑性又很高，所以幼师也应注重幼儿童话故事的教育性。这也就限定了幼师选择童话故事的标准和讲述童话故事的方式。

第二章

为幼儿"明辨"童话故事

在网络资源泛滥、图书资料混杂的时代,故事作品数量不计其数,类型风格多姿多彩,篇幅也长短不一,而故事的质量也良莠不齐。那么,在讲故事时怎样为幼儿"明辨"童话故事呢?归根结底离不开讲故事的对象和讲故事的目的,一定要做到有针对性地选择。而在幼儿园教育教学活动中,幼儿教师面对的对象是幼儿,讲故事的目的是教育教学,所以选择故事应注意以下几点:

(一) 教育性原则

学生年龄段较低,模仿力较强,自制力较差,这就决定了幼儿的可塑性很强,所以应重视这一阶段的教育和引导,要选择思想感情积极健康的,具有"真、善、美"的内涵,对幼儿成长非常有益的故事。

比如在经典的童话故事《白雪公主》中,七个小矮人虽然长得很丑但很善良,白雪公主长得漂亮也很单纯,皇后虽然外表美丽但内心恶毒,这样的故事可以让小朋友们从中了解人性的美、丑、善、恶。《卖火柴的小女孩》中可爱的小女孩的悲惨遭遇,可以教会幼儿珍惜现在的幸福生活。总体来说童话故事可以教人勇敢、热情、善良、乐观,反对卑鄙、怯懦、邪恶、虚伪。在这种传递正能量的要求下,故事可以选择多种风格的,如欢快明朗的、崇高壮丽的、温馨美好的、幽默诙谐的、忧伤愤怒的，等等。

（二）趣味性原则

幼儿以具体形象思维为主，注意力不易集中，所以选择的故事情节要生动、有趣，这样才能吸引幼儿的注意力。

曾经热播的《喜羊羊和灰太狼》以小羊们智斗灰太狼的搞笑情节吸引人，以灰太狼"我还会回来的"的可笑、懒羊羊的聪明和喜羊羊的可爱让小朋友们十分喜欢。安徒生的童话故事《丑小鸭》则以丑小鸭从丑到美的蜕变和内心的升华而吸引人的眼球。四大名著《西游记》的节选片段《猪八戒吃西瓜》等小故事也是以神奇的故事情节和夸张可爱的角色形象让人印象深刻。所以选择有趣好玩的故事十分符合幼儿的阅读兴趣和心理特征。

（三）适宜性原则

幼儿的抽象思维水平还不完善，理解能力还不是很强，所以我们选择的故事中叙事方式和表现手法要符合幼儿阶段的思维特点。

一般叙事方式包括顺叙、倒叙、插叙、补叙，因为幼儿的思维水平限定了他们的理解能力，所以幼儿童话故事顺叙较多，都是按时间先后的次序，依故事起因、开端、发展、高潮、结局的大致脉络谋篇布局，比如《小红帽》的故事，开始介绍小红帽名字的来历，接着故事情节就开始了：妈妈让小红帽给生病的外婆送东西，而后小红帽在大森林里碰到大灰狼，接着高潮出现，大灰狼把外婆和小红帽吞掉，最后结局：猎人出现救了小红帽和外婆。《白雪公主》的故事一般也都是顺叙来讲述，先是介绍白雪公主童年经历，接着经历家庭变故，再后来遭继母皇后忌恨，派猎人去杀害白雪公主，后来白雪公主逃脱和小矮人共同生活，紧接着白雪公主被伪装的皇后毒害，最后被王子救活并幸福生活。这种发展顺序小朋友们都能理解，容易接受。但文学创作是多种多样的，有的先讲到故事的结局，然后再按时间发生的先后顺序介绍，这是倒叙，现在的幼儿故事用得也不多，偶尔老师讲故事时，为了引发好奇，设置悬念，先暗示一点结果而已。而补叙一般都是通过回忆方式来运用。记得听过《白雪公主》的录音故事，就是对原文本的顺序进行了改变，先是介绍七个小矮人在森林里快乐生活，然后一个漂亮的小姑娘闯入，互相建立感情后，小姑娘用回忆的方式把自己身为白雪公主的经历和自己的处境讲述出来，后边的情节就是顺叙进行了。这里也只用了一个补叙，如果再多用补叙，小朋友们就会迷糊了。跟故事主体内容关系不大的插叙就更少用了。总体来说建议为幼儿选顺叙的作品，有时只有一两种叙事手法的故事对于年龄大点的幼儿也能理解，但太多方式纵横交错的就应慎重选择了。

　　表现手法在文学作品中也有很多，如对比、象征、想象、夸张等，也包括起兴、烘托、运用典故、借景抒情、以小见大等，还有就是我们熟悉的修辞手法：比喻、拟人、排比、反复等。运用多样的表现手法，使用丰富的表达方式，可以使文学作品的艺术魅力更为突出，但对于年龄段较低的幼儿来说，对表现手法应该慎重选择，因为幼儿的理解水平还很低，并不是所有的表现手法都能接受。想象、夸张本身就是童话故事的艺术特色，可以使故事更生动、有趣，而且在童话故事中为了使故事表现得更加通俗、形象、生动，也经常使用一些修辞手法，比如拟人、比喻、反复，当然比喻中还是明喻用得多。许多经典的故事都很有趣，也很有教育意义，但文学性太强，表现手法用得很复杂，幼儿理解起来也会困难，比如《西游记》《牛郎和织女》等经典的古代神话故事。为了让幼儿们也能增加古典文化底蕴，后来就出现了许多改编版本，里边的艺术手法就简单多了。而且现在许多童话故事也适合高年龄段的小学生阅读，所以我们在选取故事材料时，要注意甄选，选择表现手法适合幼儿的接受能力的。比如我们为小班孩子选择故事时，为了让幼儿能听明白，选择在语言和情节上使用反复手法的《小兔乖乖》，在这个故事中，大灰狼多次敲门欺骗小兔子，情节反复，语言"小兔乖乖，把门开开"和"不开不开，就不开，妈妈没回来"，也反复出现，这就是修辞中的反复手法。小朋友们在重复的语言和情节中更容易明白故事的道理，但大班的孩子就已经不再适合这么简单反复的故事了。

小兔乖乖（原版）

　　兔妈妈有三个孩子，一个叫红眼睛，一个叫长耳朵，一个叫短尾巴。

　　一天，兔妈妈对孩子们说："妈妈到地里去拔萝卜，你们好好看着家，把门关好，谁来叫门都别开，等妈妈回来了再开。"

　　兔妈妈拎着篮子，到地里去了。小兔子们记住妈妈的话，把门关得牢牢的。

　　过了一会儿，大灰狼来了，他想闯进小兔子的家，可是小兔子把门关得紧紧的，进不去啊！

　　大灰狼坐在小兔子家门口，眯着眼睛，在想坏主意，突然看见兔妈妈回来了，他连忙跑到一棵大树后面躲起来。

兔妈妈走到家门口，推了推门，门关得紧紧的，就一边敲门，一边唱：
"小兔子乖乖，
把门儿开开！
快点儿开开，
我要进来。"
小兔子一听是妈妈的声音，一齐叫起来：
"妈妈回来啦！妈妈回来啦！"他们给妈妈开门，抢着帮妈妈拎篮子。哟，妈妈拔了这么多红萝卜！
兔妈妈亲亲红眼睛，亲亲长耳朵，又亲亲短尾巴，夸他们是好孩子。
那只大灰狼躲在大树后面，偷偷地把兔妈妈唱的歌记住了。他得意地想，这回我有办法了。
第二天，兔妈妈到树林子里去采蘑菇，小兔子们把门关好，等妈妈回来。过了一会儿，大灰狼又来了。他一边敲门，一边捏着鼻子唱：
"小兔子乖乖，
把门儿开开！
快点儿开开，
我要进来。"
红眼睛一听，以为妈妈回来了，高兴地叫着："妈妈回来啦，妈妈回来啦！"
短尾巴也以为妈妈回来了，一边跑，一边说："快给妈妈开门，快给妈妈开门！"
长耳朵拉住红眼睛和短尾巴说："不对，不对！这不是妈妈的声音。"
红眼睛和短尾巴往门缝里一看："不对，不对！不是妈妈，是大灰狼。"
小兔子们一齐说：
"不开，不开，我不开，
妈妈没回来，
谁来也不开。"
大灰狼着急了说："我是你们的妈妈，我是你们的妈妈！"
"我们不信，我们不信！要不，你把尾巴伸进来让我们瞧一瞧。"
"好啦，我就把尾巴伸进去，让你们瞧一瞧。"小兔子把门打开一点儿，大灰狼就把自己的尾巴伸了进来。

嘿，一条毛茸茸的大尾巴。一、二、三，嘭——小兔子一齐使劲，把门关得紧紧的，大灰狼的尾巴给夹住了。

大灰狼疼得哇哇叫："哎哟，哎哟，疼死我了。放了我，放了我！"

这时候，兔妈妈回来了，她放下篮子，捡起一根木棍，朝大灰狼的脑袋狠狠地打。

大灰狼受不了啦，使劲一挣，把尾巴挣断了。他拖着半截尾巴逃到山里去了。

兔妈妈这才松了一口气，扔下木棍，拎起篮子，一边敲门，一边唱：
"小兔子乖乖，
把门儿开开！
快点儿来来，
我要进来。"

小兔子们听见妈妈的声音，抢着给妈妈开门，抢着帮妈妈拎篮子。

嗬，妈妈采来了这么多蘑菇！兔妈妈高兴地说："你们真是好孩子！"

小贴士：聪明的小兔子们把大灰狼赶跑了，小朋友们，一个人在家的时候千万别给陌生人开门哦。爸爸妈妈可以通过这个故事对孩子进行安全教育。

小兔乖乖（精简版）

兔妈妈有三个孩子，一个叫红眼睛，一个叫长耳朵，一个叫短尾巴。一天兔妈妈要去拔萝卜，对三个孩子说："好好看家，不要给陌生人开门！"

兔妈妈去树林里拔萝卜了，从树林里走来的大灰狼发现兔妈妈不在家，想把小兔当点心吃！于是躲在小兔子们的家附近，这时兔妈妈回来了，在门前唱道："小兔乖乖，把门儿开开，妈妈回来，快把门儿开！"三只小兔一听妈妈回来了，高兴地就把门打开了。小兔子们都围着妈妈开心地转圈圈。

第二天，兔妈妈又要去拔萝卜，小兔子们把门关得紧紧的。这一次大灰狼扮成兔妈妈的模样，来到门前，也唱道："小兔乖乖，把门儿开开！"红眼睛从门缝一看不是妈妈，是一只大灰狼！于是小兔子们回答说："不开不开我不开，妈妈没回来，谁来也不开！"

短尾巴说："除非你把你的尾巴从门缝伸进来，让我们看看到底是不是妈妈。"大灰狼想也没想，就把尾巴从门缝伸了进去，三只小兔一起用力把

> 门狠狠地关上了，把大灰狼的尾巴刚好夹住，这时兔妈妈也回来了，放下手中的篮子，拿起棒子，对准大灰狼的头狠狠打，大灰狼挣断了尾巴赶紧逃跑了。
>
> 兔妈妈放下篮子，一边敲门，一边唱歌："小兔子乖乖，把门儿开开！快点儿开开，我要进来。"小兔子听见妈妈的声音，抢着给妈妈开门，抢着帮妈妈拎篮子，兔妈妈高兴地说："你们真是好孩子。"

（四）通俗性原则

语言要浅显易懂、生动形象、朗朗上口，适合幼儿语言接受特点。比如我们经典的名著故事《西游记》，其中角色形象可爱、有趣，情节也是魔幻、奇妙，但语言是半文言，成人理解起来都有难度，何况幼儿了，所以现在出现许多适合中小学阅读的改编版本。如果想要讲述给幼儿听，幼儿老师们就得好好从这些改编版本中进行选取了，选语言最通俗，最适合幼儿的。小孩儿对韵律感强的、朗朗上口的文字也会接受得比较快，所以给低年龄段幼儿应该多选择这类故事，比如《小红帽》的故事中有这样的语言："小红帽抬起头来，看到阳光在树木间来回跳荡，美丽的鲜花在四周开放。"而在《龟兔赛跑》中兔子笑话乌龟："乌龟乌龟爬爬，一早出门采花；乌龟乌龟走走，傍晚还在家门口。"这些语言押韵，读起来节奏感强，朗朗上口，又通俗易懂，适合幼儿的接受能力。

（五）职业性原则

对于从事一线教学的幼儿老师来说，选择故事更要细节化一点，比如小班、中班、大班、学前班的幼儿年龄段不同，思维水平、接受能力都是发展变化的，所以我们选择的故事无论从道理、语言还是艺术手法上都是从浅到深、从易到难的趋势。现选取两个小班教学故事，欣赏其中的形象性和通俗性，体会其对幼儿的适用性。

> **拔萝卜**
>
> 有一位老爷爷在地里种了个萝卜，他对萝卜说："长吧，长吧，萝卜啊，要长结实啊！长吧，长吧，萝卜啊，要长大啊！"萝卜越长越大，大得不得了。老爷爷就去拔萝卜。他拉住萝卜的叶子，"嗨哟，嗨哟"拔不动。老爷爷就喊："老奶奶，老奶奶，快来帮我拔萝卜！"老奶奶说："唉！我来了，

我来了。"老爷爷、老奶奶一起拔萝卜。"嗨哟，嗨哟"萝卜还是拔不出来。老奶奶喊："小姑娘，小姑娘，快来帮我们拔萝卜！"小姑娘说："唉！我来了，我来了。"老爷爷、老奶奶、小姑娘一起拔萝卜。"嗨哟，嗨哟"萝卜还是拔不出来。小姑娘就喊："小黄狗，小黄狗，快来帮我们拔萝卜！""汪汪汪！我来了，我来了。"老爷爷、老奶奶、小姑娘、小黄狗一起拔萝卜。"嗨哟，嗨哟"萝卜还是拔不出来。小黄狗就喊："小花猫，小花猫，快来帮我们拔萝卜！""喵喵喵！我来了，我来了。"老爷爷、老奶奶、小姑娘、小黄狗、小花猫一起拔萝卜。"嗨哟，嗨哟"萝卜还是拔不出来。小花猫就喊："小老鼠，小老鼠，快来帮我们拔萝卜！""吱吱吱！我来了，我来了。"老爷爷、老奶奶、小姑娘、小黄狗、小花猫、小老鼠一起拔萝卜。"嗨哟，嗨哟"大萝卜有点动了，再用力拔呀拔，大萝卜终于拔出来啦！他们高高兴兴地把大萝卜抬回家去了。

这个故事情节简单、语言通俗，适合小班教学，而且为了更好地让两三岁孩子理解，使用了反复手法，情节不断反复，老爷爷拔不出喊老奶奶，又拔不出喊小姑娘，还拔不出喊小黄狗，结果仍是拔不出，又喊小花猫，最后喊来小老鼠，才拔出大萝卜，情节到此就结束了。在情节反复中，幼小的孩子比较容易理解故事的内容和道理，而且语言也在不断地反复："快来帮我（们）拔萝卜""嗨哟，嗨哟""我来了，我来了"等相同的语句反复出现，人和动物相似的摹声词也出现多次。反复是指为了强调某种意思，突出某种情感，特意重复使用某些词语、句子或段落等，是童话中普遍使用的手法，既有加强情感、强化形象的作用，还有加深印象、帮助记忆的作用，因此在给年龄段较低的幼儿讲故事时，使用率较高。所以我们幼师在教学时，也应该多为小班选择此类故事。

蚂蚁小黑豆

小朋友怕不怕困难呢？遇到困难是会躲避还是会克服呢？其实小朋友们知道吗？困难像弹簧，你强他就弱，你弱他就强，小朋友赶快像小黑豆学习吧！

有一只小蚂蚁，名叫小黑豆。

有一天，它离开家去找吃的。

它捡到一粒面包渣，想要叼回家，和妈妈一起吃晚饭。（互动：小黑豆是不是很棒呀？它找到好吃的，不是自己独自享用，而是想到了自己的妈妈，想和妈妈一起分享，小朋友们也要向小黑豆学习呦！）

小黑豆往家走，

遇见一块大石头。

怎么办？

小黑豆不怕困难，一步一步往上爬。

爬啊爬，爬啊爬，爬过了大石头，小黑豆叼着面包渣，继续往家走。

小黑豆往家走，

遇见一条小河沟。

怎么办？

小黑豆真聪明，找片树叶当小船儿。

划啊划，划啊划，划过了小河沟，小黑豆叼着面包渣，继续往家走。

小黑豆往家走，

遇见一只大黄狗。

小黑豆懂礼貌，它请黄狗大哥让让路。

大黄狗，叫三声："汪汪汪，请过吧！"

告别了大黄狗，小黑豆叼着面包渣，继续往家走。

走啊走，走啊走，啊，到家啦！妈妈正等着小黑豆吃晚饭哪！

那顿饭，它和妈妈吃得好香好香啊！

这个故事同样也是情节、语言上使用了反复手法，比如"小黑豆叼着面包渣，继续往家走"和"走啊走，走啊走"，相同的句子和结构就反复出现了三次，更加通俗易懂，在反复中小朋友们不仅了解了小蚂蚁的坚强乐观，还体会了语言的韵律感，"走、头、沟、狗"等词押"ou"韵，讲起来朗朗上口，听起来也通俗易懂，比较符合幼儿的接受规律，也适合小班幼儿教学。

不过，相似的故事，在道理上也有难易之分，比如《狼和小羊》的童话故事，有两个版本：一个是幼儿园教学常用的童话故事，讲的是小动物们团结友爱战胜大灰狼的道理，这个一般出现在小班和中班的语言教育中；一个则是被选在大班或小学语文教科书中的伊索寓言童话故事。寓言故事本身就具有语言凝练、饱含哲理的特点，现在虽然也被用在幼儿园语言教育领域，但都是被选在大班教学中。这两个版本，从篇幅上来说第一个较长，第二个短，但是第二个故事的寓意比较绕，道理比较深奥，小朋友们理解有些难度，所以我们选择故事也不能一味地从篇幅长短去定位。

狼和小羊（中班语言故事）

一只小羊正在河边喝水，一只狼走过来说："这河里的水是我的，你为什么喝我的水！"

小羊说："这河里的水是山上流下来的，大家都可以喝，怎么说是你的呢？"狼说："我说是我的就是我的！你喝了我的水，晚上我要来吃掉你！"狼说完就狠狠地摇着尾巴走了。

小羊回到家里，想起狼说晚上要来吃他，就坐在门口哭了起来。一只小花猫走来，看见小羊在哭，就问："小羊，你为什么哭啊？"小羊说："狼说今天晚上要来吃我。"小花猫说："不要紧，晚上我来帮助你。"小花猫说完就走了。

小羊还坐在门口哭。一只小黄狗走来，看见小羊在哭，就问："小羊，你为什么哭啊？"小羊说："狼说今天晚上要来吃我。"小黄狗说："不要紧，晚上我来帮助你。"小黄狗说完就走了。

小羊还坐在门口哭。一匹白马走来，看见小羊在哭，就问："小羊，你为什么哭啊？"小羊说："狼说今天晚上要来吃我。"白马说："不要紧，晚上我来帮助你。"白马说完就走了。

小羊还坐在门口哭。一只大象走来，看见小羊在哭，就问："小羊，你为什么哭啊？"小羊说："狼说今天晚上要来吃我。"大象说："不要紧，晚上我来帮助你。"大象说完就走了。

到了天黑的时候，小花猫、小黄狗、白马、大象都来了。大家在一起商量怎样来帮助小羊。

小花猫说："小羊，你到外边找个地方藏起来，我躲在灶台上。狼来了，找不到小羊，他一定会到火炉这儿来点火，那时候，我就用爪子抓他。"小黄狗说："狼被小花猫抓了，一定会往外跑，我躲在门口，等他出来的时候，我就咬他。"白马说："狼被小黄狗咬了，一定会往房子后边跑，我躲在门口，等他出来的时候，我就踢他。"大象说："我站在大树底下，等狼从大树旁边逃跑的时候，我就用鼻子把他卷起来扔到河里去。"

大家商量好了。小羊藏到外边的大树后面；小花猫跳上了灶台；小黄狗蹲在门背后；白马躲在房子后边；大象站大树底下。大家一声也不响，静静地听着声音。

不大一会儿，老狼"吧嗒吧嗒"地走来了。老狼走进屋子里。屋子里黑洞洞的，什么也看不见。他就到火炉那儿去点火。小花猫跳起来，用他发亮的眼睛，看准老狼的脸就是一爪子。老狼吓坏了，"嗷"的一声，转身就往外跑。

小黄狗从门背后窜出来，看准老狼的腿就咬一口。老狼疼得"嗷嗷"地叫着，想绕到房子后边逃走。

这时候，白马抬起腿来，看准老狼狠狠地踢了一脚，把老狼踢得好远，一直踢到大树那儿。小羊也勇敢地从树后面冲出来，用他尖尖的角，对准老狼顶了一下。

老狼被小花猫抓了一爪子，被小黄狗咬了一口，被白马踢了一脚，又被小羊顶了一下，摔在地上站也站不起来了。

这时候，大象用鼻子把老狼卷起来，"呼"的一声，把他扔到很远很远的大河里去。老狼淹死在水里，再也吃不了小羊了。

赏析：这个故事是幼儿园语言教育、社会教育和游戏活动领域经常用到的故事，一般用在中班阶段，虽然篇幅较长，但语言通俗简洁，而且在小动物们来帮助小羊时，也是多次使用反复手法，"小羊，你为什么哭啊"，"狼说今天晚上要来吃我"，"不要紧，晚上我来帮助你"，这样的对话重复出现了四次，小朋友们更容易理解和复述了，而且最后道理也很简单，就是朋友之间要互相帮助，团结就是力量。

狼和小羊（大班寓言故事）

狼来到小溪边，看见小羊正在那儿喝水。

狼非常想吃小羊，就故意找碴儿，说："你把我喝的水弄脏了！你安的什么心？"小羊吃了一惊，温和地说："我怎么会把您喝的水弄脏呢？您站在上游，水是从您那儿流到我这儿来的，不是从我这儿流到您那儿去的。"

狼气冲冲地说："就算这样吧，你总是个坏家伙！我听说，去年你在背地里说我的坏话！"

可怜的小羊喊道："啊，亲爱的狼先生，那是不会有的事，去年我还没有生下来呐!"

狼不想再争辩了，龇着牙，逼近小羊，大声嚷道："你这个小坏蛋！说我坏话的不是你就是你爸爸，反正都一样。"说着就往小羊身上扑去。

赏析：作为教育学生的一个寓言来讲，在小学阶段它告诉小学生：为了满足自己的利益，坏蛋们总是千方百计找借口，即使借口多么荒诞，在弱肉强食的环境下，讲道理、讲正义是不够的，有实力才能生存。如果在幼儿园大班使用，道理就得再通俗一点，它告诉孩子们对狼和像狼一样的坏人是没有道理可讲的，要机智地动脑筋想办法保护自己。从故事道理上来看，比较适合大班年龄段的孩子，年龄段较低的孩子们理解起来会有一些难度。

有时在特定的教学环节根据不同的教学目的，也可变更故事内容，比如，在周围出现很多孩子被拐被偷的社会现象时，多讲点《小兔乖乖》《狼和七只小山羊》《小红帽》之类的安全教育故事。当看到小朋友们不爱惜粮食，骄纵任性时，就可以讲讲《卖火柴的小女孩》，教会他们珍惜现在的幸福生活。当有学生自卑、腼腆时，可以用《丑小鸭》故事中丑小鸭变成美丽的白天鹅的经历来鼓励他们。

我们学前幼教专业的学生讲的故事也会根据讲故事的目的和面对的对象的变化进行不同的选择。例如当参加学前教育专业技能大赛，面对园长和领导应聘教师职位时，需要展现幼儿教师的气质风采，这时就不能按最简单、通俗的原则了，不应选适合小班教学的短小故事，而应增加难度，在不违背大原则的前提下，选择适合大班和学前班的故事。

以学前教育专业技能大赛为例，为学生选故事也是一个重要环节，它直接关乎比赛结果。我们在坚持"教育性、趣味性、形象性"原则的情况下，还应该选择什么样的故事才可以更好地展示幼儿教师风采，获得的分值能高点呢？现在的幼儿故事有的情节很简单，总体风格温馨明快，但如果情节不曲折，不惊险，就难以给人留下深刻的印象。所以，在为学生选择故事时我们倾向于选择适合高年龄段幼儿的，故事情节有冲突、有悬念、曲折离奇的。比如故事中有强大和弱小对立双方的，容易形成一种危险关系，就会有惊险的一幕，情节就会有明显的起伏、变化，讲故事者也容易讲出生动性，听众对故事的情感体验也会比较真切。如《小红帽》中大灰狼老奸巨猾、小红帽天真弱小，就有小红帽的不谙事事，被大灰狼欺骗，就会有狼吃小红帽的危险和恐慌，自然也产生了鲜明的道理；在《机智勇敢的小山羊》中狼的伪善狠毒和小山羊的机智勇敢产生对立，就有了狼吃小羊的惊心动魄的

第二章 为幼儿"明辨"童话故事

故事情节,讲述时情绪就有明显的波澜;在《狼和七只小山羊》中,一开始小山羊很高兴地在家玩,狼的出现就让情节明显开始起伏、紧张起来,一次次敲门,一次次欺骗,让小朋友们替小山羊紧张、担忧,而当大灰狼欺骗成功后,推门而入,情节就更紧张了,为了把狼追小羊、吃小羊的可怕、惊险场面展现出来,使情节明显起伏变化起来,讲的语速也要快起来,声音也要急促起来,听众也会随着情节的巨大变化而受到触动,这样评委老师就容易被感染。

在选择故事时,除了要考虑故事的悬念性和曲折性外,还应考虑故事的新颖度。在大部分选手都选择活泼生动的动物故事的情形下,评委一天听那么多故事,容易产生感官疲劳,所以所选故事风格与众不同也能增大获胜率,比如为参赛学生选择《卖火柴的小女孩》,让学生采用抒情式的倾诉方式,再加上忧伤的背景音乐,把听众带进一种唯美感伤的童话世界,跟那种蹦蹦跳跳活泼有趣的动物故事区分开,能给人耳目一新的感觉。

总之,选好故事是讲好故事的前提,无论如何,我们都不能脱离幼儿教师的身份,不能忘记幼儿教师的责任,一定不能误导幼儿,不能忘记幼儿教师的教育目的,不能失去幼儿教师的风采,我们应该让童话故事在幼儿园中发挥最大的效用。

附录 本章自学微课视频《故事的选择技巧》

微课讲稿:

大家好,从这节课开始我们一起进入讲故事的技能训练。我们这节课首先认识一下讲故事和我们幼师的工作生活有什么关系,我们在工作生活中要选择什么样的故事去讲述。在讲课之前,我们先来看一段讲故事的视频。

故事的选择技巧

(播放视频)

从故事视频中,我们能感受到讲故事就是把我们看到的、听到的或自己编的故事,用口语有声有色、绘声绘形地讲述出来。而讲故事需要语言、声音和肢体三者的配合。如果为其寻找一个合适比例的话,我们可以借用美国心理学家艾伯特的一个公式:情感表达=7%的语言+38%的声音+55%的表情和动作。讲故事同样也是如此。这将在我们以后的训练中为同学们一一讲解。那讲故事和我们的工作生活有什么关系呢?

首先,通过讲故事可以帮助幼儿开阔视野、增长知识、认识生活、发展思维、陶冶情操。其次,讲故事是技能大赛、教师招考面试和幼儿园应聘等环节最主要的考核方式之一。幼儿教师的教态、谈吐气质和讲故事的风格要契合。

最主要的一点，讲故事是我们幼儿教师寓教于乐的有效教学手段。

因此，我们应该具备讲故事的技能。但我们是学前教育专业的学生，我们讲的是幼儿故事，在幼儿故事中，童话故事用得最多。所以我们在这个项目中就以童话故事为切入点，进行讲故事技能的训练。

这节课，我们首先来介绍童话故事讲述的一个前提：童话故事的选择。我为大家总结五个原则：

第一个原则是教育性原则，我们要为幼儿选择具有真、善、美内涵，对幼儿成长有益的故事。

比如经典的童话故事《白雪公主》中，七个小矮人虽然很丑但很善良，白雪公主长得漂亮也很单纯，皇后虽然外表美丽但内心恶毒，小朋友们从中可以了解人性的美、丑、善、恶。这样的故事有很多，比如《灰姑娘》《卖火柴的小女孩》等，其实每个童话故事都在教人勇敢、热情、善良、乐观，反对怯懦、卑鄙、邪恶和虚伪。

第二个原则是趣味性原则：因为幼儿注意力不易集中，所以情节要生动、形象、有趣，这样才能吸引幼儿的注意力。大家首先看一段视频。

（播放视频）

这两个动画片故事大家不会陌生吧，它们之所以这么受到小朋友们的欢迎，主要是因为故事情节的有趣，以及小角色们的搞笑和可爱，所以我们要多选择这样的故事讲给幼儿们。

第三个原则是适宜性原则。幼儿的抽象思维水平还不完善，理解能力还不是很强，所以我们选择的故事中叙事方式和表现手法要符合幼儿的思维特点。叙事方式有顺序、倒叙、插叙和补叙，但我们为低年龄段的幼儿选择顺序的故事较多，因为它是利用起因、开端、发展、高潮、结局来谋篇布局，小朋友们非常容易理解。

表现手法在文学作品中有很多，但最适合幼儿也最易于被幼儿喜欢的是想象和夸张，这也是童话故事最大的特点。所以在幼儿园为幼儿选择最多的是童话故事。

第四个原则是通俗性原则，指的是故事语言要浅显、生动、朗朗上口，易于幼儿接受。

如《龟兔赛跑》中兔子这样笑话乌龟："乌龟乌龟爬爬，一早出门采花；乌龟乌龟走走，傍晚还在家门口。"这样的语言押韵上口，又通俗易懂，适合幼儿的接受能力，应该多为幼儿选择。

第五个原则是职业性原则，这对于幼儿教师来说是最重要的原则。1. 大、中、小班根据年龄段区分选择。比如《狼和小羊》的故事，两个版本，一个是道理简单的"团结"故事，另一个是道理深奥的寓言故事，显而易见，我们要为小中班选择第一个，为大班选择第二个。而且我们也应该为小班多选择反复手法的故事，比如《拔萝卜》，其中语言、情节不断反复，"汪汪汪，我来了，我来了""喵喵喵，我来了，我来了""吱吱吱，我来了，我来了"，这样既加强情感、强化形象，还能加深印象，帮助记忆。所以我们选择故事无论从道理、语言还是艺术手法上都是从浅到深、从易到难的趋势。2. 根据教育情境需要灵活选择。比如《年兽故事》是节日类，《狼和七只小山羊》是安全类的，《不爱干净的小猪》是生活类，《狐狸和乌鸦》是教育类。幼儿教师应该要遵循生本教育思想（即为学生好学而设计的教育），结合具体的教育情境，根据幼儿需要灵活选择，为幼儿量身定做。3. 根据场合和对象"应景"选择。比如面试、应聘、比赛，面对成人评委和老师，就要选择难度大一些的故事，不宜太短小、简单。比如在为参加学前教育专业技能大赛的学生选择故事时，我们经常选择惊险、悬念、曲折的故事，其中有敌对双方，容易产生对立和危险关系，讲述起来就会有明显的感情起伏，容易产生现场的冲击感，使人印象深刻。

好了，同学们，我们这节课就讲到这里。作为幼儿教师，你们知道怎样选择故事了吗？

第三章

为幼儿"润饰"童话故事

选择好故事后,不要急于张口,急于搬到课堂上,首先要熟悉故事内容,熟能生巧,再去揣摩如何讲好故事。现在好多初练者,一拿到文本就照念、照读、照背。好多家长给孩子讲故事,有的照着故事书随意读,没有任何语言设计和情感引导,很随意,就是哄孩子睡觉,随意讲讲道理。但幼儿老师就不能这样应付,练讲故事始终要注意两点:其一练自己的语言生动力、练教学语言的形象性,其二就是对幼儿进行语言的感染熏陶。所以,对幼儿教师讲故事的要求就比较高。而现在的故事良莠不齐,而且文本较多,视频、音频故事较少,一线教学故事案例更是少之甚少,故事的书面倾向、抽象性也很明显,所以搬到现场讲述,我们必须先熟悉故事,对故事进行剖析,对故事文本进行"润饰"再创作,让故事变得更丰满、更灵动、更能吸引幼儿,也更适合一线幼儿园的教育教学活动。

对故事内容进行再创作,具体来说指的是给学生讲故事,可以不受原材料内容的束缚,有的地方可详述,有的地方可概述,有的地方可扩展,有的地方可变序、变角度、变表达方式。这种对原材料的改编、加工就是一种再创作。

一、熟悉故事的步骤

再创作的前提是要对原文本故事十分熟悉,能对内容进行剖析,做到熟能生巧。

①熟悉故事的主题思想，把握故事的中心，万变不离其宗，就是无论怎么改动，都不能偏离故事的主题中心。

记得有一次技能大赛中，有个学生讲《骄傲的大公鸡》，在赛前辅导时，为了让故事更形象有趣，我们对原故事进行了彻底换血，如大公鸡和小动物们比美，第一个比美碰到乌龟，为了凸显公鸡骄傲自大，我们把《龟兔赛跑》中兔子笑话乌龟跑得慢的语言搬过来，"乌龟爬爬，一早出门采花；乌龟走走，傍晚还在家门口。"而且我们还穿插了《小毛驴》的故事，因为觉得小毛驴的叫声挺好玩，小毛驴赶集的小儿歌也很有趣，放在故事中十分生动，于是故事后面还设置一个小毛驴的角色，但为了不改变主题，设置小毛驴"不搭理大公鸡，叫几声，急着去干活了"的情节。这个故事，我为选手改动了许多细节，但前提不能改动"不能停留在外表上，内心美才是真的美"的道理，不能更改大公鸡骄傲自大的虚荣品性，否则就更改了故事的主题，失去了传统故事经典的教育性。

②把握故事的线索、脉络，了解故事的来龙去脉，无论怎么改编、创作，故事的大致框架不能改变。

《乌鸦喝水》和《狐狸和乌鸦》都是《伊索寓言》里的故事，翻译版本很简单，后来出现许多再创作版本，但无论怎么再创作，都保留了原版的故事框架，如《乌鸦喝水》：先是乌鸦口渴，然后发现瓶子，接着喝不到水，着急想办法，最后想到办法喝到水。《狐狸和乌鸦》：先是乌鸦找到肉飞上树梢，再是狐狸肚子饿发现乌鸦，接着狐狸想办法让乌鸦张嘴唱歌，最后乌鸦受骗，狐狸接到肉。在原有的脉络下，你就可以放开手脚去再创作了，而故事的来龙去脉仍然很清晰。

③故事的灵魂在于角色形象，所以一定要了解故事中各个角色的性格特征和心理情感，通过再创作让这些角色变得更丰满、逼真。

《喜羊羊和灰太狼》的故事中，如果不是小羊们那么可爱，灰太狼那么有趣，也就吸引不了幼儿。现在动画故事《熊出没》为什么有那么多"小粉丝"，究其原因，是因为熊大、熊二说话方式很有趣，形象性格很逗人。所以要讲好故事，作为讲故事者在讲之前必须把故事中的各个角色进行剖析，了解他们不同的心理情感和个性特征。例如《乌鸦喝水》的课文精简版本，对角色塑造较少，这就需要老师把乌鸦在不同情境下的心理情感分析明白，用更多的语言把乌鸦的形象栩栩如生、活灵活现地表现出来，让角色有血有肉，更加生动、逼真。而这都需要建立在熟悉故事的基础上再进行创作加工。

二、再创作的技巧

对故事熟悉后,就可以按照描述的方式对故事进行逼真、形象、生动的再创作了。

(一)增添形象、逼真的细节描写

细节描写一般包括环境细节、动作细节、神态细节、语言细节和心理细节等。在幼儿故事中运用最多的是语言细节和动作细节。因为幼儿的形象思维特点是他们对外界的感知主要凭借看得见、摸得着的直观感知,所以老师讲故事时,语言描述必须形象而有动态感。如"大摇大摆地走在前面",把《狐假虎威》中狐狸镇定自若、傲气凌人的姿态表现出来了;如"他蹑手蹑脚地走过来",把《掩耳盗铃》中小偷偷偷摸摸的形象逼真地表现了出来;如"急得团团转",把《乌鸦喝水》中乌鸦喝不到水的急切展露得很真切。而幼儿最喜欢听对话,因为小角色的语言对话比较直观,比较活泼,所以有的故事如果光讲情节,叙述性语言太多,就吸引不了幼儿的兴趣。这就需要老师根据情境需要设置小角色的语言对话了,可以有问有答,可以自言自语,甚至可以用心理语言代替。许多经典的童话故事都是以小角色可爱、有趣的语言而闻名的,许多童话故事的道理都是靠小角色的语言传达的,比如《小红帽》中大灰狼和小红帽搭讪的语言:"你好呀,小红帽,这么早要到哪里去呀?""小红帽,你看这些花多美呀!为什么不采些给你奶奶呢?"把大灰狼伪善、不怀好意的嘴脸展现无余。"这小东西细皮嫩肉的,味道肯定比那老太婆要好。我要研究一下策略,让她俩都逃不出我的手心。"把大灰狼凶相毕露的丑恶内心挖掘出来了。小朋友们也主要靠这些语言和内心独白来感受坏人的嘴脸。而《渔夫和金鱼的故事》中反映人的贪婪和无知,也是从渔夫的妻子老太婆的语言中感知到的,如"你这老傻瓜,居然什么都不要,咱们木盆也破了,你要个新木盆也好呀!""你这个老傻瓜,一个新木盆值多少钱,我要住大房子,我要做贵妇人。"多么形象、真切呀!如果故事中没有这些角色的语言和对话,就会变得非常无趣、平淡了。而幼儿的形象思维决定了他们对故事的感知,大部分是通过有形有色的小角色声音、气质感觉来把握的,而这主要需要有语言对话才能展示。当然细节不仅仅指动作细节、语言细节,还有神态细节,如"眼球咕噜一转,想出一个办法","眉头一皱,计上心来",这些神态细节也能把小角色的神情和心理逼真地表现出来。所以在对故事进行再创作时,融入恰当的细节描写,可以使幼儿故事更有色彩,更有趣味。

（二）善用形象、生动的词句

上文提到的细节描写，主要是为了烘托、渲染场面，使角色更逼真、细腻。而细节描写就离不开丰富生动的形容词、动词、摹声词等词汇。唐朝有个著名诗人叫贾岛，他作诗时推敲词句也是有名的，他创作诗句"鸟宿池边树，僧敲月下门"时，对使用"推"还是"敲"反复斟酌的故事也被后人传为佳话。朱自清的散文《春》中，为了表现小草破土而出的坚强，用了一个"钻"字，"小草偷偷地从土里钻出来"，而不用"长"，也是独具匠心，而"偷偷"这个副词也把小草俏皮、可爱的拟人化姿态表现得栩栩如生。故事文本同样需要推敲词句来增强故事情节的感染力。《乌鸦喝水》的故事中，为了表现乌鸦口渴难耐突然找到水时急切激动的心理，运用的句子是"使劲拍打着翅膀朝瓶子冲去"，"使劲拍打"这个副词加动词，再用一个"冲"字，把乌鸦急切的内心逼真地展示出来了，如果把"冲"改为"飞"，就体现不出乌鸦迫不及待的情绪了。此外，摹声词也能起到形象性的效果，比如动物的叫声"呱呱呱""汪汪汪""啊啊啊"等，小角色的叫声、笑声等都让听众有身临其境的感觉。而语气词"啊、呀、啦"等也让故事感情更浓，生动性、起伏性更大。总之不同词汇的使用也考查了讲故事者的语言功底，不过要注意的是不能发展成词藻的堆砌。

词汇的使用也有一大忌，就是尽量避免使用或少用形容事物某一特征的惯用词语，比如"好、美、丑、热、渴、快"等，这些词太概括，太抽象，应该多使用具体、形象的形容词、副词、动词、象声词等词汇来细节描述如何冷，如何渴，怎么快，丑成什么样子等，这样故事才会显得更细腻、更逼真。

而故事如果想讲求生动、引人入胜、起伏跌宕，有的词语、短语也能增强这方面的效果，比如"突然""忽然""就在这时""眼看""只听'呼'的一声""不经意的一瞥呀""让大家意想不到的是""一个不留神""谁知道一不小心""你们是不知道呀""可是""然而""但是"，这些表时间和转折等关系的副词和短语、短句子，在故事起伏的塑造上，有很好的效果，对故事文本进行再创作时，可以适时地加上，让故事更引人入胜，更具有感染力。

以上内容主要说的是词汇的运用，而在故事再创作时，句子的运用也有一定的要求，试想一下如果全篇叙述语言都使用没有感情色彩、没有波澜起伏的一般陈述句，那么故事就太平淡无味了！所以我们也需要根据故事角色和情节，把一些陈述句改成一些感叹句、疑问句，比如把《两只笨小熊》的故事开头"今天咱们一起听一个有关狗熊和狐狸的故事。有一天两只小狗熊去森林里玩，正玩得高兴，突然看见路边有一块黑乎乎的东西，他们不知道那是什么"改成"小朋友们,小朋友们,你们知道吗?有两只小狗熊说呀,森林里有只会变魔术的狐狸,他到底变了什么神奇的魔术呢?你们想不想知道呀?那咱们一起去看看吧!有一天,两只笨小熊去森林里玩,他们跑呀跳呀玩得可开心啦,可就在这时他们发现路边有一团黑乎乎的东西。小朋友们,那是什么呢?两只小狗熊呀,也不知道"。这样再创作后,故事就显得生动多了,感情色彩也更浓了,而且幼儿好奇心较大,用设问的形式,制造悬念,就更能调动起幼儿倾听的兴趣,所以故事再创作另一忌就是过多使用一般陈述句。

(三) 故事文本的"口语化"创作

虽然我们为幼儿选择的童话故事比较通俗、形象,但有的故事书面语倾向还是比较明显的。比如《小红帽》是《格林童话》中的经典作品,翻译版本也很多。其中一个版本中有这样的语言片段:"小红帽环顾四周,看到周围繁花似锦,仿佛进入了花的海洋中,而且香气扑鼻而来,让人不由得有种神清气爽的感觉,如此美景怎能不吸引小红帽呢?如此提神去病的良药怎能不让小红帽为生病的外婆止步呢?"这样的语言很生动,很有文采,但书面语太多,"繁花似锦、神清气爽、香气扑鼻、提神去病",语言太文绉绉,词汇难度大,幼儿根本掌握不了,阻碍了他们对故事的理解。而有的版本是:"小红帽抬起头来,看到阳光在树木间来回跳荡,美丽的鲜花在四周开放,便想:'也许我该摘一把鲜花给外婆,让她高兴高兴。'"这个片段,词语就通俗易懂多了,而且语言还很有韵律,小孩儿读、听都没有问题,但如果老师现场讲述,把有韵律的语言改成生活化的口语更好。比如《卖火柴的小女孩》的开头有这样的版本:"天气非常寒冷,下着雪,夜幕渐渐降临了,这是今年最后的一夜——除夕。"如果换成:"天冷极了,下着雪,又快黑了。这是一年的最后一天——大年夜。"口语味就更浓了。

故事文本书面语变成口语的具体方式有以下几种:
①少用长句,多用短句。如:"天气非常寒冷"换成"天冷极了"。
②多用单音节词。比如:天——天气,冷——寒冷,夜——夜幕,花——花朵。
③语句结构不用太整齐,整句少,散句多。
④通俗用语多用,专业术语尽量避免,优美词汇也不能堆积。

总之,我们应充分考虑幼儿的年龄特点,考虑他们的理解能力。讲故事是口语化的讲述,所以我们对故事文本有必要进行口语化的再创作。

(四) 善用适用于幼儿的修辞

其实前面在选择故事环节提到过,要多选择适合幼儿的表现手法和修辞手法。在童话故事中最常见的是拟人、比喻、反复。童话世界本身就是拟人化的世界，儿童对社会接触相对较少，知识经验不多，思维能力发展也不完善，所以万事万物在儿童眼中是富有与人类相似的生命的，即万物生灵，万物有灵。为了契合儿童的泛灵思想，大部分故事中的动植物都被赋予人的思想感情和语言。即使日月星辰、风霜雨雪、山谷河流，甚至一些观念、概念、品质，无论有生命的还是无生命的事物，都可以赋予它们人的思想感情、行为和语言。在故事中，太阳成了公公、爷爷，彩虹也可以变成漂亮的姐姐，生硬的文字在幼儿教育活动中也全部成为可爱的宝宝们，故事中大灰狼会耍心眼，会骗人，乌鸦也会说话，连小猪都会盖房子，大公鸡都知道臭美了。这就是通过拟人手法让童话世界更美妙、更神奇。以下就是有人根据拟人化原则为小朋友们创作的《文具的故事》。

文具的故事

铅笔、橡皮、转笔刀，他们本来是很好的朋友。一个夜深人静的晚上，小主人早已进入了甜美的梦乡。可是这时，铅笔、橡皮、转笔刀还没有休息。原来他们正在争论谁的作用最大呢。铅笔骄傲地说："我的作用最大，小主人如果没有我怎么写作业？"橡皮听了铅笔的话，气得跳了起来，火冒三丈地说："如果没有我，你写的错字怎么办？"转笔刀也不服气地说："凭什么就你们的作用最大，铅笔，如果你的笔芯断了或者粗了，是谁帮你削好的？如果没有我转笔刀，可能你还是一根不能写字的铅笔呢。"这激烈的争论声把小主人给吵醒了。他亲切地说："你们不要吵了。你们每个人都有自己的长处和短处，你们要取长补短。"听了小主人的话，他们就再也不吵了，永远同心协力，和平相处。

在这个故事里很枯燥的文具用途讲述得那么灵动，那么有人情味。

比喻也是童话故事语言中比较常用的修辞手法。比喻的恰当使用，能把作品丰富的想象、开阔的意境、奇妙的构思等反映出来，形成作品不同的色彩、风貌和气氛，使抽象事物具体化，使陌生事物熟悉化，使复杂事物浅显化。幼儿生活经验缺乏，对事物的认知能力薄弱，所以适合用比喻手法给他们讲故事，而正因为这种年龄特点，比喻中运用较多的是明喻，因为儿童很难发现本体和喻体之间的抽象关系。比如《白雪公主》的故事再创作时，把小矮人分成不同性格的角色，其中有个外号叫"害羞"的，"一说话就脸红，红得像猴屁股一样"，又搞笑又有趣又形象。而原故事创作中描写白雪公主的美丽、与众不同也可以使用比喻:"皮肤很白,像白雪一样,所以叫白雪公主。"描写恶毒皇后变成一个老太婆,用"她的脸像树皮一样褶皱"来表现她的无比丑陋。所以无论我们是编故事,还是讲述原文本故事都可以使用比喻的手法让故事更浅显更直观。

  反复的修辞手法在给低年龄段幼儿讲故事时也被经常使用,反复是指为了强调某种意思、突出某种情感,特意重复使用某些词语、句子或段落等。通过反复不仅能加深情感、强化形象,还能帮助幼儿加深印象、巩固记忆。比如《小兔乖乖》《拔萝卜》都是经典地使用了反复手法的作品。而我们讲《乌鸦喝水》的故事时,可以创作乌鸦口渴的语言:"啊啊啊,渴死了,渴死了,渴死了!"描述乌鸦找到水瓶喝不到水的焦急时,使用反复的词语:"怎么办,怎么办,怎么办呢?"这样幼儿容易理解体会,故事角色的情感又非常真切。

  当然除了以上两种修辞手法,有时也会用夸张、对比等其他的修辞手法,但最终目的都是为了让故事更符合幼儿的年龄水平,更能满足他们的接受能力,力求更直观、更形象、更通俗、更有趣味。

(五)增添符合一线教学的互动语

  在教学活动中,课堂主体已经从老师转向学生,从以前的"填鸭式"教学转为现在的注重学生素质能力发展的新型课堂教学,而幼儿教育活动也不例外,讲故事作为幼儿教学的一个重要环节更是如此。所以,在讲故事过程中,幼儿教师不能一味沉浸在故事中主导故事,而要不断地以"教师"身份来引导、提示学生,用讲故事者的局外语言启发幼儿对故事的主动理解和思考,以此来挖掘出这篇故事的实际教育价值和意义,借这种师幼互动状态达到幼儿教育的最佳实际效果。

1. 首先设计有吸引力的导入语

  俗话说得好:"好的开头是成功的一半。"故事的开头一定要有吸引力,能够引起幼儿倾听的欲望,所以幼儿教师要根据故事特点和讲故事的目的设计好故事开始的导入语。设计导入语一般有以下几种方式:

  (1)设置悬念,引发好奇

  老师在讲故事之前不直入主题,可以适度设置一些障碍和问题,让学生产生悬疑,产生好奇,吸引学生的注意力,唤起其求知欲,激发其好奇心,促使学生形成强烈的欲望,以达到使学生对所讲故事产生极强兴趣的目的。

  比如学生参加技能大赛讲述《会打喷嚏的帽子》时,设置了这样的开头:"小朋友们,特大新闻,特大新闻,耗子窝里炸锅了,炸锅了,这群耗子都聚到一起,在议论一件大事,是什么事闹这么大的动静?让我们一起去瞅瞅吧!"小朋友们一听一定会很好奇,急于想知道发生了什么事。这个开头增加设问,引发悬念,而且故事正文一开始讲述的就是小耗子们在议论去偷魔术团里老爷爷那顶会变出好多好吃的东西的帽子,而加的开头也能让故事更流畅地连贯下去。而且这种悬念开头还和设问经常配合运用。在讲述《卖火柴的小女孩》时这样导入:"同学们你们过新年开心吗?对,都很开心,有新衣服、新鞋子,还有好多零食呢,而且还会收到好多压岁钱。可是有个小女孩就没有大家那么开心了,这一年的大年夜,天气很寒冷,又飘着大雪,小女孩又冷又饿,可还得赤着脚到大街上卖火柴。那她遭遇了什么?后来又发生了什么?今天老师给小朋友们讲一下《卖火柴的小女孩》这个故事。"这段导入语从交谈问答进行铺垫,设置了两个悬念:"小女孩为什么大年夜还要到大街上卖火柴?""小女孩的命运怎么样?"小朋友们要想知道答案就得听后面的故事,这样就调动了幼儿的参与性和积极性。在讲述《没有牙齿的大老虎》故事时开头是这样设置的:"'哎呦,哎呦,我堂堂百兽之王,牙齿竟然掉光了。我以后吃东西可怎么办呀?'小朋友们,森林里威风凛凛的大老虎为什么没有牙了呀?你们想知道吗?"在这里就是给幼儿设置悬念,让她们有倾听的欲望,而且有问题的设置,只有听完故事才能找到答案,幼儿都会有好奇感,小孩们平时都爱问为什么,在这里老师设置一个为什么,正好符合幼儿的年龄特点。但这种悬念必须符合故事的主题和讲故事的目的,不能为了造势而造势,不能"喧宾夺主",也不能偏离故事的核心。

(2)谜语导入,趣味互动

用谜语导入也是教师讲故事常用的方式,它既能很快吸引幼儿的注意力,增加故事的趣味性,也能做到"直入主题"。谜语一般都是讲究韵律的,说起来朗朗上口,十分符合幼儿语言接受的特点。比如在讲《青蛙卖泥塘》时,直接就用一个青蛙的谜面导入:"白白肚皮大眼睛,身穿绿袍呱呱叫,(口技:呱呱呱)夏天田里捉害虫,人称'绿衣小英雄'",或"大眼睛,宽嘴巴,白肚皮,绿衣裳,地上跳,水里划,唱起歌来呱呱叫,专吃害虫保庄稼"。但是谜面的设置一定要内容清晰,语言简单,指向明确,让幼儿很容易就能猜到,或者在教师简单的引导下,幼儿能很快想到谜底。这也需要考虑幼儿的年龄段特点设置难易不同的谜语。比如关于青蛙的谜语,在一个两周半孩子的小小班讲,开始的谜语设置了两句:白白肚皮大眼睛,捉起害虫顶呱呱。但这么小的幼儿根本就猜不到,有的小朋友说蜻蜓、螳螂等,这时候老师及时调整,加一句"叫起来,呱呱呱",孩子们就会立即猜到青蛙,这样这个谜语指向性就很明确了,而且这个年龄段的认知范围、理解能力，已经涉及动物的叫声了，所以猜谜语讲故事一定要依据幼儿的理解水平和智力水平设置。比如在《乌鸦喝水》的故事开头，设置的谜语是"身穿黑袍长得丑，飞在空中'哇哇'叫"，这种谜语非常简单，而且主要靠教师的口技演绎吸引幼儿。这种谜语导入不仅能够激发幼儿思考的欲望，能引发幼儿的好奇，而且猜对谜语还能增强幼儿的成就感，再加上语言朗朗上口的节奏感和教师口技摹声的演绎，根据谜语的韵律配上律动的节拍和动作，故事讲述的效果会很好。通过最后谜底的揭晓，幼儿直接明确故事的主体角色是什么，而且对角色也有了一定的了解，对熟悉故事内容有很好的帮助。

（3）启发主题，交谈诱导

讲故事的目的主要是让幼儿了解其中的道理，如果开始直接导入讲述故事的主旨内容，就像是一个精彩的电视剧被提前剧透，那别人再去看就失去了神秘感，也就失去了兴趣。但讲故事前为了让理解力稍差的幼儿提前了解一下主题和讲故事的目的还是很必要的，那就需要我们运用启发诱导的方式提示主题，引导幼儿思考。

比如《萤火虫找朋友》这个故事最原始的版本是："在一个夏天的夜晚，萤火虫提着绿色的小灯笼，飞来飞去，找朋友。"而经过老师们的再创作后是这样的："夏天的晚上，萤火虫提着小灯笼在草丛里飞来飞去。它们在干吗呢？它们在找朋友。（小朋友们都有朋友吗？回答：有）是啊，大家都有朋友。可是，萤火虫连一个朋友都没有。跟好多朋友在一起玩儿，是不是很快乐呀？所以呀萤火虫也想要朋友。它就提着小灯笼到处找，我们猜猜它最终能找到自己的好朋友吗？"经过这样的引导和启发，小朋友们就会理解这个故事和萤火虫找朋友有关系，而且潜藏着一个"萤火虫为什么找不到朋友"的主题，最终就会加深对这个主题的把握。比如有人在讲述《机智勇敢的小山羊》这个故事时，是这样导入的："'别看我是一只羊，羊儿的聪明难以想象'（唱《喜羊羊和灰太狼》的歌词），小朋友们都看过《喜羊羊和灰太狼》吗？小羊们是不是很聪明呀？大灰狼经常说的什么？对，'我还会回来的'。今天老师的故事就是机智勇敢的小山羊，我们来听一下这个故事中小山羊是怎样智斗凶恶的大灰狼的吧。"这样在和小朋友聊熟悉的动画片和轻松问答的过程中就能提示故事的"智斗"主题，还能启发学生思考：怎样智斗？

（4）游戏互动，活跃氛围

大家都知道"玩"是孩子们的天性，他们喜欢玩游戏，喜欢参与游戏，喜欢看小游戏。所以在讲故事前可以让幼儿在游戏中热热身，这样会更有劲头听故事。游戏类型主要分为两种：

①和故事无关的律动热身。

律动热身可以是强调听故事纪律的小律动：小手背背后，小眼睛看老师，老师的故事开始了。这种指令性的律动游戏可以保障小朋友们听讲的纪律性。（后边会讲到律动对孩子们的作用，在这就不赘述了。）还可以进行讲故事前的游戏律动热身，比如和幼儿玩开火车的律动游戏，先跟小朋友们说："大家跟着老师开火车去听故事好不好？"老师放着律动音乐，小朋友们坐在小板凳上，前后排列，老师开火车，嘴里领着唱："咔嚓咔嚓，咔嚓咔嚓，火车开啦。咔嚓咔嚓，火车跑得多么好。火车司机开着火车，咔嚓咔嚓，咔嚓咔嚓，向前奔跑。"可以配合开火车的手势动作，多做几遍，然后把小板凳转过来，听故事。老师等音乐停下来，喊一句："小朋友们，我们到站了，故事乐园到了，今天来到的是××（这里可以设计和故事相关的站牌名称）。"做着游戏去听故事，学生们会很感兴趣，而且还能活跃氛围。

②还有一种游戏是和故事的主题及讲故事的目的相关的。

比如在讲《会打喷嚏的帽子》这一故事时，因为故事的开头是："魔术团里有位老爷爷，他有一顶奇怪的帽子，会变出许多好吃的东西来。"在这里老师可以在讲之前设计一个变魔术的环节，可以运用一个有夹层的魔术小帽子，老师有模有样地和幼儿变魔术，当然老师要提前练习好，别太露馅。让幼儿对这顶会变东西的帽子充满了兴趣。接着直接引道："魔术团里有位老爷爷，也有一顶这样的帽子，而且还能变出更多好吃的东西。"然后，再接着讲故事内容。这样以一个简单的魔术小游戏导入，小朋友们会兴趣十足。

（5）儿歌表演，栩栩如生

其实除了谜语导入、游戏导入有律动效果，没有谜底的角色儿歌和编成顺口溜的角色表演，同样也能靠律动感吸引幼儿的注意力，而且让角色自己表演入场，让听众身临其境，同时可以拍手或配上动作表演，一开始就能抓住听众的眼球。比如在讲述《贪吃的小猪》时，同学们在开头加一句顺口溜："小猪吃得饱饱，闭着眼睛睡觉。咕噜噜噜，咕噜噜噜，咕噜咕噜噜！"再加上儿歌的曲调，小朋友会觉得故事小角色非常可爱，从而很感兴趣地投入故事中。在讲述《不爱干净的小猪》时，用的是《上学歌》的节奏和歌词结构："太阳当空照，花儿对我笑，小兔子你别走，我想和你一起做朋友。"这样既能产生律动效果又能引出故事的发展：故事的起因就是小猪一直想找小动物们做朋友，开始遇到的就是小兔子。讲述《三只小猪》的故事时，为了吸引听众，有个参赛的选手开头用的是大灰狼的语气和音色唱出故事的角色关系："我是一只大野狼，我最爱吃肉，我看到两只小胖猪，我要跟上它。"这个开头的设置除了导入的作用外，还有一个精简故事的目的，这一句歌词律动就把大灰狼追赶小猪想吃小猪的情节展示出来了，后面内容就不用太费口舌了。

(6) 道具演示，形象直观

借助实物、玩具、图片、贴绒等道具演示的形式导入故事，直观形象，幼儿既感兴趣，又容易理解，这种方法在幼儿园教育活动中用得最多。一般幼儿老师们经常会先把故事里的主角用布偶或者图片的形式引出来跟小朋友打招呼，然后再提出一个与故事相关的问题与小朋友们互动，最后才开始讲故事。

比如《狼和小羊》的故事，就可以用两个手偶作为道具辅助幼儿理解故事。一开始就可以让幼儿们认识这两个手偶角色："嗨，小朋友们，今天老师带来了两个小动物。你们瞧，'咩咩咩'，这是什么？对，小羊。再瞧，'嘿嘿嘿（狼的奸笑口技），你们认识我吗？'"这样把狼和小羊引出来，小朋友们听着小动物的声音，看着老师手中的手偶，自然而然就认识故事角色了。接着说："小朋友们，你们说一下，这两个小动物谁最强大？他们谁能打败谁？"这样再带着悬念引出话题，然后就能在结尾对孩子们说出："既然小羊是弱者，但他为什么能最终战胜大灰狼呢？"从而因势利导启发学生说出"团结力量大"的道理。在这里的导入完美地把道具和悬念结合运用，最终的效果很棒。在《龟兔赛跑》中，也能运用同样的方式导入，先拿出兔子和乌龟的图片，让小朋友们讨论乌龟和兔子赛跑比赛，谁会赢，带着悬念进入故事，最后结尾同样也能通过结局的出人意料，来向小朋友们揭晓故事的道理：不能骄傲自大，骄傲使人落后。其实这种道具的导入，必须有一个前提，那就是故事角色要少，角色的性格对立要明显，才能激发很好的效果。

其实导入语的设计形式还有很多种，而且有的是几种形式的融合运用，但总的原则要讲究引导性、启发性、自然性、新颖性、精炼性等，千万不要牵强附会，生搬硬套，让人感到造作、不自然，这样就达不到预期的效果了。

2. 设计意味深长的结束语

每个故事都要根据故事的特点和讲故事的目的设计一个意味深长的结束语，让幼儿有所思索，有所收获。在这个大原则下总结几种结束语类型：

(1) 首尾呼应，设置问答

上边已经提到《萤火虫找朋友》这个故事，开头可以直截了当地问："小朋友们，你们有朋友吗？当你的朋友遇到困难时，你是怎么做的？我们一起来看看萤火虫是怎样找朋友的，最后它找到了没有？"而结尾就可以用这样的问题引起幼儿的思考："萤火虫为什么没有找到朋友呢？如果换了你该怎样去做呢？""谁能告诉我们萤火虫怎样才能找到朋友呢？"比如在导入语环节讲到的《龟兔赛跑》，开头是这样设置悬念的：两个动物谁更强或赛跑谁会赢？从小朋友们的错误答案中开始，到了结尾出人意料，和开头就可以呼应了。结尾可以这样设置问题：为什么更强大的动物却输了？跑得最快的却输了？这样就能引发幼儿思考，最终通过回答问题，寻找到答案，懂得故事道理，而且也能训练幼儿的发散性思维。

（2）直入主题，利索收尾

有的故事道理已经非常明显，所以就没有必要再问问题，画蛇添足了，这样就可以直接点明主题，讲出故事的道理了。比如《没有牙齿的大老虎》的结尾是这样的："小朋友们你们快看看呀，这只大老虎变成了瘪嘴大老虎，还不忘对狐狸说：'谢谢狐狸弟弟，不仅给我糖吃，还给我拔牙呢，谢谢喽，谢谢喽'。"这时候就可以直接指出故事道理："小朋友，你们可一定要少吃糖呀，而且还要经常刷牙，否则你们也会变成没有牙齿的小朋友呦！"还有《机智勇敢小山羊》是这样收尾的："小朋友们，这只小山羊利用自己的聪明才智打败了可恶的大灰狼，我们一定要向他学习呦！"这样的结尾不啰唆，主题很明确，很简洁。

（3）无疑而问，回味收尾

有的故事没有太大的悬念，结尾的答案很明显，但讲述故事收尾时也应该让孩子们再回味一下，思考一下，答案虽然很简单，但这样的收尾能让幼儿进一步深化道理。比如在讲《青蛙卖泥塘》时，前面已经说得很明显了："青蛙说到这里愣住了，这么美丽的泥塘我为什么还要卖掉呢？"这时候就很简单地无疑而问："小朋友们，你们说最后青蛙卖掉这个美丽的泥塘了吗？"小朋友们就会得出一个理解性的回答："没有。"故事讲到这里就结尾了，如果这时候幼师接着用"为什么"提出问题让小朋友们进一步回味思考，就可以把故事的情节再回顾一遍，故事的道理也就更明确了。

（4）专设问题，发散讨论

当然有的故事如果开头没有铺垫悬念和问题，结尾就没办法呼应了，而且故事的道理也很复杂，幼儿不好理解，这时候就必须专门把结尾拿出来作为一个讨论互动话题，让幼儿们发散思维回答，最终使幼儿既能懂得道理，又能开拓思维。比如《乌鸦喝水》这个故事的结尾，因为故事的道理很深奥，所以教师有必要把问题设置出来，作为一个专门讨论的环节，让幼儿畅所欲言。我们可以这样设置："小朋友们，你知道乌鸦为什么最终喝到了水吗？它用了什么方法呀？"这个方法有些深奥，涉及水的压力问题，但小朋友们可以用自己的语言和自己的理解去回答，比如说"我觉得是石子占了水的空间，把水给挤压到上面，接近瓶口了"，让孩子们能畅所欲言，他们的小脑子就能不停地转呀转，既能了解一个原理又能锻炼语言表达能力，还能开拓思维，一举多得。

(5) 淡化道理，多向引导

其实一个童话故事传达的道理和目的是多方面的，有的故事是为了传达科学常识，比如彩虹、下雨等自然现象的故事，也有的是帮助孩子认识事物的，比如《小猴吃瓜果》《小壁虎借尾巴》等故事。当然还有一些是具有安全教育、思想教育等意义，比如《小兔乖乖》《白雪公主》《卖火柴的小女孩》等故事。但一个故事也并不是只有一个道理，有时也能引发出多条信息，比如《没有牙齿的大老虎》既能告诉小朋友们要养成刷牙的好习惯，又能传达给幼儿不能多吃糖，否则会长蛀牙的生活常识。需要注意的是，有时候也会遇到找不出道理的童话故事，这些故事可能只是为了让幼儿们从简单的故事情节中获取快乐和得到一些简单的生活体验。所以童话故事讲述到最后也不是必须要寻找出一个道理，也可以根据讲故事者的目的和喜好，让故事能进行多向的引导和启发，比如可以进行游戏延伸或手工制作延伸等，都能淡化道理，对幼儿进行多向的思维启示，以下便是台湾讲故事老师在故事结尾延伸手工游戏的经典案例。

台湾幼儿届有一位"蜡笔哥哥"，他认为绘本故事能引发许多精彩的手工制作游戏，台湾叫作"手作"。再加上他是学设计出身，所以更有优势为幼儿进行手工游戏的引导。一本绘本有好多情境，借用不同的情境，可以延伸出各种让孩子觉得好玩的手作。幼儿教师讲故事时不一定非得把故事道理强加给幼儿，可以从幼儿的喜好兴趣出发，结果反而会达到意想不到的效果，而且绘本丰富的含义可以通过手作表现出来，手作可以让抽象的含义变得更加清晰，变得更加美丽。比如蜡笔哥哥讲述《巫婆阿妮和黑猫阿宝》的绘本故事，讲述的是巫婆在自己的别墅里养了一只黑猫，因为巫婆喜欢黑色，房子是黑色的，所以经常会因为看不到猫咪而绊跟头，于是巫婆把猫染成了绿色，但在院子的草地上还会绊跟头，于是巫婆一直在给猫换颜色，但不管怎么换还是会撞色。最后巫婆顿悟了，她把别墅里里外外弄成彩色，给猫恢复成黑色，就再也没有因为看不到猫咪而绊倒了。这是通过绘本在传达巫婆为了黑猫最终学会改变自己的道理。在结尾的时候，蜡笔哥哥用延伸活动让绘本中的"精彩结局"重现，让小朋友们也当一回巫婆来干一件"美事"，用蜡笔把画纸涂成彩色，然后用牙签再刮出来，结果画纸上就是黑色的，有一点点刮不净的彩色亮点，好漂亮。而蜡笔哥哥又讲了一个《狼宝宝》的故事，是用幽默手法描绘家中常见的"手足相争"的绘本，最后让孩子回家和兄弟姐妹一起做从故事中延伸出的手工。其实在这里蜡笔哥哥告诉我们一个道理，故事讲完不一定就要分享故事的含义，因为每个人想法不一样，而且这个绘本故事最后问了一个问题：你想当狼宝宝还是兔子姐姐？不一定说手足问题，但一起劳作过程就加深了感情。蜡笔哥哥还提到一个《圣诞树撞到天花板》的绘本故事案例，通过这个故事，引导幼儿做会伸缩的圣诞树，用树枝和信封做圣诞树，这些灵感都能锻炼幼儿们的想象、创新能力。这样通过丰富有趣的绘本童话故事可以延伸很多不同的手工游戏活动，既能锻炼动幼儿的动手能力又能使他们生发创作灵感。

3. 设置不同层次的提问语

提问语是指教师根据具体的教学要求以发问的形式，促进学生的思维进行主动思考的一种教学语言。提问是幼儿教育活动中最常用的方法，提问语能引起幼儿注意，发展智力。而幼儿听故事的过程也是幼儿思考的过程。在中职、高职的学前教育专业技能大赛幼儿故事比赛要求中也明确提到了提问语："讲述幼儿故事并设计故事的导语、提问语和结束语，提问语要求一般性、理解性、运用性问题各一个。"其实对于导语和结束语，幼儿教师都已经很重视了，而且"设计有吸引力的开头和意味深长的结尾"在一些幼教教材中也必然会提到，但提问语仍然没有引起大家的重视。现把提问语的类型总结如下：

①一般性提问语（描述性提问）。这种提问指的是停留在故事层面，引导复述故事的内容，或简单地从故事层面就能立即获知答案的浅层问题。比如在讲到《青蛙卖泥塘》这个故事的结尾时："小朋友们，你们瞧，这个泥塘被青蛙一打扮，变成了漂亮的泥塘了，你们想一想，最开始青蛙的泥塘是什么样子的？（都是烂泥巴，什么也没有）而现在你们看，这里有什么呀？"（有花有草有树有水还修了路）提问语比较简单，幼儿们能快速得出答案。

②理解性提问语（思考性提问）。这种提问就有些深入了，必须在理解故事的基础上，思考并解答问题。比一般性提问加深一点难度，对幼儿智力水平的提高有很大帮助。比如在讲述《龟兔赛跑》故事时，故事结尾处老师这样提问：

"小朋友们,跑得飞快的兔子竟然输了,而慢吞吞的乌龟竟然第一个跑到了终点,这是为什么呢?"这里设置的就是一个理解性提问语的环节,幼儿必须在深入理解故事情节和角色性格的基础上才能回答这个问题。

③运用性提问语(假设性提问)。这种提问是让幼儿亲身参与,设身处地地投入故事中,才可以真正地掌握。比如在讲《乌鸦喝水》时,讲到乌鸦终于找到水罐,于是着急地想喝到水,可是水太少,瓶口太小,乌鸦够不到水,这可怎么办呢?这个时候,为了让小朋友们参与进来,可以这么问:"小朋友们,假如你碰到这个问题会怎么做呢?"这时候可以展开讨论,让小朋友们畅所欲言,可能有的幼儿会说用吸管、推倒瓶子等,当然老师最后必须及时引领小朋友们回到故事的主题上来。这样的设计既能锻炼他们的语言表达能力,又能让他们积极参与、主动思考,这样也能开拓他们的思维。在讲《蚂蚁小黑豆》的故事时,讲到小蚂蚁捡到一粒面包渣,没有自己吃掉,而是想回家和妈妈分享,在这里就可以和幼儿进行互动:"小朋友们,你们如果有好吃的,是自己吃掉呢,还是喜欢和谁分享呀?(畅所欲言,可以有很多答案,比如爸爸妈妈、爷爷奶奶、兄弟姐妹、好朋友等)大家真棒,都是好孩子。"设置这种问题可以让幼儿变成主人公亲身参与,这样幼儿的积极性就会很高。在参与的过程中,小朋友们各抒己见,可以打开他们的思维,也能让幼儿更好地理解故事情节和故事的道理,也能非常自然地达到讲故事的目的。此外,在故事结尾也经常用到这种运用性提问语。比如在讲《狼和七只小山羊》的故事时,结尾就可以这样提问:"小朋友们,如果有陌生人来敲门你们会怎么做?"这样既能深入理解故事的道理,又能让幼儿提高安全意识。

在此引述一段兼任南京市幼儿语言教研组长的张曼园长在主题为"幼儿早期阅读活动中教师的提问"的讲座中提到的提问语类型:

A. 引导观察类:

①图画书里有谁?(引导孩子去寻找,通过观察才能找到)

②你看到了什么?(考查孩子们阅读的专注力,看看到底是小猫、小狗还是花园里的小花)

③你仔细阅读后发现了什么?你仔细阅读后还观察到什么?(把观察做得更仔细)

④你从哪里看出来的?(花园里有小蚂蚁,你从哪里看出来的?引导孩子定位观察法)

⑤书（图）里哪里告诉我们什么？（书里哪里告诉我们下小雨了？学生找第几页）

⑥什么在书的什么地方？

⑦什么与什么有什么不一样？（细节观察和判断）

⑧什么地方有什么？

⑨这一页里有几幅？（第一幅在哪里？最后一幅在哪里？先看哪一幅？再看哪一幅？最后看哪一幅？）

B. 指导讲述类：

①某某是什么样子的？（小蚂蚁、小花）

②你看懂了吗？（请你看着画面有顺序地讲述，从头到尾说一说）

③你觉得她想到什么？她说了什么？她又做了什么？

④某某先说了什么？又做了什么？最后做了什么？（顺序、逻辑、清晰、完整）

C. 激发想象类：

①看了童话书，听了这个故事，你还想到了什么？

②看了画面，听了内容，你觉得还会发生什么？

③某某可能会说什么？做什么？怎么说的？怎么做的？

④如果你是花婆婆，你后面还会做什么？

D. 启发思考类：

①初步阅读完，你有什么地方看不懂，哪里不懂？（翻开那一页，师幼互动，生生互动）哪个孩子看懂了？

②为什么呢？（花婆婆为什么做那么奇怪的动作，巫婆为什么要把房子变成彩色呢？）

③你还有什么不懂的地方吗？

④某某为什么要这样说呢？（花婆婆为什么要对小女孩说这句话呢？）

⑤看了这本书，听了这个故事，你有什么问题要问呢？看了这本书，听了这个故事，你有什么疑惑？

⑥看了这本书，你发现了什么？究竟发现了什么？

⑦你喜欢故事中的谁？为什么？（《蛤蟆的生日礼物》中你喜欢蛤蟆，还是喜欢青蛙？）

虽然是在阅读中的提问语类型，但在我们讲故事环节和故事语言活动设计环节都可以作为参考。

4. 点缀朗朗上口的花样律动

律动又称为音乐动作，是在音乐伴奏下，根据音乐的性质、节拍、速度、力度等，有规律地反复地做某一个动作或一组动作。瑞士著名音乐教育家达尔克罗兹认为：人对音乐的情绪体验及人对自身情绪体验的认识反映都是通过自己的身体和动作来进行的，在音乐训练中，只训练耳朵和嗓子是不够的，人的整个身体都必须经受到训练。所以，教师尽量用形象的语言，使幼儿能体会生动、形象的舞蹈动作的特点。教师还应将直观道具、夸张动作、形象语言有机结合在一起，这样幼儿就能愉快地投入音乐律动中去。当然在这里的花样律动不仅仅指的是音乐律动，我们扩大了律动的范围，可以是韵律儿歌，也可以是根据情节编写的韵律顺口溜。

故事不像儿歌、童谣那样语句简单，句式整齐，有节奏，有韵律。故事的语言是口语化的，句子参差不齐，幼儿模仿学习有些困难，幼儿的集体参与性不强，所以老师可以根据故事情节的需要穿插自己原创的律动，增强故事的音乐性。比如《狐狸和乌鸦》的故事中，狐狸为了骗乌鸦开口，自己就能得到乌鸦口中的肉，谄媚功夫让人佩服，大多数版本是："亲爱的乌鸦，您的羽毛真漂亮，麻雀比起您来，就差远了。您的嗓子真好，谁都爱听您唱歌，您就唱几句吧。"而老师可以穿插一句顺口溜："乌鸦美，乌鸦俏，乌鸦唱起歌来真美妙"，这样的语言更有韵律和节奏感，老师讲述时更易于用夸张的动作表示，使教学更形象，更生动，而幼儿也易于模仿这种简单的律动，增强课堂的欢快感。比如故事《两只笨狗熊》中，开头讲到两只小熊高兴地在森林里玩，这里就可以插入一段《健康歌》的歌词："左三圈、右三圈，脖子扭扭，屁股扭扭，早睡早起，咱们来做运动。"小朋友们在这种乐感中，产生共鸣，情绪受到感染，也能手脚动起来一起模仿，在故事熏陶中静动结合，眼、口、手、脚齐锻炼。而在后面狐狸出场时，老师也能加上关于狐狸性格的小律动："我是一只小狐狸，一肚子的坏主意。坑蒙拐骗我都会，要说聪明我第一。"所以教师可以在不违背原故事情节和角色性格的基础上为故事填充这种歌词式、童谣式的语言，用形象夸张的声音和动作展示出来，让幼儿在律动中感受道理，陶冶情操。当然现在好多原创故事都已经注意到这一点，在语言上已经非常讲究韵律了。比如《骄傲的大公鸡》的原创作者十分懂得这个道理，所以在介绍大公鸡臭美时说道："大红冠子花外衣，油亮脖子金黄脚，要比漂亮我第一。"还有《龟兔赛跑》中，为了突显兔子的骄傲自大也添加了对乌龟嘲讽的律动："乌龟乌龟爬爬，一早出门采花；乌龟乌龟走走，傍晚还在家门口。"这种律动虽然已经脱离开音乐，但其中的节奏感、韵律感，足以让幼儿受到感染，身心参与其中。故事的主题多种多样，一些优秀的传统故事需要传达给幼儿，这时候就需要我们的幼儿教育工作者发挥这种儿歌再创作的能力了。比如在《没有牙齿的大老虎》中，有一个学前教育专业技能大赛的选手，把老虎吃完狐狸送的糖果后天天吃糖不刷牙的状态按照歌曲《小苹果》的音乐曲调编成歌词进行律动："我就是森林之王，我爱吃糖不愿刷牙，我不愿刷牙就不刷牙不刷牙不刷牙！"这样小朋友们绝对会受到吸引，也会跟着旋律动起来，参与到故事的情境中，更加有利于理解整个故事。当然这种律动根据讲故事的需要，可以放在开头也可以放在故事中。

三、复述的辅助技巧

从再创作的定义和技巧来看，想要在不违背主题、框架和角色形象的基础上把一个故事改造成一个生动、形象和适合现场教育教学讲述的故事，离不开我们语言领域的专业理论技巧辅助，最主要的是复述和描述的功底，以上的再创作技巧已经涉及了很多描述的技巧了，比如语言生动性、形象性和细节描写的渗透，都属于描述范畴，在这不再重复。而复述虽然和描述相比更简单、更容易，但在讲故事过程中却是贯穿始终的，不仅再创作需要，讲故事者记词也很需要，而且讲故事者参加比赛或者应聘，经常会遇到故事稿篇幅不适合、讲述时间不适合的问题，这就需要复述技巧来解决了，比如故事太短小，需要丰富和扩充，需要的是扩展复述，一些西方的经典寓言故事和我国传统的汉语文言故事都很短小，这些都需要我们来扩展复述，来适应幼儿的接受特点和能力。当一个故事篇幅长，讲述时间长，不适合现实需要时，就需要概要复述，对长故事做有力的精简，但不影响故事的核心和精彩性，比如西方一些经典的童话故事，《灰姑娘》《白雪公主》等。

1. 详细复述

这是最一般的复述，是最简单、最基本、最接近原材料的一种复述，就是按照原材料的内容、结构、顺序把故事原原本本地叙述一遍，但它并不是对原故事的背诵和照抄照搬，而需要讲故事者对故事的语言再一次组织和加工。有的同学可能会疑惑，有的故事书里的词已经很经典也很生动有趣了，为什么还要再加工再组织呢？这是因为讲故事不是读不是背，是需要讲出来，这就需要变成讲故事者自己的口头语言发自内心地讲述，这样才能最真挚、最亲近。所以虽然讲故事者对故事没有太多改变，但也要按自己的思维和临场能力重新组织和加工故事语言，这种组织和加工可以和故事稿中的词一致，只要能记住而且也能变成自己说话的味道说出来就行，当然这需要在熟能生巧的基础上才能做到，而且也和讲故事者记忆力、语言水平、临场应变能力有关。但有些情况确实是做不到详细复述一字不差的精确性，比如现在河北省高职学前教育专业技能大赛中，讲故事赛场的要求是不设置故事范围，当场抽签，准备六七分钟的时间就要上场讲述，又要面临着比赛极度紧张的压力，这时候如果想靠记忆力做到一字不差绝对不可能，这时候就必须发挥详细复述的能力，根据自己大致的印象，组织加工故事稿中的语言和情节，但有的人在实践练习时经常会受原稿语言的限制，形成不必要的卡壳，比如在讲述《没有牙齿的大老虎》时，课本故事稿中有一句是这样的："啊哈，好吃极了。"选手凭着对故事的大致把握，讲述时讲的是："啊哈，太好吃了"，这两句没有区别，使用不同的结构句式体现相同的意思，但有的选手的本能反应是："啊，不对，是好吃极了"，造成了不必要的卡壳，这是因为学生内心觉得讲故事有故事稿，就要一字不差，就要背过，已经形成了思维定式。所以，职业院校的老师们经常感到很无耐的一件事就是：很多中高职学生连小孩子听的童话故事都记不住！其实原因不是中高职学生的语言水平差到这种惨烈程度，而是学生内心的背词定式造成的，没有认识到讲故事的实质，没有掌握详细复述的要领。

详细复述故事的基本方法有以下几种：

①宏观理解，充分熟悉。必须宏观理解和充分熟悉要讲述的故事内容，不能一段段地记忆，不能记一段忘一段，要宏观阅读，充分熟悉故事的主题、情节发展和角色语言、性格，不能出现故事核心内容和专业名词的改变，在充分理解记忆的基础上用自己的语言和记忆中的语言对故事进行加工和整理。

②选择记忆，抓取要点。对于讲述的故事不可能全部细节面面俱到记得一清二楚，要选择重要的内容记忆，在心中抓住要点（故事主题、情节大致框架、角色形象的语言），然后用自己的语言把故事丰富化、细节化，最后再精彩地讲述出来。

③从简到繁，由易到难。对于角色关系和情节比较复杂的故事，一定在心里理清一个最简单的故事线索，记住大脑最容易记住的，再慢慢地往大脑里充填复杂、难记的。

2. 扩展复述

扩展复述是在原材料的基础上，对文中没有明确叙述的内容加以丰富、补充的一种复述形式。因为一些寓言故事、成语故事和文言文故事太短小，需要我们的丰富和扩充，这就需要扩展复述，让听故事的幼儿们更感兴趣，更容易接受，比如《狐假虎威》《乌鸦喝水》等童话故事。但在扩展复述故事时，也会出现一些随意增添的现象，导致扩展后的故事主题变得不明确，而且角色形象也不再突出，所以扩展复述故事有一定的要求：

①不能改变原意和主题。为了让故事更生动、精彩，可以增添细节，可以用渲染、描摹、插叙等方法充实内容，但要合理想象，不能偏离故事的主题中心。

②要找准关键点扩充。不是原故事的任何内容都能扩展，扩充的部分必须为主题和中心服务，在扩展复述前要找好需要扩展的重点和关键，一般都是和主题关系最重要的角色和情节需要扩充，故事的高潮部分应该扩充，而且作为幼儿故事，为了符合孩子们的年龄喜好和形象思维接受能力，一般语言对话和行为动态的环节也可以进行扩充。

3. 概要复述

概要复述，相当于作文中的缩写，它要求抓住中心，突出重点，不遗漏关键，保持原故事的基本内容和结构，删去一些无关紧要的情节内容，用凝练、概括、简洁明了的语言把故事内容讲述清楚。概要复述故事最能锻炼学生们的语言概括能力，因为经常有讲故事者说话啰唆，说半天说不到点上，所以概要复述就是练就保留精华、精简浓缩、减少篇幅、缩短时间的语言概括能力。但通过概要复述的能力讲故事时，还要在精简的同时不能让故事失去它的生动性和形象性，也就是对一些重点环节的生动性要尽量保留，或者在精简后，对一些重要的情节，原故事描写不是太生动的内容，需要运用描述能力扩展一下，这个在再创作技巧中已经有了介绍，在此不再重复。

四、再创作案例赏析

以下以《乌鸦喝水》为例感受再创作的对比效果：

乌鸦喝水（精简版）

一只乌鸦口渴了，到处找水喝。乌鸦看见一个瓶子，瓶子里有水。可是瓶子里水不多，瓶口又小，乌鸦喝不着水。怎么办呢？乌鸦看见旁边有许多小石子，想出办法来了。乌鸦把小石子一个一个地放进瓶子里，瓶子里的水渐渐升高，乌鸦就喝着水了。

乌鸦喝水（网络版）

一个干旱炎热的夏天，一只口渴的乌鸦找不到水喝，飞来飞去，已经累得精疲力尽了，突然乌鸦发现地面上有一口井，他兴奋地朝井边飞去，乌鸦心想：终于找到水喝了！可是，井里一滴水也没有，这时，乌鸦发现井边有一个瓶子装着水，乌鸦高兴极了，心想：我可以从瓶里弄到水喝了！可是，瓶子里水很少，瓶口又很小，乌鸦把嘴伸进瓶口试了试，根本喝不到水。乌鸦想把水瓶撞倒，他撞了几下，水瓶动也没动。眼看着瓶里的水喝不到嘴里，乌鸦又气又急，他搂住水瓶，用力地摇晃，水瓶仍然没动，乌鸦用头使劲顶，水瓶还是不动，哎！乌鸦觉得自己太笨了，又渴又累的乌鸦失望地坐在地上，这时，乌鸦看到地上有许多石子，忽然想起了一个好主意。他用嘴叼起石子，投进水瓶里，投了一些石子后，瓶子里的水位开始上升了。乌鸦不停地往瓶子里投石子，瓶子里的水位越升越高，乌鸦越投越起劲，瓶子里的水慢慢升到了瓶口，乌鸦终于喝到水了。乌鸦喝足了水，快乐地飞走了。

乌鸦喝水（教学版）

小朋友们，故事课又开始了，今天老师先让大家猜个谜语：身穿黑袍长得丑，飞在空中"哇哇"叫——啊啊啊（加口技），这是什么呀？对了，就是黑黑的丑丑的乌鸦，今天老师带来的乌鸦虽然又黑又丑，但是很聪明的。你们听，《乌鸦喝水》的故事开始了。有一年夏天，天气特别炎热，有一只乌鸦在天空中飞了很久很久，又累又渴，"啊啊啊，渴死了，渴死了"，于是他到处去找水喝。突然他看到前边有一个装了水的瓶子，乌鸦高兴极了："啊哈，有水喝了。"于是他使劲拍打着翅膀朝着瓶子冲过去，可是走近这一看，呀！乌鸦傻了眼，闹了半天瓶子里水很少，瓶口又小，乌鸦根本喝不到水。乌鸦急得团团转，怎么办呢，怎么办呢？小朋友们，乌鸦实在太渴了，你们也快替乌鸦快想想办法吧。（让小朋友们畅所欲言）咱们接着看看乌鸦想的是什么办法吧。只见乌鸦搂住水瓶，用力地摇晃，水瓶仍然没动，乌鸦仍然不死心，开始用头使劲顶，水瓶还是不动，这只乌鸦怎么这么笨呢？最后累得他更渴了。就在这时，乌鸦看到不远处有一堆小石子，他眼珠一转，啊，有了，他想到一个好主意。乌鸦用嘴使劲叼起石子，不停地飞到瓶子边投进瓶里，一颗、两颗、三颗……只见瓶子里的水越升越高，越升越高，最后升到了瓶口。啊！乌鸦终于喝到水了，乌鸦这个高兴呀！心想：我可真聪明呀！小朋友们，你们觉得乌鸦是不是确实很聪明呢？

赏析：这个故事是《伊索寓言》中的一则寓言故事。第一个版本是翻译的

第三章 为幼儿"润饰"童话故事

版本,被选进科教版小学语文第二册课文中。这个版本如果让小学生当成课文学习,训练阅读理解能力,掌握字词,还是比较适合的,但在幼儿园中如果讲给幼儿听,就太简短了,语言对话少,角色形象动作也不多,不够生动。第二个版本则是最生动的一个版本了,语言比较形象生动,里边已经填充了很多关于乌鸦的心理描写,把乌鸦找到水的得意通过心理语言表演出来,而且还加入许多动作的描写,把乌鸦着急喝水的状态描写得栩栩如生,又加上一些形象字词的点缀,完全符合幼儿的接受水平。但是幼儿只有到了大班才开始自己独立阅读故事作品,在小班和中班的讲故事环节,第二个版本的语言就有点书面性了,口语化不浓,缺少了互动语的点拨,不符合一线教育的环节。而第三个版本,无论是师幼的互动,还是语句的生动性,都很适合幼儿园语言教学;导入语、提问语的设置十分合理,动作和语言的细节描述也很充分,就连动词、摹声词的运用也非常的丰富,完全符合幼儿故事再创作的要求。

附录 自学微课视频

1.《故事的生动性再创作》视频

微课讲稿:

同学们,上节课我们已经了解了故事的选择原则,但故事选好后,我们并不能急于张口,我们需要对故事进行剖析、解读,进行再创作。那什么是故事的再创作呢?它指的是,讲故事时,可以不受原材料的束缚,有的地方可以详述,有的地方可以概述,有的地方可以扩展,有的地方可以变序、变角度、变表达方式,这种对故事原材料的改编、加工就是故事的再创作。

故事的生动性再创作

那我们具体怎样进行故事的再创作呢?我们这节课重点讲述的是故事的生动性再创作技巧,主要体现在两方面:一是复述的详略处理技巧,二是描述的生动性美化技巧。

第一种技巧主要包括三个方面:详细复述、扩展复述和概要复述。

详细复述是讲故事者按自己的思维和临场能力重新组织和加工故事语言,把故事内容、结构、顺序原原本本叙述一遍,它并不是对原故事的照抄照搬,这对我们讲故事过程中迅速熟记故事有很大的帮助。详细复述主要有以下三种方法:一、宏观理解,充分熟悉。我们不能一句句、一段段地记故事,而要宏观阅读充分熟悉故事主题、情节发展和角色语言;二、选择记忆，抓取要点，对于讲述的故事不可能面面俱到，要选择重要的内容记忆，在心里抓取要点，然后用自己的语言把故事丰富化、细节化；三、从简到繁，由易到难，对情节和角色关系比较复杂的故事，要在心里理清一个最简单的故事线索，记住大脑最容易记住的，再慢慢地填充复杂难记的。

扩展复述：当我们讲述经典的寓言故事和成语故事时，由于故事文本太短小，这就需要我们对故事进行扩展复述，让故事更丰富、更细腻。

扩展复述有以下具体要求：（1）要合理想象，不能改变原意和主题；（2）要抓取关键部分进行扩充，一般都是对和主题关系最紧密的角色和情节进行扩展。

概要复述：当我们讲述经典的童话故事时，觉得故事太长无法符合一些场合要求，这就需要我们进行概要复述，让故事更凝练、更集中。但我们的概述处理不能破坏故事的中心和重点，不能让故事失去它原本的生动性和感染力。

第二种技巧是描述的生动性美化技巧。

首先大家看一个伊索寓言中《乌鸦喝水》的故事片段，结合我们再创作的版本录音，分析一下再创作的效果。

（播放视频）

通过对比，我们发现这个故事在复述的详略处理上很到位，经过扩展复述，故事的来龙去脉更清楚，角色也更丰满。除此之外，对原版故事也进行了描述的生动性美化处理，使故事更形象更逼真。这就是生动性再创作的第二个技巧，主要体现在以下三个方面：

一、增添形象、生动的细节描写。

细节描写一般包括环境细节、动作细节、神态细节、语言细节。但在幼儿故事中最重要的是语言细节和动作细节。因为幼儿以形象思维为主，他们对外界的感知主要凭借看得见、摸得着、能直观感知到的事物，所以我们讲述故事必须让角色活起来，比如《乌鸦喝水》的故事叙述语言太多，没有角色对话，所以我们增加了两处心理语言的描写，使乌鸦渴的状态和找到水的得意被表现得栩栩如生。而且乌鸦的几个动作描写也很形象，比如"使劲拍打着翅膀""冲过去"。

二、善用形象、生动的词句。

为了烘托故事的场面，使角色更逼真、更细腻，再创作时要善用生动性词汇，如副词、动词、形容词、摹声词等。比如上面的例子《乌鸦喝水》的故事中增添了动作细节，我们的动词自然地就会丰富起来，比如"拍打""冲过去"，又比如故事中还增加了乌鸦的叫声"啊啊啊"和乌鸦的笑声"啊哈"，这些都是摹声词，让故事更生动有趣。在词汇的使用方面，大家需要注意：要尽量避免使用或少用形容事物某一特征的惯用词语，比如"好、美、热、渴"等，这些词太概括、太抽象，应该多使用具体形象的形容词、副词、动词、摹声词来描画细节，烘托场面。

故事讲求引人入胜、起伏跌宕，这就需要善用过渡性词语和短语，比如"突然""忽然""就在这时""只听见'呼'的一声""让人意想不到的是""一个不留神""一不小心""可是""然而"等。这些表时间和转折关系的副词和连词以及短语，在故事的起伏塑造上有很大的效果。除了词汇和短语，也要用生动性句式。如果一个故事中一般陈述句太多，也会使故事失去生动活泼的色彩。所以我们在再创作时，要改成一些感叹句和疑问句。比如《乌鸦喝水》的案例中的一般陈述句"一只乌鸦口渴了"改成感叹句"啊啊啊！渴死啦！渴死啦！"这就给故事增添了细腻的情感色彩。

三、书面语"口语化"的转换

有些文本故事只适合阅读，故事的书面化倾向比较明显，不适合现场讲述。在这里我为大家总结一下书面语转化为口语的具体方式：（1）少用长句，多用短句；（2）多用单音节词语：比如天气变成天，寒冷变成冷，夜幕变成夜等；（3）语句结构上整句少，散句多；（4）通俗词语多用，专业术语尽量避免，优美的词汇不能堆积。

同学们，这节课我们就讲到这里，希望大家通过生动性再创作，让我们的故事变得更形象、更有趣。再见！

2.《故事的职业性再创作》视频

微课讲稿：

同学们，大家好！这节课让我们继续进行故事的再创作训练，让我们接着了解故事再创作的第二种方式：故事的职业性再创作。那什么是故事的职业性再创作呢？

故事的职业性再创作

它指的是幼儿教师在讲故事时，不能一味沉浸在故事的情节中，要经常跳出来，以老师的身份和态度引导和启发幼儿对故事深入理解和思考，以此来挖掘故事的教育价值和意义。

那么，我们怎样进行故事的职业性再创作呢？首先是设计有吸引力的导入语。在讲之前大家先看一段视频，感受三位同学为《会打喷嚏的帽子》设计的三种不同的导入语。

（播放视频）

通过视频我们发现，第一位同学在故事开头设置障碍和问题，产生悬念，引发幼儿好奇，这是导入语的第一种：悬念设置，引发好奇。这样的设置正好符合幼儿爱问为什么的年龄特点，但这种悬念的设计必须符合故事的主题和讲故事的目的，不能喧宾夺主。

视频中第二位同学运用的是儿歌表演,栩栩如生的方式,同样能吸引幼儿的注意力。当然这种导入也必须同情节、角色和主题相关。

视频中第三位同学则运用了变魔术的小游戏。这是故事导入的第三种方式:游戏互动,活跃氛围。在这里,老师变成魔术师,和幼儿玩魔术,这样幼儿就会对故事内容更感兴趣,还能活跃氛围。

当然,除了这三种,我们还有"谜语导入,趣味互动""道具演示,形象直观"的导入,同时我们还有一种启发主题、交谈诱导的方式。这种方式看似平淡普通,但它对理解力稍差的幼儿有很好的启发效果。比如在《萤火虫找朋友》故事中,开头是这样的:"小朋友们,你们知道萤火虫提着小灯笼在干什么吗?他在找朋友,你们有朋友吗?和朋友们一起玩是不是很开心呀?可是萤火虫连一个朋友都没有,他也想要朋友,我们看看他找到朋友了吗?"经过这样的互动交谈,引出找朋友和为什么找不到朋友的主题。

这么多种导入语的方式,我们可以结合喜好和目的进行选择,但大家必须要注意,导入语不能太长,不能没有目的,不能"喧宾夺主"。

那么,同学们,我们又应该怎样设计意味深长的结束语呢?主要有以下五种方式:首尾呼应,设置问答;直入主题,总结收尾;无疑而问,回味收尾;专设问题,发散讨论;淡化道理,多向引导。

首先看一下第一种。比如《龟兔赛跑》是这样结尾的:"小朋友们,我们开始都觉得兔子能赢?可为什么最后乌龟却赢了呢?"这就是和开头导入相呼应,最后启发幼儿思考。

第二种是直入主题,总结收尾。有的故事道理已经非常明显,所以我们就可以直接总结。比如《没有牙齿的大老虎》这样结尾:"小朋友们,我们可一定要少吃糖,还要经常刷牙,否则我们也会变成没有牙齿的小朋友呦!"

第三种是无疑而问,回味收尾。比如《骄傲的大公鸡》,结尾是这样设计的:"小朋友们故事讲到这里就结束了,这只大公鸡是不是更漂亮了呢?"在这里是无疑而问,对故事主题"心灵美才是真的美"的回味深化。

第四种是专设问题,发散思考。有的故事道理很深奥,这时候就可以在最后设置问题,引发思考和讨论,进一步巩固道理。比如《城市老鼠和乡村老鼠》最后这样设计:"小朋友们,你们是喜欢城市老鼠的家呢?还是喜欢乡村老鼠的家呢?"这里可以让幼儿们按自己的理解说出不同答案。这样既能锻炼幼儿的语言表达能力,还能开拓思维,更能明确主题。

当然也不是每个故事都必须和道理挂钩，有的童话故事可能只是为了让幼儿从简单的故事情节中获取快乐和了解简单的生活经验。所以故事结尾我们可以进行多向的引导和启发。可以进行游戏延伸，可以引出手工制作，也能进行发散的话题讨论。比如《狐狸和乌鸦》的故事，我们可以淡化道理以这样的提问收尾："小朋友们，让我们一起想想办法，怎样能够替乌鸦把肉夺回来呢？"

一个故事除了导入语、结束语之外，我们还要设置不同层次的提问语。提问语主要包括三种：描述性提问语、思考性提问语和假设性提问语。

描述性提问语是最简单的提问，比如我们在讲述《青蛙卖泥塘》时，问道："小朋友们，青蛙的泥塘原来是什么样子的？现在又变成什么样了呢？"这种问题小朋友从文本中可以直接找到答案。

思考性提问语就要深入一些了，必须在理解故事的基础上思考回答。故事中经常会问"为什么？"就是这种提问语。

假设性提问则是幼儿听完故事能够引申到自己身上的一种转移性思考。比如我们在故事中经常会问："小朋友们，如果是你，你会怎么做？"这样就会让幼儿以主人公的身份参与进来，设身处地地理解情节，明确道理。

当然我们在讲故事过程中，除了导入语、结束语、提问语之外，也需要和幼儿进行过渡性互动，比如我们在《卖火柴的小女孩》中加入这样一句："小朋友们，你们看，你们脚上都穿着漂亮的鞋子，可小女孩呢，她什么也没有。"这就是一种深化主题、引起共鸣的过渡性互动语，这也是我们经常会用到的。

同学们，这节课我们就讲到这里，希望通过职业性再创作，让我们的故事更有教育价值。再见！

第四章

为幼儿"绘声"童话故事

人们一般都会用"绘声绘色"来形容讲故事,指的就是把人物的声音和神色都描绘出来,最开始多指文本描写,后来就主要针对有声艺术了,这也正好符合讲故事的定义。在本章节第一部分开头就提到了美国心理学家艾伯特给情感表达定的公式:情感的表达=7%的语言+38%的声音+55%的表情和动作。7%的语言就是第三部分的再创作,而38%的声音就是我们在这部分需要介绍的"绘声"技巧,而55%的表情和动作当然指的就是"绘色"了。"绘声"虽然在公式中体现的比例还不是最大的,但讲故事最基本的也是最重要的还是声音对故事的演绎。就像我们最早的公众媒体传播的故事,就是录音故事,因为是幕后讲述,所以无论讲故事者还是听故事者,都很关注声音,比如"鞠萍姐姐讲故事"就是堪称经典的录音故事或网络媒体的音频故事。那怎样才能做到"绘声"去讲故事,真正让听众有身临其境、感同身受的体会呢?主要从以下几方面来训练:

一、叙述语言的"生动性"

故事本身就是叙述文学体裁的一种,它和小说的最大的区别就是:小说强调的是形象的突出,而故事侧重的就是整个情节过程的描述。故事的这个描述过程就是叙述故事的过程,它最忌讳的就是平淡,强调的是故事的生动性,而童话故事更是如此。童话故事的生动性指的是情节在发展过程中，以新奇有趣、惊险曲折、温暖动情等特点所营造的动人心魄、引人入胜的效果，而这些都需要讲故事的人用起伏变化的声音语气表达出来，但这个起伏变化的声音应该根据什么准确定位呢？

1. 叙述语言的"情节性"

叙事语言的情节性，指的是讲故事者的声音必须随着情节的发展而起伏变化，这包括讲故事者的语气、语速、节奏和音量等声音形式的变化。比如在讲再创作版的童话故事《白雪公主》时，开头部分交代的是七个小矮人快乐地生活在森林中，"他们每天早上都会拿着工具去干活，晚上又一起唱着'嗨吼'的歌曲高高兴兴地回到家中，非常的开心快乐"，讲这一段时，讲故事人必须用轻松欢快的语速和语调来处理，让这种轻松愉悦的感觉传达进听故事人的耳朵中，而当讲到这些小矮人像往常一样回到家门口时，情节就有了变化和起伏，那就是"七个小矮人像往常一样高高兴兴地回到家，可是刚走到家门口，他们全都愣住了，呀！门怎么开着？难道有妖怪吗？"从"可是"开始，特别是"愣住了""呀"等关键地方，讲故事人声音必须收紧，气息提上来，讲出一种紧张和害怕的情绪，让听众能感受到情节已经有了明显的变化，给人一种身临其境的感觉，增加了悬念，让听众们立即有一种"不知道发生了什么事"的好奇感，"他们你瞧瞧我，我看看你，都不敢进去，最后由博士带头，快乐在后边喊了一声：一、二、三！他们一下子冲进了屋子"，在讲这句时，除了一种紧张情绪之外，还会有细微的声音区别，其中"一、二、三"这几个数字的处理也必须根据实际情景来变化：几个小矮人非常害怕，跟着"一、二、三"的口号，开始"一、二"的两步是慢慢地迈着步子，轻轻地抬，轻轻地放，最后一步"三"，应该是强打着精神和胆量，冲进屋子，所以我们讲的时候是"一……二……"慢慢地顿开，而且拉长声音、提着气息轻轻地读出，而读"三"时，则是加大声音的强度使劲急促地读出来，体现当时强装着劲头和胆量冲进屋子的快速和使劲状态。这些声音的变化就是根据这些细微情节的发展来定位的，而且必须细致准确地把握，这样听众们听到的就是真实的故事场景了，才会有身临其境的感觉。当然故事讲到这儿，大家的紧张情绪又开始变化了，因为小矮人们看到屋子里有了很大的变化："桌子被擦得干干净净的了，盘子也被擦洗得闪闪发光，炉子上还有香喷喷的汤。"这些表达的是小矮人们惊喜的情绪，所以气息开始放松，情绪高涨，语调应该变高，偶尔变快。通观《白雪公主》开头的这一段，情节有三次大的起伏，而每个小的情节也会有细微的不同，这些必须都得通过讲故事人变换不同的声音语气，运用不同的语速、语调、音量和节奏来区分，这样才能真正做到使故事听起来生动有感染力。比如《卖火柴的小女孩》大部分是叙述语言，角色对话几乎没有，很多人都爱用一个情绪语调来表现，那就是认为小女孩很惨，同情小女孩的命运，所以声音都是轻轻弱弱的，而且语速都慢下来，整体都这样讲下来，显得就平淡没有起伏了，其中丰富的情节和复杂的情感反而都被淡化了。所以我们在讲述时，也必须有不同情绪的起伏变化，比如"夜幕渐渐降临了，天正在下雪，这是一年的最后一夜——除夕，有一个小女孩光着脚走在冰冷的雪地上"，这一句开始是景色铺垫，教师必须要用客观中带点沉重感的声音开篇，而讲到最后一句"小女孩光着脚走在冰冷的雪地上"时，抓住关键词"光着脚"和"冰冷"，为了凸显小女孩悲惨的境遇，便于引起听众共鸣，声音就明显收紧，语速放慢，气息可以弱一点。当讲到小女孩从擦亮的火柴中产生幸福的幻想令她临时逃避的场景："她拿出一根在墙上使劲一擦，火柴点燃了，这根火柴就像一根小小的蜡烛，小女孩感觉自己坐在一个火炉旁，身上暖暖的，可她刚想走近火炉，咦！火炉不见了。"这时候要及时让声音提高，带着欣喜的语调，但这语调又不能完全放松，在气息上不能太高，因为欣喜中还带着一种感伤，讲到"可她刚想走近……"时，语气立即降下来，语调也要变低，让听众听出一种欣喜后的失望和无奈。所以，任何童话故事的生动感都是这么跟着情节起伏变化的，生动性自然而然就表现出来了。

2. 叙述语言的"角色感"

其实情节性本身就带着角色感，因为故事的情节是由角色的行为和感情关系谱写而成的，所以大的情节起伏也会受角色的情感变化控制。比如前一部分刚提到的《白雪公主》事例，小矮人们的心情和感觉就定位着情节总的走向。但这部分受角色感左右的生动性，专门针对的是对角色情绪进行描述的叙述语言。比如《乌鸦喝水》中，"于是他使劲拍打着翅膀朝着瓶子冲过去，可是走近这么一看，呀！乌鸦傻了眼，闹了半天瓶子里水很少，瓶口又小，乌鸦根本喝不到水。乌鸦急得团团转，怎么办呢，怎么办呢？"这一句都是叙述语言，但角色的情绪化表现很强烈，这时候讲故事人必须抓住关键字眼用声音描摹出乌鸦着急的状态，在讲到"使劲拍打着翅膀"时，就得提点气息和加点语速，表示乌鸦有些着急，到"傻了眼"就得气息往下降，语速慢点，表现一种无奈感，再从"乌鸦急得团团转"开始，语速又加快，到"怎么办"虽然还是叙述语言部分，但已经有角色语言风格了，所以角色情绪更浓烈了，把乌鸦很渴但喝不到水的着急状态直接表达了出来。叙述语言虽然有一定的客观性，但这些地方是推动情节的关键之处，需要投入地表达。在故事中经常会在出现"她得意地说""她气得直跺脚""大声呵斥"，这些语言对话前的铺垫描述，同样需要讲故事者加上一些角色的情绪来体现，让后边角色语言的夸张不至于太突兀。当然，这些叙述语言虽然具有角色感，但毕竟是讲述情节部分，必须稍微有些控制，内收一下动态，不能发展成太强的表演性，否则就会失去故事的客观性，影响故事情节的清晰、自然和教师大方的教态，更甚者会让听故事的幼儿顽皮的内心更加躁乱。

3. 叙述语言的声音"教态"

讲故事者还必须跳出角色情绪，叙述语言要体现作为旁观者的客观态度和感性评价，用声要自然、平稳。如果是学前教育专业的幼儿教师讲故事，就得再加上教师讲述的甜美和作为教师引领幼儿的态度，这些我们称为叙述语言的声音"教态"。但现在好多学前教育专业的学生讲故事，叙事语言发展成表演着去讲，首先体现为教师的娃娃腔。但不要忘记作为幼儿教师讲故事，你不是幼儿，而是作为和蔼可亲的老师给孩子们讲，除了带着一点甜美，绝对不能学孩子们的奶声奶气去讲述。另一个错误倾向是角色夸张的声音贯穿始终，整个故事就显得像是一出儿童剧了，这也是在历届沧州市学前教育专业技能大赛中，讲故事赛场一线幼儿园评委一直重点强调的一个问题，因为幼儿本身就调皮好动，需要幼儿教师净化引导，这时候如果老师讲得太躁太乱，对幼儿就会变成一种错误引导了，所以必须把握分寸。记得曾经在讲故事比赛中一个学生讲述《鸭妈妈找蛋》时就是严重犯了这个错误："鸭妈妈，生鸭蛋，那鸭蛋像大姑娘的脸蛋""可是，鸭妈妈有个毛病：不在窝里生蛋，她走到哪里，要生蛋了，就生在哪里"，讲这些叙述语言时，这个学生的声音和感觉太夸张，声音太尖，语调也偏高，而且还拖长声音，完全就是一种表演状态，如果从头至尾都这样讲下去，故事情节的清晰顺畅也会受到影响，听众们都是在感受一惊一乍的表演，就会淡化情节的连贯性，只会了解角色很好玩，很有趣，但角色是在什么样的情境中、在什么样的情节发展中表现出来的，就会模糊，失去了故事的核心效果。

所以说，叙述语言既要有教师教态的平稳自然，表现情节的起伏和发展，还带有角色的情感，这两种情绪贯穿叙述语言讲述的始终，构成了童话故事的生动性。当然叙述语言也必须根据故事的内容、风格不同，而运用与之相适应的基本语气，但和其他文体故事相比，童话故事叙述语言的讲述确实也会多一些夸张和表演，但幼儿教师的教态也必须要保持平稳，这些都需要在故事训练中慢慢摸索和把握。

二、角色语言的"形象感"

和叙述语言相比,角色语言在童话故事的讲述中,确实是善于表演的幼儿教师们能施展的空间。童话故事本身最大的特点就是夸张和想象,所以有趣的角色形象既能吸引幼儿又便于他们理解,因此在稳定了讲述教态的前提下,把角色语言的形象感用声音演绎出来,确实很必要。那怎样做到"声如其人""栩栩如生"呢?那就离不开对角色形象性格和思想感情的把握,同时抓住人物的言行和心理活动,为此,就需要学会对自己的声音进行处理。

1. 角色的语调处理

最重要的是语气语调的处理,比如谦虚的人物说话平静、真诚,音量适中,语气平缓;骄傲的人物说话盛气凌人,语调偏高,气息往上冲;自尊自爱的人物说话不卑不亢,声音有些力度,一顿一挫,音长不能长,收尾利索;奉承拍马的人物说话低声下气,音量偏低,但声音尖细,气息一股一股的,而且弱一些;性格刚强的人物说话铿锵有力,音量高,声音有力,气息高涨;性格懦弱的人物说话有气无力,气息是弱的,声音偏小;等等。这些在凸显角色形象时是最根本的要求。比如在《渔夫和金鱼的故事》里,小金鱼是弱者,当被老渔夫抓进渔网时,它是用乞求的声音说:"好心的老爷爷,求求您,放了我吧。"这里语气语调就必须是真诚中带着一些低声乞求的状态,所以声音小,气息比较弱,由于紧张害怕,气息还会有些短促。而后边老渔夫不满老太婆要变成女皇的贪婪,他无力地请求:"老太婆,您会被人笑话的。"这里也是用无力的、短促的语气去说话,是害怕的哀求。而老太婆的霸道贪婪则是另一种语气:"我想做统治整个大海的女皇!"这种声音应该是沙哑着嗓子,大声狂妄地表达,声音还有些拉长,语调要尖高,气息冲。再比如《小马过河》故事中,主要是老马、小马、老黄牛和小松鼠四个角色,老马慈祥和蔼,对小马说话是声音轻柔,语气亲切;小马幼稚胆小,所以语气天真,当高兴地替妈妈送粮食时声音轻快,当不敢过河犹豫不决时声音舒缓,吞吞吐吐;老牛经验老到,声音低沉,语速慢;而小松鼠着急担心,声音尖,语速快。当然我们的童话故事小角色也是千差万别的,他们的感情也是丰富多变的。那怎样能让我们讲故事者的语气语调描摹得精准到位呢?这就得需要我们讲故事人把自己当成这些小角色,设身处地地换位揣摩,把自己的情绪变成角色的情绪,就绝对能做到"声如其人"。

2. 角色的变声处理

对于变声的处理,好多人比较忽视,而且变声也是一个难度很大的口技问题。我们在描摹小角色声音语气的同时，如果学着动画片中小角色的声音感觉，也能有趣地变换我们声带的外部共鸣条件，那么我们讲述的小角色一定会更有趣、更吸引幼儿。比如讲《狐假虎威》时，狐狸被老虎抓住险些被吃掉，狐狸急中生智说出这样一句："你怎么敢吃我，我可是上帝任命来管理所有野兽的，你要是吃了我，就是违抗天帝的命令。"这一句如果从声音的语气语调处理的话，就是趾高气扬，强装镇定自信，所以语速适中，不能急躁，声调偏高，气息也是比较冲的。当然为了表现狐狸的自信镇定，声音要有力度，但是如果我们还用讲故事时惯用的音色效果，那整个故事的小角色是不完美的，所以在处理的时候，学生们可以把声带挤压，往嗓子后腔处理，从咽腔、喉腔往上再提，再尖一点，最终出来的感觉是既有狐狸当时的感情心理，又有动画片里一贯对狐狸的定位：狡猾的感觉，而且和叙述语言的教态讲述有了明显区分，更加便于小朋友们区分把握情节和角色，也更加突出了故事的生动性。其实这种变音也是有一定的规律的：我们一般都是根据小角色的性格和物性特征来定位，比如狐狸物性特征就是瘦瘦的、狡猾敏捷的，所以一般会用尖尖的、狡猾的音色处理；大灰狼一般是老奸巨猾，所以我们的处理是沙哑拖长的嗓音处理，我们只要把我们的声音压在嗓子口，往下压一点，别往上提就行；而弱小的小白兔给人的感觉是白白嫩嫩、可爱天真，我们的声音一般都是轻柔细小，如果模仿小白兔露着两颗大门牙，那我们的变音会更有意思，你可以把自己的两颗门牙挤到唇外试试，很幼稚可爱的；小猴子给人的感觉是好动的，我们在处理它的变声时，口腔嘴唇两边的脸部肌肉要不停地动，语速偏快些，嘴里会不时地发出"吱吱"的声音。当然，有的小动物性格特征不明显，我们就可以直接抓住它们的物性特征判断，比如乌鸦，有时聪明有时愚笨，这个在音色上怎么处理呢？我们就可以根据乌鸦的叫声音色去定位，乌鸦叫起来是"啊，啊，啊"，很沙哑，后嗓子使劲出音，出来的效果和乌鸦叫声相似就可以了，这样大家一听觉得乌鸦仿佛真的就在他们面前，就达到了"声如其人"的效果。

3. 角色的口技处理

口技在故事讲述中的运用，其实是贯穿始终的，叙述语言和角色语言都需要。比如我们可以模仿自然界的风声、雨声、流水声，模仿人的笑声、叹息声，也可以模仿动物的鸣叫声以及汽笛声、枪炮声等，这样的讲述，不仅能够起到渲染环境气氛的作用，还能增强故事的真实性和形象性，加强故事的表达效果。把口技放到角色语言这一部分是因为叙述语言环境氛围的口技描摹难度太大，专业要求比较大，幼儿教师们实践运用的可行性比较小，但角色的情感口技我们还是很容易描摹的，主要体现在两类效果上：第一类是动物的叫声，而童话故事的角色大部分都是拟人化的小动物们，比如我在给小小班孩子们讲述童话故事《青蛙卖泥塘》时，开头用一个谜语导入"白白肚皮大眼睛，捉起害虫顶呱呱，农民伯伯称它绿衣小英雄"，对于小小班的年龄段幼儿可能会有一些难度，但在这里加一句语言式口技"唱起歌来：呱呱呱"，小朋友们就会很激动地猜到是青蛙，而且还学着老师的声音一起叫"呱呱呱"，这样既吸引了幼儿，还能让幼儿参与进来。第二类是小角色情绪的笑声、哭声之类的，比如《小红帽》中，有一句："大灰狼心里暗想：'呵呵呵，这小家伙细皮嫩肉的，味道肯定比那老太婆要好。'"这里如果加上开头大灰狼的奸笑声，角色的形象绝对会更加栩栩如生，把大灰狼干坏事的阴暗心理表现得入木三分，而这个奸笑声还得是压着嗓子，在喉腔发出来，给人阴森的感觉；再比如《苍蝇和毛毛虫》这个故事中，历届学前教育专业技能大赛选手讲这个故事，都有一个亮点，那就是模仿苍蝇笑话毛毛虫的笑声："呵呵呵，瞧瞧你，长得可真丑呀"，如果缺少这个笑话人的声音，苍蝇的形象就不够鲜明突出了，再加上捂着嘴的动作，这种感觉也是很到位的。当我们在讲《美丽的巫婆》时，巫婆的出场是很可怕的，故事中的小公主们很怕她，所以在她说话前加上"嗯……"的拉长音，从后嗓子沙哑发出立即就能让角色更生动形象不少。

  童话故事的形象有趣，主要靠的就是角色语言部分的演绎。在我们已经能够保证叙述语言的教态，故事情节的发展也能保证平稳流畅清楚地讲述下来之后，我们完全可以让角色放出去，童话故事本身就是极度夸张和想象的，角色的形象有趣靠的是表演的效果。当然这和童话故事的特点是相关的，如果讲其他文体的故事可能就得收敛一些，面对不同年龄段的孩子可能也会有所变化。

附录　自学微课视频：《故事的"绘声"技巧》

微课讲稿：

  同学们，大家好，这节课我们进行故事"绘声"技巧的训练。我们经常会用"绘声绘色"来形容故事讲述的生动和精彩。而"绘声"则指的是通过声音的技巧把故事情节和角色逼真、形象地描绘出来。

故事的"绘声"技巧

  那我们应该怎样训练呢？因为故事语言由两部分组成：一部分是叙述语言，另一部分是角色语言，所以我们的"绘声"技巧主要表现在三个方面：

一、叙述语言的"生动性"

首先让我们看一下《卖火柴的小女孩》的故事片段。重点体会故事中叙述语言的"生动性"。

（播放视频）

通过视频我们发现，这位同学讲述小女孩兴奋和满足的情节时，气息高涨，声音欢快，后来表现小女孩失望和无助的情景时又改为气息低沉，语调下降，语速变慢。当以老师身份指出小女孩太悲惨时，变为理性的讲述，声音中速，最后为了引起幼儿对小女孩的同情，声音就转为急促的控诉。所以我们在用声音表现故事时既要有情节的起伏变化，还要有角色的感情状态，还要经常作为旁观者表现老师的感情态度和教育方向。

这体现的就是叙述语言"生动性"的"绘声"技巧：叙述语言的情节性、角色感和声音"教态"。

情节性指的是讲故事者的声音必须随着情节的发展，起伏变化，这包括讲故事者的语气、语调、重音和节奏等声音形式的变化。同时我们还要理解故事，了解故事的来龙去脉，把握故事的情感。

其实情节性本身就带有角色感，因为故事的情节是由角色的行为和感情关系谱写而成。刚才的故事视频也体现了这一点。当然叙述语言中还有一种最能体现角色感的细节铺垫，比如"她高兴地说""她气得直跺脚然后说""她大声呵斥道"，这些角色语言前的铺垫，同样需要讲故事者加上角色的情绪来表现。但这些叙述语言虽然具有角色感，但不能太夸张，否则会失去故事的客观性，影响故事情节的清晰，影响老师的教态。这就是我们要说的第三点："声音教态"。

声音教态指的是我们幼儿教师在讲述叙述语言过程中的客观态度和感性评价，用声自然、平稳。但现在好多学生讲故事出现了两种错误倾向：（1）教师的娃娃腔，模仿幼儿奶声奶气地讲述；（2）角色夸张的声音贯穿始终，整个故事就有了儿童剧表演的倾向。

二、角色语言的"形象感"

童话故事的最大特点是夸张和想象，而幼儿又是以形象思维为主，所以在稳定叙述语言教态的前提下，角色语言的形象感需要重点表现。首先大家看一下《机智勇敢的小山羊》的故事片段，感受对故事中三个角色的形象塑造。

（播放视频）

通过视频，我们发现：羊妈妈、小山羊和小黄狗三个角色的声音是不同的。羊妈妈语重心长，表达的是对小山羊的关心、爱护，语速缓慢，声音低厚。小山羊是不耐烦和贪玩的兴奋，所以语气急促，语速偏快，声音尖细。而小黄狗则是一种忠实的帮腔状态，所以声音粗重一些。当然为了表现小狗的物性特征，还用了狗的口技点缀。

所以我们讲故事中角色语言的"形象感"表现在三个方面：角色的语调处理、角色的变声处理、角色的口技处理。

首先说一下语调的处理：故事中每个角色都会有不同的心理和情感，所以我们一定要通过不同的语气语调再现角色的心理状态。

我们还需要对角色进行变声的处理。因为我们要将角色的音色和老师叙述故事的音色区分开，而且不同角色之间的音色也要有变化。那我们具体又应该怎样变声呢？这就需要运用不同的共鸣腔和改变同一个共鸣腔的环境和条件，使气息和声音产生不同的共鸣效果。那我们根据什么条件来变声呢？

我为大家总结几点：（1）根据角色年龄，比如老人声音粗重、低厚，小孩的声音则是轻快、尖细。（2）根据角色性别，比如女生的声音细、薄，男生则低、厚。（3）根据角色物性特征，比如猴子活泼好动，说话偏快，而且急促；乌龟爬得慢，我们就会用厚、慢的声音处理；乌鸦叫声沙哑，我们就会用沙哑的声音处理。（4）根据角色性格特征定位，比如小狐狸阴险狡猾，声音尖细，鼻腔上调，咽腔后发声；而我们对大灰狼的定位是老奸巨猾，所以我们声音粗哑，喉腔下压，哑嗓说话。

三、对角色口技的处理

口技的运用在故事中是贯穿始终的，叙述语言和角色语言都需要。比如我们可以模仿自然界的风声、雨声、流水声，模仿人的笑声、叹息声，也可以模仿动物的叫声以及汽笛声、枪炮声等，这样的讲述，能够起到渲染环境气氛的作用，还能增强故事的真实性和形象性，加强故事的表达效果。所以我们在故事的讲述中一定要经常使用。

同学们，这节课我们就讲到这里，希望大家课下好好练习"绘声"技巧，让我们的故事更加生动、精彩。再见！

第五章

为幼儿"绘色"童话故事

讲故事的"绘色"指的是态势语对故事形象的演绎,也可称之为体态语,它是利用表情、眼神、手势、身姿等非语言因素配合着有声语言传递信息、表情达意的语言辅助方式,在学前心理学中显示幼儿的思维特点主要是以形象思维为主,对周围世界的感知主要靠看得见、摸得着的东西。所以给幼儿讲故事,讲和演是不能分开的,而演的形象感,声音只是一小部分,最大的形象性是靠态势语表现。而在前边提到的美国心理学家艾伯特给情感表达定的公式中,动作和表情的比例是55%,比例是最大的,说明态势语是很重要的。那这个态势语怎样达到"绘声绘色"的效果呢?就得从以下几个方面体现:

一、态势语的基本教态

给幼儿讲故事,虽然形象性表演占了大部分,但是教师教态的稳定感和讲述的客观性必须是整个故事的基本要求,所以我们的态势语,无论演绎角色多夸张,但在讲叙述语言部分时的肢体语言和教师基本的体态都要做到大方、自然。这时候教师基本站姿应该是肩平、身正、腰直,可以把礼仪中的站姿拿过来,双脚呈丁字步站好,两肩稍微后开,这样更显精神,而双手自然下垂,或双手交叉在小腹靠上一点,这时候两臂不能使劲往身上挤压,因为把礼仪的站姿照抄照搬过来,双手交叉太靠上,而且双臂由于紧张,不自然地挤压着身子，这样反而显得拘谨、不大方。而基本表情应该是面带微笑的，幼儿都喜欢亲切的老师，在这个前提下，再随着情节和角色的变化改变着自己的表情语。眼神也一定要有对象感，一定看着人讲，这里的眼神分两种，一种是点视，一种是环视，这两种要交替进行，而且切换自然。比如学生参加学前教育专业技能大赛面对五名评委，一定要让自己的眼神有定位感，除了表演状态下眼里是对应的角色，其余时间必须看着评委，可以盯着一个评委讲几秒，转换情节和片段时，就可以游走到下一个评委，偶尔还要把五个评委都要看一遍，当然这些转换要自然顺畅。

二、态势语的基本内容

1. 身姿动作

除了在基本教态中介绍的肩平、身正、腰直和基本的站姿外，我们的动作要随着情节和角色的变化进行变换，比如在讲《会打喷嚏的帽子》时，有这样一句话："老耗子心里也挺害怕的，它走一步一回头，走一步一回头，就怕帽子里的呼噜突然钻出来咬它。"这一句是叙述语言，保持基本教态，所以动作不宜过多，第一个逗号前我们保持基本站姿就可以，只用表情和眼神向听众表述这个老耗子的心理情绪信息，顶多讲到"挺害怕"时用手抚一下胸口表示害怕状，第二个逗号"走一步一回头，走一步一回头"，动态语言很明显，所以，我们才会有一些动作，身姿可以保持挺直，先是往旁边迈一步，再往后回一下头，但一定不能完全是老耗子的弯腰夸张表演，这只是简单告诉听众老耗子的状态，自己此刻的定位还是老师。但到了角色对话部分则就正好相反了，这时候完全可以跳出去，夸张表现角色动作，不是向听众表述角色说了什么，而是告诉大家角色是怎么说的。比如在学生讲述《聪明的小乌龟》的故事时，有这样的一句："就在这个时候，小青蛙的好朋友小乌龟刚好路过这里，他趁狐狸不注意便一口咬住了狐狸的尾巴，狐狸大叫起来：'啊，啊，谁咬我的尾巴啦？疼死我啦，疼死我啦。'"在叙述语言部分，我们还是保持教师基本的教态，肩平、身直、腰正、面带微笑，在"就在这个时候"可以有指示手势语，伸出一只手一指再恢复，到了"一口咬住狐狸的尾巴"可以一只手在胸前做抓住东西的状态然后恢复，到了"大叫起来"对话一出，就可以完全打破老师的基本教态跳出去，学着小狐狸的身姿动态，晃动着身姿，转着身子往后看自己的尾巴，配合着："疼死我了"，这样就把一只气急败坏和疼痛乱跳的狐狸栩栩如生地表现出来了。

2. 手势语

手势语一般会有三个感情分区：肩以上是上区，如果手势往上走，多表示积极、振奋、肯定、张扬等意义，比如在《狐狸和乌鸦》中狐狸为了得到乌鸦嘴里那块肉，使尽谄媚手段夸赞乌鸦："亲爱的乌鸦大姐，您的羽毛可真漂亮。"这里虽然是虚假的赞美，但狐狸外在表现的这种赞美，手势语就必须往上走，所以我设计的是双手团握在下巴处表示仰望赞美，然后双手往上走，到"您的羽毛"时，双手打开，往左右开展，但都是在肩以上，表现的是肯定和赞美别人；中区指的是肩部到腰部，这部分的手势是我们在讲故事时用得最多的手势区，多表示坦诚、平静、和气等意义，而我们为了保持教师的基本教态也都是保持这个区的手势语；而下区则指的是腰部以下了，多表示憎恶、鄙视、压抑、否定等含义，比如在讲《狐假虎威》时，狐狸强装鄙视老虎不敢吃自己，讲"你怎么敢吃我"时，其中"你"要有手势指斥老虎，就是往下指，讲"我是上帝任命来管理所有野兽的"时，这个"所有野兽"，就得有鄙视天下万物的霸气，就得用手在前方划一下，而且也是往下趋势。

手势除了分三个区，还有四个类别：情意手势、指示手势、象形手势、象征手势。情意手势，主要用来表达说话者的情感，比如《狐狸和乌鸦》中狐狸夸乌鸦时，双手团握在下巴处，就是表达乞求、赞美对方的情绪；指示手势，用来指明要说的人、事物、方向等，我们经常在故事开头交代故事题目和交代小角色时会用到，用手一指，就能让这些人、物和故事题目的信息更加突出了；象形手势，用来描摹具体的人或物的形貌，比如《聪明的小乌龟》中乌龟"一口咬住狐狸的尾巴"，在胸前用手做一个抓住的手势，体现咬住的动态，这就是象形信息；象征手势，用来表达抽象概念，有形状、有形象的信息我们能用手势比划表示，但有的词本身就很抽象，为了便于幼儿理解，也必须用手势辅助，这时候只能用神似的形象来表示了，比如茂密这个词，不像大小之类的能明确表达，这时候我选择用的是双手比划大的感觉，但除了往外扩，还必须让双手有抓的感觉，表示密密麻麻，不是纯粹的大，这就是象征体现，比如在表示"一小点"时也必须运用象征手势，用一只手的拇指和食指一捏，表示"一小点"的感觉。

3. 表情语

幼师教学中的表情语除了包括前边教态部分所说的微笑和基本眼神之外，还会有一些丰富的变化。具体来说，我们必须随着故事情节的发展和角色的感情变化来匹配合适的表情，而表情是很复杂的，它包括眉、眼、鼻、嘴、脸面的动作和状态。表示欢乐：眉开眼笑；表示愤怒：横眉冷对；表示蔑视：白眼相待；表示忧愁：双眉紧锁；表示惊奇：双目圆瞪。而嘴和鼻的感情表示是：愤怒和轻蔑是嗤之以鼻，痛苦和仇恨是咬牙切齿、咬紧嘴唇。眼神也是面部表情达意的丰富渠道，正视表示庄重、诚恳，斜视表示轻蔑，环视表示与听众交流，仰视表示崇敬，俯视表示关心，等等。所以我们讲童话故事，必须让自己每时每刻需要表达的情感深入内心，最终才能自然顺畅地变化表现。但现在大部分学前教育专业的学生训练讲故事时面无表情，眼神盯不住，这些都得需要训练，需要加强对故事的切身感受，发自内心地去讲、去抒发，把角色的情绪变成自己的情绪，那样的话面部的表情会很自然地流露出来，让听众也能受到你的感染。比如在《两只笨狗熊》这个故事中，讲开头"熊妈妈有两个孩子，一个叫大黑，一个叫小黑。他们长得很胖，可是都很笨，是两只笨狗熊"时，我们开始是保持微笑、喜爱的表情，传达的是小角色很可爱，当讲到"可是"时，就应该皱着点眉头，表示一点否定。当讲到"他们走着走着，忽然看见路边有一块……"时，从"忽然"字眼开始就稍微一停顿，瞪眼做出惊奇的样子。综上所述，在讲故事时，表情的变化是贯穿始终的。

三、态势语的注意事项

1. 忌散

讲故事的过程中，运用态势语时要避免出现动作混乱的现象，一个动作做完，才能接着做下一个动作。尤其重要的是眼神和动作不能散，如果眼神飘移，定不住位，会影响故事情感的表达；如果动作太散，态势语就起不到辅助的作用，还会对故事内容的传递起到干扰作用。特别是初学讲故事的幼师教育专业学生，眼神容易散，飘移不定。

2. 忌滥

因为听故事的幼儿以形象思维为主，学前教育专业的学生或幼儿教师们就会容易矫枉过正，过于强调这个形象性，而且再加上有时太紧张，容易出现动作过多的现象，势必会起到反作用。因此在讲故事的过程中，态势语的运用要得当，不能动作频繁，给人眼花缭乱的感觉。过多地手舞足蹈，往往会"喧宾夺主"，影响听众的注意力。经常有幼儿教师把每句话每个词都设计态势语，这样就显得非常杂乱，失去教师的大方和自然，也会影响故事信息的清晰传达。

3. 忌俗

在讲故事的过程中，态势语的设计不能过于粗俗，轻佻的、低俗的动作会传递不当的信息，影响讲故事的顺利进行。例如故事中如果出现"抠鼻子、挖耳朵"的动态信息时，就要淡化这些情节，不要过于表现。

4. 忌演

态势语是交际中的自然表现，是情感的外现。在讲故事的过程中，为了更好地表情达意，通常需要我们设计一些动作，但是过于夸张、矫揉造作的态势语，会给人产生"假"的感觉，从而影响故事的表达效果。

四、态势语的运用原则

1. 嘴到、心到、眼到、手到

讲故事的过程中，虽然每种态势语都有自己独立的原则和要求，但这几种也必须联系起来，做到协调自然。你的每种表情、每个手势，都要和你当时的感情完美衔接、自然流露，做到故事讲到哪，嘴里说到哪些词，心里的情绪就必须体会到哪，你的眼神、手势等态势语就得跟到哪，这些都是互相联系的，让人感觉很自然、很真诚，不做作、不刻意。

2. 自然、得体、大方、适度

在讲故事的过程中，态势语的运用必须遵循自然、得体、大方、适度的原则。因此，教师要加强平日的修养，用心揣摩，在运用时才能增强口语表达的效果。例如在讲到童话故事《两只笨狗熊》中"忽然看见地上有一块儿干面包，拾起来闻闻，嘿，喷喷香"这句话时，应在讲"闻闻"时做出双手拿面包"闻"状，然后再看看幼儿，夸张地赞叹"嘿，喷喷香"，这一连串的态势语是很自如地发自内心的，而且每种态势语之间的转换衔接要自然、大方。

附录　自学微课视频：《故事的"绘色"技巧》

微课讲稿：

同学们大家好，这节课，让我们一起走进故事"绘色"技巧的训练。

讲故事的"绘色"指的是态势语（也称体态语）对故事形象的描绘和演绎。它是利用表情、眼神、手势、动作等非语言因素配合着有声语言讲故事的辅助方式。

我们前边提到过美国心理学家艾伯特的情感表达公式：情感表达＝7%的语言+38%的声音+55%的动作和表情，语言和声音就是我们前边讲的再

故事的"绘色"技巧

创作和"绘声"技巧,而动作和表情就是我们今天要讲的"绘色"技巧。这个比例也正好符合幼儿以形象思维为主的年龄特点。借用这个公式,我们把故事的"绘色"技巧分为两类:表情类和动作类。

首先看一下表情类。我们的表情器官包括:眉、眼、鼻、嘴和面部肌肉。这些器官的变化表达着我们不同的情感状态。比如"眉开眼笑"表示快乐,"横眉冷对"表示愤怒,"白眼相待"表示蔑视,"愁眉紧锁"表示忧愁,"目瞪口呆"表示惊奇害怕,"嗤之以鼻"表示愤怒和轻蔑,"咬牙切齿"表示憎恨和仇视。

我们需要重点注意眼睛的表情语,也就是我们的眼神状态。比如正视代表庄重诚恳,斜视代表轻蔑,环视表示与听众交流,仰视表示崇敬,俯视表示关心。

所以我们讲故事,必须让自己要表达的情感深入内心,加强感受,最终我们的表情语才能自然真挚地表现出来。但现在好多同学在训练过程时,面无表情,眼神空洞,盯不住听众。这都需要我们在具体训练中慢慢改善。

下面我为大家总结表情语的注意事项:(1)保持基本的甜美和微笑教态,眼神必须要有对象感,眼中有人;(2)当角色情绪强烈的时候,我们要挖掘角色的情绪状态,配合最适宜的表情语。

下面我们看一下《白雪公主》的故事片段,我为大家示范一下表情语:七个小矮人像往常一样高高兴兴地回到家,可是刚走到家门口,他们全都愣住了,呀!门怎么开着?难道有妖怪吗?

开始我们要保持老师的甜美教态,当讲到高高兴兴时,可以眉开眼笑一点,别太夸张,当讲到"可是"时,把微笑收回来,面部肌肉从微笑的上提转为下拉一点,眼神里带有紧张感,当讲到"愣"时,眼睛定一下,到了后边角色情绪强烈,就可以放开了:皱眉,眼睛闪烁害怕,面部肌肉紧张。

接下来大家再看一下动作类,包括三个方面:手势语、身姿和动作。

手势语首先有三个感情分区:肩以上是上区,如果手势往上走,多表示积极、振奋、肯定、张扬等意义;中区指的是肩部到腰部,这部分的手势是我们在讲故事时用得最多的手势区,多表示坦诚、平静、大方、和气等意义,而我们为了保持教师的基本教态也都是保持这个区的手势语;而下区则指的是腰部以下,多表现为愤怒、压抑、鄙视、否定的含义。

手势语还分四个表达类别:情意手势,主要用来表达说话者的情感;指示手势，用来指明要说的人、事物、方向等；象形手势，用来描摹具体的人或物的形貌；象征手势，用来表达抽象概念。

对于讲故事的身姿，在幼儿园一般都是坐讲和蹲讲，但我们在参加比赛和应聘时需要站讲，就要保持肩平、身正、腰直，表现出自信，而且我们要上身微俯，表示亲和状态。

而动作方面，在讲述叙述语言时需要保持教师大方的教态，动作幅度要小，而到了角色语言时动作就要夸张一点。

接下来大家看一段故事视频，感受这位同学的手势语、身姿语和动作效果。

（播放视频）

这位同学讲述的是《会打喷嚏的帽子》，每种手势语表现得都很形象到位，身姿也一直保持的是上身微俯状态，表现出亲和力，而且搭配的动作也都符合讲解的内容和角色的情绪。但是我们也能发现这位同学也有一些美中不足，那就是手势和动作太多，幅度大，显得有些乱，表演性太强，影响了大方的教态，而且个别动作生硬不自然。所以我为大家总结一下动作类绘色技巧的注意事项：

1. 忌散

动作太散太碎，不集中不明确，不但没有美感，还会对故事内容的传递起到干扰作用。

2. 忌滥

动作过多、频繁，就像手舞足蹈，往往会"喧宾夺主"，影响听众的注意力。

3. 忌演

动作过于夸张、做作，会给人产生"假"的感觉，从而影响故事的讲授。

同学们，讲到这里，故事的"绘色"技巧就讲完了，在最后我为大家总结一下"绘色"技巧的两大原则：

1. 嘴到、心到、眼到、手到

讲故事过程中，必须做到故事讲到哪，心里的情绪就体会到哪，你的眼神、手势等态势语就要跟到哪。

2. 自然、得体、大方、适度

在讲故事过程中，态势语的运用，必须遵循自然、得体、大方、适度的原则，速度、幅度、频率等都要把握好分寸。

同学们，这节课，我们就讲到这儿，再见！

第六章

幼师讲故事的最佳风格

通过以上章节大家应该了解了幼师讲故事的基本技巧,特别是讲童话故事的技巧,但在具体实施阶段,却还会有一些分寸和风格的问题出现。一般来说,作为汉语言文学专业科班出身的教师,对语言的内在表现力很看重,比较喜欢惊险、有敌对双方的故事,喜欢为学生选取引人入胜的故事,在培训学生讲故事的过程中,比较重视语言和动作对故事的精彩再现,但学前教育专业活动设计的教师们,比较关注故事的教法元素,比如导入语、提问语和结束语等,而一线幼儿园的教师们比较喜欢轻柔地讲故事,强调故事的娓娓道来。其实每个领域的教师关注的都是比较有效的讲故事技巧,但因为太拘泥于自己的专业性,难免会有所偏颇。

在八届沧州市学前教育专业技能大赛讲故事比赛中,没有一个权威的幼儿教师讲故事技巧的引领,所以各个参赛学校和老师都在摸索,开始评委们大多是语文教师、语言教师,她们太重视自己的专业性,强调的是学生讲故事时的精神头,讲故事语言的起伏和生动,而且因为是在赛场比拼,面对的是成人评委,所以重点让学生抓住高潮部分,讲出精彩性,对学生讲故事态势语也过于强调,可能因为学生的内在文化积淀还是比较弱,最终学生们讲出来的效果感觉太激烈,语速太快,动作也太多,没有把内在的情感和外在的表现和谐地融合统一,最终从风格上不适合一线幼儿园的教学。

随着在历届技能大赛中同一线幼儿园评委的交流,还有在竞争中逐渐受到了

第六章 幼师讲故事的最佳风格

赛场方向的引领，培训的故事风格也在不断地完善和调整，也逐渐加强了语言专业和学前教育专业的融合，赛场学生讲故事的风格和分寸感越来越契合一线幼儿园的教学，也符合学前教育专业职业性的要求。编者先后几次到幼儿园实践，亲自参与了几次讲故事教育活动，在这方面也有了一些收获。比如在某个幼儿园早晨一个小时的蒙氏教育时间，技能大赛的优秀毕业生在用特别轻柔的声音为幼儿讲解教具的操作，那种声音开始让人有些不习惯，特别轻，还有背景音乐，后来经过进一步探知，才了解这是蒙氏教育讲求的安静和平和，因为小孩们都比较小，爱撒欢顽皮没有规矩，在蒙氏这种熏陶和感染下就能得到平复。通过对蒙氏进一步的认识，还有在几届技能大赛现场和一线幼儿园园长评委的交流来看，幼儿园教师适合给孩子们文讲故事，也就是动作手势虽然也要体现，但不能太夸张，讲得不能太激烈。记得一位幼儿园园长说过，她们园做过一项实验，三个月在一个班武讲故事，在另一个同等层次的班级文讲故事，结果文讲的班级孩子们比较稳定，自我阅读能力和感悟力高，而武讲的班级就很躁乱，浮躁静不下来，阅读能力提升较慢。所以我们一直在调整，做到既能把中文专业中故事的生动精彩讲述出来，又符合幼儿特点，娓娓道来，注重幼师的教态，就可以在竞争更加激烈的比赛中立于不败之地。这些经历对我们学前教育专业语言课程和技能大赛讲故事辅导调整改革有很好的引领作用。

具体的调整思路总结如下：

①动作不宜太多，特别是叙述语言部分，要保持教师的教态和美感，角色语言就可以夸张一些，这在前边技巧部分已经有过介绍。但在这里强调的是角色语言的这种夸张不能模仿动物的原生态和极端丑化的身姿动态，而且要让内在情感真挚一些，表情自然一些，动作的夸张也会很自然、美观。叙述语言教态式讲述和角色夸张表演之间的转换也要自如连贯，不能转换太突然，要随着讲述慢慢地转换，不要出现太多无目的的动态。

②在调整过程中我们加入了很多幼儿园教具，让故事更具有形象性、直观性。通过同学们讲故事过程中展示教具的教态，也能让原来的夸张动态逐渐平稳和内敛，语速也能自然而然地慢下来。

③以前同学们因为要强调故事的惊险和自己讲故事的投入，表情变化太多，而且一直表现紧张状态，失去了幼师讲故事的客观和甜美，经过调整，学生在讲述叙述语言时表情中的笑容多了，作为老师的教态更好了。

④以前学生为了表现投入故事，体现故事的惊险和精彩，语速一直太快，而且整体的语气变化幅度太大，这样不适合低年龄段的幼儿，幼儿跟不上老师的速度，虽然故事讲得很精彩，但幼儿没听懂，就达不到讲故事的教学目的了。

附录　自学微课视频:《讲故事案例赏析1》

微课讲稿:

同学们,大家好,这节课我们进行讲故事案例的赏析,让我们结合视频中同学们讲述故事的效果,来进一步巩固讲故事的技巧。

首先,大家看一个童话故事《聪明的小乌龟》的讲述视频,观察这位同学在故事文本再创作、绘声绘色的技巧方面运用的效果如何。

讲故事案例赏析1

(播放视频)

看完视频,我们能够感觉到这位同学的讲述生动有趣、栩栩如生。接下来我们从故事的再创作和绘声绘色技巧方面进行赏析。

1. 再创作技巧

这个故事语言生动,形象活泼,其中角色对话很多,动态词语也很丰富。同时这位同学也增添了一些更加适合现场讲述的口语化和过渡性的词语、短语,比如"突然""眼看""可不巧的是""狐狸又接着说"等,再加上一些生动的感叹句、疑问句的填充,故事就显得更加生动。

而且这位同学用肩膀上的道具引出了故事中的乌龟,接着又使用音乐表演的方式导入狐狸。这是我们导入语中道具演示、儿歌表演和游戏互动的融合方式,无论是参赛还是在幼儿园教育活动中都很适用。这位同学还使用了提问语,但在这里我们需要为这个故事再加一句提问语,大家体会一下效果:

当讲到小狐狸要把乌龟扔到水里,乌龟哇哇大哭时,我们可以问一句启发主题的思考性提问语:"小朋友们,你们说乌龟真的是害怕水吗?"这样的启发互动,就能让幼儿更加理解主题,如果不提问,对于理解力差的幼儿,就会觉得乌龟真的害怕,会模糊误导幼儿。当然故事结尾,这位同学没有设置结束语。我们可以加这样一句:"小朋友们,故事讲完了,你们喜欢哪个小动物?为什么呀?"这是一种发散谈论式结尾,最后教师根据幼儿的回答总结,深化主题。

2. 故事的"绘声"技巧

这位同学讲述叙事语言时声音平稳,也会带有一点角色情绪,而且随着情节的发展声音也跟着起伏变化，但总体做到了不夸张，保证了故事讲述的客观和清晰，但到了角色对话时，就完全"跳出去"，表现出适合幼儿的形象感。这位同学口技运用得也很到位，比如狐狸的奸笑声和疼痛的大叫声，乌龟的笑声和哭声。通过绘声技巧的运用，把狐狸的狡猾、奸诈和乌龟的可爱、聪明描绘得栩栩如生。

3. 故事的绘色技巧方面

这位同学的表情、身姿、手势和动作的辅助也很到位。总体来看叙述语言肢体大方，表情也随着情节的发展有明显的变化，眼神能够做到眼中有人，很有亲和力。当到了角色语言时，这位同学能够完全放开，动作虽然夸张但不做作、不生硬，很自然地把角色的情绪和心理表现出来。

当然这位同学在角色语言和叙述语言的转换时，有个别地方还是有一点不自然，从角色的动作回到老师的教态，有些刻意，我们应该是随着故事的讲述慢慢地自然变换。

这位同学在身姿上上身太直，应该微俯，这样才能更符合幼儿教师的教态，更有亲和力。

同学们，我们的案例就分析到这里，谢谢大家，再见！

附录　自学微课视频：《讲故事案例赏析2》

微课讲稿：

同学们，这节课，我们继续进行讲故事案例的赏析。上节课我们感受了《聪明的小乌龟》这样幽默诙谐、欢快明朗的故事。但我们的故事风格有的是温馨感人的，这样的故事虽然平和，但是我们同样能够讲出感染力。下面我们看一个《雪孩子》的讲故事视频，结合故事文本再创作、绘声绘色技巧进行赏析。

讲故事案例赏析2

通过视频我们发现，这位同学讲出了故事中小白兔和雪孩子欢快玩耍的场面，而且也把雪孩子牺牲自己拯救小白兔的感人画面描绘得栩栩如生。接下来我们具体分析一下其中的技巧。

1. 再创作

这个故事本身是从动画片中改编而来的，同学们从生动性再创作上改动不是太多，所以我们主要分析一下职业性再创作。

导入语，这位同学使用的是儿歌表演式，唱着《雪绒花》的儿歌表演着上场，引出孩子们最感兴趣的下雪，也过渡到故事中的相关场景。

提问语方面，其中有这样一句："小朋友们，下雪的时候，你们也堆过雪人吧？"在这里因为是比赛讲故事，所以设置的是无疑而问，直接过渡到下文，但在真正的教育活动中，我们可以提一个互动性的问题："小朋友们，下雪天，你们堆过雪人吗？大家是怎样堆雪人的？"可以让孩子们把堆雪人的过程说一说，然后老师总结到：小朋友们都喜欢堆雪人，都喜欢和雪人交朋友。这样既能过渡到下文，还能深化主题。而且为了更加适合幼儿园教育活动中的游戏互动场景，我们添加了一个细节，那就是"小朋友们，让我们来帮助兔妈妈完成这个小雪人，好不好？"然后可以让小朋友们根据老师讲述的提示，为小雪人贴眼睛、粘鼻子等。这样小朋友们的积极性就会被调动起来，对这个小雪人道具也会更加喜欢，到了后边讲到小雪人为了救小白兔融化了，就更容易产生共鸣。

这位同学没有设置结束语，其实这在幼儿故事讲述比赛中是不会扣分的，但如果比赛要求加入幼儿园教育活动设计元素，就会失分。那我们可以为这个故事加一个这样的结束语："小朋友们，小白兔还能看到雪孩子吗？"这样幼儿就能自由发表看法，老师最后再把答案进行归纳：等到下雪的时候，我们还能堆雪人，找雪孩子玩耍。这样也就淡化了这个故事的感伤色彩。

2. "绘声"技巧方面

这个故事本身叙述语言多，所以大多数同学讲得会很平淡，没有生动性，但视频中这位同学在保证声音教态的前提下，最精彩的是声音随着情节和角色情绪的变化也有明显的起伏，达到了声音的情节化和角色化，比如当讲述前半部分小白兔和雪孩子一起玩耍交朋友时，声音欢快，但到了小白兔回屋睡觉，雪孩子静静瞅着小白兔的情景时，声音缓慢轻柔，到了小白兔家着火，极度危险时，则又变成了急促快速的声音，最后雪孩子牺牲自己化成水气，变成白云，就变成了低沉、柔和、唯美的声音状态。

这个故事角色语言很少，只有一句雪孩子求救时的语言，这位同学模仿的音色和教师声音有一定的区分，声音变粗，再加上急促的语气，表现得也很形象。

3. "绘色"技巧方面

这位同学表情甜美,眼神很亲切,而且身姿既符合叙述语言的大方得体,还在叙述语言部分对角色状态做了形象化弥补,也表现出形象的角色身姿语。所以整个故事的"绘色"技巧运用得也是恰到好处。

同学们,我们的讲故事案例就分析到这里,希望大家课下认真训练,真正掌握讲故事的技巧,最终都能够在幼儿园教育活动中生动、精彩地讲故事。再见!

附录一

技能大赛故事再创作案例（文本、视频）

在第三章已经详细讲解了故事再创作的作用和技巧，而且原版的书面故事经过再创作可以自由地调整讲述的时间、风格和效果，还能满足学前教育专业学生比赛、应聘、面试等场合的运用。在2007—2018年之间，为沧州市和河北省学前教育专业技能大赛讲故事辅导时，为了符合赛场的时间要求和满足竞技效果的打造，笔者和学生在辅导过程中产生了很多灵感和经验，经过师生的共同努力，积累了下面几十个故事再创作文本和辅导视频，虽然不是很完美，但希望通过分享，达到互相交流的目的，也希望能为有需要的学生和幼儿教师们提供有效的参考和帮助。

故事目录

1. 苍蝇和毛毛虫
2. 聪明的小松鼠
3. 狗熊进城
4. 狐狸和乌鸦（第一版再创作）
5. 狐狸和乌鸦（第二版再创作）
6. 会变魔术的狐狸
7. 两只笨狗熊
8. 会打喷嚏的帽子

9. 机智勇敢的小山羊
10. 骄傲的小孔雀
11. 狼和小羊（小中班团结版）
12. 狼和小羊（大班寓言版）
13. 卖火柴的小女孩
14. 没有牙齿的大老虎
15. 美丽的巫婆
16. 青蛙卖泥塘
17. 小动物开会
18. 雪孩子
19. 聪明的小乌龟
20. 不听劝告的小公鸡
21. 以大欺小的狗熊
22. 城市老鼠和乡村老鼠
23. 美丽的大公鸡
24. 龟兔赛跑
25. 猴吃西瓜
26. 小猴子掰玉米
27. 小猫钓鱼
28. 乌鸦喝水
29. 小猪变干净了
30. 三只小猪的故事
31. 小壁虎借尾巴
32. 会动的房子
33. 贪吃的小猪
34. 小马过河
35. 谦虚过度
36. 狐狸和小鸡
37. 小猴吃瓜果
38. 猴子捞月亮
39. 小苹果树找医生
40. 三只公牛和狮子
41. "咕咚"来了
42. 狮子和老鼠
43. 狐假虎威
44. 萤火虫找朋友

1. 苍蝇和毛毛虫

"蝴蝶蝴蝶你最美丽，头戴着金丝身穿花衣，你用坚持胜过自己，世上没人跟你比。"（唱着歌走上台）

小朋友们，刚才老师唱的是一只小蝴蝶，大家都知道蝴蝶是很漂亮的昆虫，可是他在变成蝴蝶之前，长得很丑，而且还被经常被嘲笑呢！快来瞧！又有一只大苍蝇来嘲笑他了。

"嘿嘿嘻嘻（笑拖长，夸张些，捂着嘴）！我说大块头，你长得也太丑了吧！"毛毛虫听到苍蝇在嘲笑自己，他可委屈了，"我不叫大块头，我叫毛毛虫（用憨声憨气粗粗声音说）！""什么？毛毛虫？你听听你的名字，和你太相配了，连声音也那么难听！"

这时候，一只美丽的蝴蝶从他们身边飞过，苍蝇吧嗒着嘴说："啧啧啧，太漂亮了，你看人家那身材，你看那翅膀，什么时候我要是变成这样，我死也愿意。"毛毛虫听了可不服气了,"这有什么难的,我长大了也能变成美丽的蝴蝶。""嘁!别逗了大块头!你要是能变成蝴蝶,我就能变成老鹰,去去去……哪凉快哪待着去!"毛毛虫听到苍蝇不相信自己,可着急了:"我们来打赌,要是我真的变成蝴蝶,你就不要到花丛里来了。""嘁!那我去哪?""你去,你去阴暗肮脏的阴沟里生活呗!""好,一言为定,谁输了谁就去那阴暗肮脏的阴沟里生活!"小朋友们,你们猜一猜他们俩谁会赢呀?

苍蝇认为自己绝对能赢,可得意了!在接下来的几天里,他便和毛毛虫寸步不离地生活在一起。一天夜里,苍蝇发现毛毛虫把自己包裹在一个大茧里,几天几夜都不出来,他开心地说:"我就说你是吹牛的吧!你还真想变成蝴蝶?别逗了。"这时,苍蝇的话音刚落,只见这个蛹裂开了,一只漂亮的蝴蝶抖落着他的翅膀飞了出来,苍蝇见了惊讶地说:"你,你真的是毛毛虫变的吗?"蝴蝶笑着说:"对呀!我就是毛毛虫变的啊!你看我不仅变漂亮了,声音也变得好听了呢,现在你可以履行你的诺言了吧?"苍蝇现在才明白自己错了,他红着脸,低着头喃喃地说:"我怎么忘了我也经过了蛆虫的阶段,笨笨的身子,长长的尾巴,难看死了,我真不应该嘲笑别人。"

小朋友们,老师的故事讲到这里就结束了,大家知道毛毛虫和蝴蝶的关系了吧?它们是同一种昆虫,只是不同阶段身体发生了变化而已,而且大家一定要记住:不要像苍蝇一样,去嘲笑别人噢!

解析:这个故事已经被选作数届的技能大赛备赛故事,第一次学生讲述,模仿苍蝇嘲笑毛毛虫时,加入了一个口技:嘲笑声,尖尖猾猾的象声词模拟,再加上捂嘴的动作,也是一个亮点;这个故事稿的价值还在于对原创故事的再创作上,比如导入语运用儿歌律动的形式导入,其实这首儿歌是学生自己结合蝴蝶的特征,加上押韵的形式,编辑创作的。幼儿喜欢儿歌,也会跟着律动,而且也能顺势引到故事的主人公毛毛虫上。当毛毛虫和苍蝇打赌时,讲述者又顺势问了一句:"小朋友们,你们猜一猜他们俩谁会赢呀?"这个提问语也让孩子们不再是旁观者,而是故事中的见证人,也能进一步吸引孩子们的注意力,当孩子们大胆猜测时,讲述者可以不告诉答案,绕绕弯子,告诉孩子们咱们接着听,答案在后边,也能引起孩子们的好奇心。最后的结束语,老师用通俗的语言简单概括了这个故事的道理,就是告诉孩子们蝴蝶就是毛毛虫变的,苍蝇嘲笑毛毛虫是不对的。当然这样的点题收尾是运用在应聘、面试和比赛中,这些场合没有真正的幼儿环境,也不是真正的讲课,还是比较适合的,但如果在课堂中讲述,就可以延伸到科学实验的观察课,了解毛毛虫变成蝴蝶的过程,也可以延伸到手工、美术课，画毛毛虫、蝴蝶、蛹、苍蝇等。这个故事的第三个精彩之处是在讲故事时可以加入道具的点缀，比如在两次的技能大赛中，我们都让学生自制一个蛹：一个圆柱的盒子，上边的盖子能掀开，而且周围都用乳黄色的毛线缠绕，盖子如果不是圆的，可以用铁丝穿起来，毛线一绕，盖子的顶端就是圆弧形了，而且盒子里放一只手工自制的蝴蝶或者网上买的那种漂亮的蝴蝶道具。在讲到"毛毛虫把自己包裹在一个大茧里"时，就可以把毛毛虫的小手偶或玩偶放到这个盒子里，当讲到"只见这个蛹裂开了"，就可以把里边的蝴蝶道具拿出来，这样讲述非常的形象、直观，也能吸引幼儿的注意力。

苍蝇和毛毛虫
讲述者：贾钰铭

苍蝇和毛毛虫
讲述者：冯姗姗

2. 聪明的小松鼠

"我是一只小松鼠，咿呀咿呀呦，我有一条大尾巴，咿呀咿呀呦。"（唱跳着儿歌入场）嗨，小朋友们大家好，你们看，小松鼠来了。今天老师给大家带来的故事名字就叫《聪明的小松鼠》。

在茂密的大森林里，住着一只大老虎，他呀已经很老很老了，再也没有力气去捕捉其他的小动物了，于是他想出一个好办法。小朋友们猜猜看，他能想出什么好办法啊？瞧，他呀正在洞口装病呢，"哎呦，哎呦，我的牙呀可疼死我了，你们快来看看我吧。"路过的小动物都很同情他，但是谁也不敢靠近，一只善良的小白兔听到大老虎的呼救声，便提着他那刚采的胡萝卜来到了大老虎的洞口，"虎大哥，虎大哥，你怎么了？我这里有胡萝卜，你吃吗？"大老虎一听高兴坏了："哈哈，我吃，我吃。你快进来吧。"这只善良的小白兔哪里知道大老虎有什么阴谋啊，便小心翼翼地来到大老虎身边，"咦，你的牙齿不是好好的吗，你该不会要把我给吃掉吧？""哈哈，小东西，我的牙当然是好好的，不然怎么把你给吃掉啊！"于是老虎张开血盆大口，"啊呜"一口就把小白兔给吞进了肚子里。

第二天，第三天，有很多小动物都被大老虎的这个阴谋给欺骗了，一一被大老虎给吃掉了。(唱着悲凉的调子) "我的朋友你在哪里，孤零零只剩下我自己。(改表演说) 呜呜，姐姐去森林里看大老虎再也没有回来，她会不会被大老虎给吃掉了啊？"有小动物在很难过地哭诉着。

这时候,在一旁的小松鼠早就看不下去了,他就想着去看看怎么回事,于是便来到大老虎的洞口,"虎大哥,虎大哥,你怎么了?听说你生病了?"老虎一听又有小动物可以吃了,就高兴地说"哎呦,原来是松鼠老弟啊,我快不行了,你能进来陪我聊聊天吗?"小松鼠听出老虎不像生病呀,心里有了打算,"不行不行,我生病了,要是传染给你那可就不好了,要不,我去找其他的小动物来,让他们陪你说说话,聊聊天,你看行吗?"大老虎一听可高兴坏了:"哈哈,你快去吧,你快去吧。"

小松鼠回到森林里把大老虎的阴谋告诉了大家,大家都很生气,一定要为被吃掉的小动物们报仇。小朋友们,你们说小动物们会怎么惩罚这只坏坏的老虎呢?嘘!咱们接着听。第二天,小动物们便在小松鼠的带领下来到了大老虎的洞口,用石头一块一块地把大老虎的洞口堵得严严实实的。大老虎听见动物们说话的声音可高兴坏了,来了这么多小动物终于可以饱餐一顿了,于是他来到了洞口。这时候,洞口已经被堵得严严实实的,"哎呦哎呦,快放我出去,放我出去!"刚开始大家还可以听到大老虎的声音,后来呀,就再也听不到了。森林里又恢复了以前的平静。

小朋友们,老师的故事到这里就结束了,我们也要像小松鼠一样既聪明又勇敢呦!

解析:这个故事再创作的特色是两段小儿歌,第一段是在故事开头创作了一首小松鼠的儿歌,可以跳着律动着入场,或者和小朋友一起拍手做动作导入故事主人公小松鼠。第二段是在故事的中间,穿插一句悲伤调子的儿歌,用小角色的声音唱着表达自己的姐姐进入大森林没有回来,不知怎么办好。这个故事的道理很明确,就是要告诉小朋友大老虎非常狠毒以及小松鼠很聪明,所以我们在表现角色时要把老虎干坏事的心理表现出来,因为这是一只年老的老虎,所以声音要沙哑一点,表现的是老奸巨猾的感觉,而小松鼠则要用铿锵有力的声音表现勇敢、自信和机敏;而且这个故事情节也是很生动的,在讲述老虎欺骗小白兔时,先是从老虎不怀好意的状态慢慢地进入最危险的时刻,当讲完"哈哈,小东西,我的牙当然是好好的,不然怎么把你给吃掉啊"时,讲故事者的状态要有个悬念式的转变,从道貌岸然的奸笑转到凶残的本性,讲述的声音变得紧张起来:"于是老虎张开血盆大口,'啊呜'一口就把小白兔给吞进了肚子里",把幼儿带入一种令人害怕的情境中。

聪明的小松鼠

讲述者：刘如月

聪明的小松鼠

讲述者：李真真

聪明的小松鼠

讲述者：王靖宇

3. 狗熊进城

"我是一只大狗熊咿呀咿呀呦，我要进城要进城，我要进城喽！"小朋友们，快来看看呀，这是谁要进城（指一指熊的道具）？接下来听完老师讲的这个故事你们就都知道了。

在茂密的大森林里，住着一只大狗熊，今天这只狗熊决定进城一次。他穿着最漂亮的外套，带着最漂亮的礼帽，靴子贼亮贼亮的，直晃眼。"我这身气派的打扮，要是进城准能给人留下深刻的印象，哈哈哈哈！"（狗熊粗笨的声音表现）这时，蹲在树枝上的乌鸦可看不惯狗熊这个得意劲儿，就决定捉弄他一回。于是，她便清了清嗓子说道（用瞧不起的语气和成熟劝诫口吻表达）："啊—啊—啊！不过我可不同意你这个说法啊。按照你的身材，你可不应该穿这样的衣服。我刚从城里回来，你愿意听我告诉你城里气派人物，都是怎么打扮的吗？""愿意，愿意！我当然愿意了，请快告诉我吧。""今年城里人嘛，早就不戴帽子了，他们都是用那平底锅当帽子。衣服嘛，也早就不穿了，他们都是用那床单裹在身上当外套。至于你这靴子嘛，也早就过时了，城里人都是拿纸袋套在脚上当靴子。"小朋友们，你们觉得乌鸦说的对吗？这样打扮会漂亮吗？但狗熊却相信了呢，你们听——"什么，我这身气派的打扮过时了吗？这可太糟糕了，亏得你提醒我（傻傻的、感激的表情和语气），要不然我这身打扮进城还不得让人家笑话死呀！"

说完狗熊就急忙跑回了家，一回家就甩掉了外套，摘掉了帽子，两只靴子呀都甩飞了，他照着乌鸦说的那样打扮起来。先拿床单上上下下裹了起来。又往脚上套了两只纸袋，他在镜子面前戴好了平底锅，狗熊看了看镜子里的自己（得意状）说道："城里人可真是想得出，真会玩新鲜的。"

小朋友们，快瞧瞧这狗熊吧，还真就这样大摇大摆地进了城，他来到了大街上，刚开始人们就对他指指点点，先是捂着嘴偷笑，后来就放声大笑起来，"哈哈哈哈，今天这狗熊准是疯了！"狗熊左看看右看看，真是恨不得找个地缝钻进去，"这只臭乌鸦竟然敢骗我，可气死我了！"说完，狗熊便不见了踪影。

小朋友们你们看，这只狗熊自己不动脑筋，相信了乌鸦的话，我们在生活中可不能这样呦！

解析：这个故事本身就很有趣味性，里边狗熊的憨笨很可爱，也很搞笑，第一次听这个故事的人都会被逗笑,所以在比赛、面试等重要场合,选择这个故事还是很挣分的。导入语是以狗熊的角色感用憨憨的声音唱着入场,在讲故事的过程中好几处的象声词口技模拟也是点缀和色彩,比如乌鸦的出场用"啊—啊—啊!",狗熊的得意声用"哈哈哈哈",把狗熊的傻笨表现得栩栩如生,还有最后大家笑话狗熊做捂嘴笑状的口技。这个故事还很适合运用道具,道具也能增加笑感,特别是在讲到"狗熊回到家,把帽子扔掉,戴上平底锅"的时候,可以戴上自制的手工平底锅帽子,这时候听众们也会觉得很搞笑的,加强了故事的吸引力。

狗熊进城
讲述者:万悦

狗熊进城
讲述者:孟欣蕊

狗熊进城
讲述者:杨晓涵

4. 狐狸和乌鸦(第一版再创作)

(开始唱着上场):"我的名字叫乌鸦,意外得到了一块肉。我要飞到树枝上,痛痛快快吃一顿!"

嗨!小朋友们,这只乌鸦不知道从哪里得到了一块香喷喷的肉,正想飞到树枝上美美地吃上一顿呢。就在这个时候啊,出现了一只狐狸,他正向乌鸦这边走来。"我的名字叫狐狸,一肚子的坏主意。装模作样我都会,坑蒙拐骗我第一。"小朋友们你们说小狐狸这次又会干什么坏事呢?

这个时候,小狐狸的肚子早就饿得咕噜咕噜地叫了,他一抬头,正好看到乌鸦嘴里的那块肉,馋得直流口水:"(吧唧嘴)我要是能把乌鸦嘴里那块肉给弄到手,那我可就有美餐了,哈哈哈。"于是啊狐狸就卷起尾巴,翘起脚,押直了身子跟乌鸦打招呼:"你好呀,美丽的乌鸦。"乌鸦听了之后没有理他,狐狸转了转眼珠子又说:"你是多么美丽呀,那脖子,啧啧啧,那眼睛,哎呦,比孔雀不知道要漂亮多少倍呢。"乌鸦听了之后,心里美滋滋的,但还是没有搭理他。狐狸急得直跳脚,"乌鸦美,乌鸦俏,乌鸦唱起歌来真美妙!"

小朋友们,你们说这次乌鸦还会不理他吗?乌鸦被狐狸夸得尾巴都要翘到天上去了,这时候她张开了大嘴,发出嘶哑的声音:"啊—啊—啊—",就在这个时候啊,那块肉从乌鸦的嘴里掉了下来。狐狸接过肉,转身就跑,一边跑着一边对乌鸦说:"乌鸦你个大笨鸟,下次谁要再夸你,可要闭紧嘴巴呀,啊哈哈哈!"

好了,小朋友们,故事到这里就结束了,这只乌鸦因为受到了狡猾的狐狸虚假的赞美让自己吃了大亏,我们一定要提醒她下次可不能这样做了呀!

（或：小朋友们，故事到这里就结束了，这只乌鸦因为贪恋狡猾狐狸的赞美失去了这块肉。那让我们一起想想办法，帮助乌鸦把肉夺回来吧!）

5. 狐狸和乌鸦（第二版再创作）

导入语：（狐狸变音）我的名字叫狐狸，一肚子的坏主意。今天偷来（闻肉）一块肉，你们猜猜它的主人会是谁？那就让老师来给你们讲一讲狐狸和乌鸦的故事吧！

师：Bling Bling 变变变！嗨，小朋友们，老师来啦！

森林里有棵好大好大的树，树上住着乌鸦。树下有个洞，洞里住着一只狐狸。

一天，乌鸦叼来一块肉，站在树上休息，被狐狸看到了。狐狸看着肉直流口水，很想从乌鸦嘴里得到那块肉。可是乌鸦嘴里叼着肉站在树枝上，狐狸在树下没有办法得到。于是他眼珠一转说："亲爱的乌鸦，您好吗？"乌鸦没有回答。狐狸只好赔着笑脸又说："亲爱的乌鸦，您的孩子好吗？"乌鸦看了狐狸一眼，还是没有回答。狐狸摇摇尾巴，第三次说话了："亲爱的乌鸦，您的羽毛真漂亮，麻雀比起您来，就差远了。您的嗓子真好，谁都爱听您唱歌，您就唱几句吧！"乌鸦听了非常得意，心里想："说我嗓子好，爱听我唱歌的只有狐狸呢。"于是就高兴地唱了起来："啊—啊—啊—啊—"可是，这乌鸦刚一张嘴，肉就"啪嗒"一下掉了下去。狐狸叼起肉就钻到洞里去了，只留下乌鸦在那里"歌唱"。

结束语：哎，小朋友们，这下你们知道狐狸这块香喷喷的肉是从哪里来的了吧？

解析：任何比赛都必须注意开头的吸引力，这两则故事版本也是如此。第一个版本开头就是以乌鸦的角色状态入场，把乌鸦找到肉以后的馋劲表现得淋漓尽致。当狐狸出场时，用狐狸自己的语气加入一句关于狐狸性格的顺口溜描述，更加形象、生动。而且第一个改编故事中间也有一处细节的改动，那就是在狐狸夸赞乌鸦两次乌鸦没有反应后，又接着夸赞乌鸦歌声动听时，加入了一处儿歌律动："乌鸦美，乌鸦俏，乌鸦唱起歌来真美妙！"这样朗朗上口的语言，更加符合幼儿的认知水平，也容易引起互动。第一个版本在结束语的设计上也很讲究，最开始设计的是："乌鸦笨不笨呀，我们可不能向她学习呀"，这个结束语太普通，并且故事的目的性存在问题。记得一次沧州市技能大赛的一线评委幼儿园园长就提到这个问题：这个故事不是乌鸦聪明不聪明、笨不笨的问题，而是乌鸦虚荣的问题，如果怕虚荣的词语让幼儿不好理解，可以设计为："这只乌鸦因为受到了狡猾狐狸虚假的赞美让自己吃了大亏，我们可要提醒她下次可不能这样做了呀！"这样既能让幼儿参与进来，也能把乌鸦虚荣的问题明确地表达出来。而第二则故事版本的结尾就是一个简单的问题,一位专业老师说过,故事结尾不一定非要拐到主题上,可以是一个头尾的呼应,也可以是一个简单的互动,只要幼儿能理解即可。在讲述时,狐狸馋得流口水的口技和乌鸦禁不住夸赞张开大嘴发出"嘶哑"的声音口技,都是这个故事的亮点。讲故事时还可以运用道具,因为故事中狐狸语言较多,所以自己以狐狸角色的状态打扮,乌鸦的手工道具可以贴到自己一边肩上,以乌鸦的角色表演入场,讲到乌鸦飞到树梢上想美餐一顿时,就可以把乌鸦道具挂到旁边的树道具上,而且肉就可以在脖子里挂着,最后,乌鸦唱完歌,肉"啪嗒"一声掉下来,这时候就可以把肉的道具弄断,掉在地上,最后狐狸角色拿起肉跑掉时,就可以真的捡起来,这一系列的讲述和道具的配合,让这个故事的情节更形象、更直观。

狐狸和乌鸦
讲述者:白双双(1)

狐狸和乌鸦
讲述者:白双双(2)

狐狸和乌鸦
讲述者:张明媚

6. 会变魔术的狐狸

"我的名字叫狐狸,一肚子的坏主意。装模作样我都会,坑蒙拐骗我第一。我还会用魔术去骗人呢!瞧瞧瞧,见证奇迹的时刻到了(刘谦手势)。"小朋友们,今天老师给大家带来的故事就是——《会变魔术的狐狸》,这只狐狸到底变了一个怎样的魔术呢?那我们就一起听听故事吧!

有一天,阳光特别好,两只小狗熊去森林里玩,他们一边玩一边唱着:"今天天气好晴朗,处处好风光,好风光。"他们俩玩得正高兴呢,突然看到路那边有一团黑乎乎的东西,还很香呢,咦?小朋友们你们猜猜看那是什么呀?两只小狗熊也不知道呀。于是他们就手牵着手一步一步地朝那团黑乎乎的东西走去。哎呦呦!原来呀是一块儿香喷喷的肉啊!他们捡起来闻闻,"嗯,可真香,我们分了吃,我要吃大的,我一定要吃大的。"小朋友们快瞧瞧吧,这肉还没分,两只狗熊就要打起来了,这个事啊让一只小狐狸给看见了。狐狸的肚子正饿得咕噜咕噜叫呢,她呀又打起了鬼主意。"啊,狗熊弟弟你们是想把这块肉分开吧?就让我美丽的狐狸姐姐用魔术帮你们吧。""啊!好吧好吧,就让美丽的狐狸姐姐帮我们吧。"狐狸一听赶紧接过这块肉一下给分成了两块。熊大看了看这块肉说:"狐狸姐姐,狐狸姐姐,一块大一块小,这怎么吃啊?"狐狸一听又接过这块肉,咬了一口。熊二看了看这块肉说:"还是不一样大,这怎么吃啊?"狐狸就左一口右一口,不一会儿这么大一块香喷喷的肉就剩下这么一小点儿了。两只小狗熊你看看我我看看你,什么话也说不出来了。狐狸马上笑眯眯地摆摆尾巴说:"啊,吃吧吃吧,吃得饱饱的,等改天姐姐再给你们变魔术。"

小朋友们,你们现在知道到狐狸变了怎样的魔术了吧?

解析:这个故事和下边的《两只笨狗熊》是同一个故事,当时为了让这个故事开头更有吸引力,就加入了一个狐狸自夸和变魔术的开场,而且这个故事狐狸"变魔术"骗狗熊的主题贯穿始终,所以顺势就改成了《会变魔术的狐狸》,这在应聘、比赛的自备故事环节是可以这样处理的。故事的结束语也就正好和题目以及开头的"变魔术"呼应上了。这个故事为了符合应聘、比赛的时间要求,一些细节也做了修改,甚至有些地方省略了,当然前提是不能影响故事的核心内涵。

会变魔术的狐狸
讲述者:李傲

会变魔术的狐狸
讲述者:张彬彬

会变魔术的狐狸
讲述者:冯姗姗

7. 两只笨狗熊

上场:小朋友们,小朋友们,有两只小狗熊说呀,这森林里有一只会变魔术的狐狸,让我们一起看看这狐狸变了什么神奇的魔术吧!

有一天两只小狗熊,去森林里玩(转圈,唱歌),"今天天气好晴朗,处处好风光,好风光。"两只小狗熊在森林里跑啊跳啊很开心,他们跑着跑着,突然看见路那边有一块黑乎乎的东西(害怕)。小朋友们,你们猜那是什么啊?两只小狗熊啊,也不知道,他们两个就手牵手(小心翼翼地)一步一步朝那团黑乎乎的东西走了过去,哎呀,原来是一大块肉啊。小黑啊,看了看那块肉(高兴)说:"大黑啊,咱们把这块肉分了吃吧(小气),俺的肉可不能比你的小啊。""啊,对啊,对啊,分了吃,你的肉可也不能比我的大啊!"这大黑和小黑正闹着呢,一只狐狸从树后经过,她看见两只小狗熊手里的那块香喷喷的肉,(转眼睛)眼睛咕噜一转,大摇大摆地走到小狗熊面前(套近乎)说"啊,狗熊弟弟,你们是想把这肉分开吧?就让我美丽的狐狸姐姐帮你们分吧。"(高兴,感激)"啊,好吧好吧,就让狐狸姐姐帮我们分开吧。"这狐狸呀,接过这块香喷喷的肉,一下就把它分成两半,大黑啊,看了看那块肉不高兴了,"不行不行,一块大一块小。"狐狸一听赶紧凑上去,(讨好)"啊,大黑弟弟啊,别着急,瞧我的。"这狐狸转过身去,趁小狗熊不注意把肉偷吃了一口。小黑啊又看了看那块肉（不耐烦），"啊，啊，狐狸姐姐，这块肉好像又小了一点，俺可不想吃小的啊。""小黑弟弟啊，别着急别着急，瞧姐姐的。"狐狸啊又转过身咬了一口。大黑和小黑看着这两块肉还是不一样大。这狐狸啊，就这边咬一口（**左侧蹲**）那边咬一口（**右侧蹲**），一大块香喷喷的肉最后就剩那么一小点儿。这两只小狗熊你看看我，我看看你，（**无奈**）一句话也说不出来了（**慢**）。狐狸啊马上笑眯眯地说："狗熊弟弟，你们不知道吧，我可是这森林里的魔术女王啊，瞧瞧瞧，那么大的一块肉，被我'唰'一变，变成这么一点，我是不是很厉害啊？""啊，狐狸姐姐真厉害，狐狸姐姐真厉害。"狐狸马上笑着甩甩尾巴，把肉递给了大黑和小黑，"现在这两块肉都一样大了吧（**摸肚子**），吃吧吃吧，吃得饱饱的，等改天我再给你们变魔术！"原来这就是狐狸的魔术啊。

结束句：小朋友们，老师的故事到这里就讲完了，你们明白了吗？一开始两只小狗熊捡到那么大的一块肉，为什么最后却只剩了一小块呢？

解析：这个故事保持了原创故事的题目，而且头尾也是从狗熊的角度进行设置的。这个故事的开头是，狗熊在森林里玩的环节加入了歌唱，其实只要唱的词符合狗熊们开心的情境就行。狐狸出场性格自夸的顺口溜可以用到很多故事中，用在这里也很合适，把狐狸的狡猾、自负表现得栩栩如生。导入语的悬念性和结束语意味深长的设问式都设计得很精致，也能达到预期的效果。这个故事一般会用魔术开头，可以给小朋友们变几块糖果，吸引幼儿，而且狗熊的玩偶可以放在肩的一边，肉可以做个手工道具，有的学生设计成能拆分的纸质道具，当讲到狐狸欺骗狗熊"转过身咬了一口"时，让纸肉的道具越来越小，这样就会更加形象、有趣。

两只笨狗熊
讲述者：于华鑫

8. 会打喷嚏的帽子

（伴随音乐，身披披风，头戴帽子，戴着黑墨镜出场）。小朋友们，今天老师变成了一位魔术师，要给大家带来一个神奇的魔术。小朋友们，你们瞧瞧，帽子里可是什么都没有呢（展示魔术高帽的里边，然后帽子一转一抓）。瞧，糖果有了，老师还能变出来一个呢。这个呀可是真的糖果呢，小朋友们可以尝一尝（给小朋友们发几块）。

魔术团的老爷爷也有一顶和老师一样的帽子呢，他的帽子还可以变出更多的好吃的。小朋友们听到这里肯定嘴馋了吧？有一群小耗子也知道了这个消息呢。

附录一 技能大赛故事再创作案例（文本、视频）

(小耗子的馋劲和可爱劲)"吱吱吱，要是能把这顶帽子偷来，变出许多的好吃的，那该有多好啊，嘿嘿嘿。"

晚上啊，它们就偷偷地溜到老爷爷家里，老爷爷正在睡觉呢。这个时候老耗子站出来说："我、我、我、我看啊，还是让小耗子去偷最最最合适了，它个子小脚步又轻。""吱吱吱，我不去我不去，帽子里藏着一个大呼噜，它响起来地板和窗户都会动，太吓人了，我不去我不去。"可不是嘛，老爷爷啊，正在打呼噜呢，(装老爷爷打呼噜) 吓得所有的耗子都不敢去偷。那小朋友们，你们说谁会去偷这顶帽子呢？最后还是老耗子摸摸长胡子生气地说："你们不去，我去，等会儿我把帽子偷出来变出许多的好、好、好吃的，你们可别嘴馋，哼！"

其实呀，老耗子心里也挺害怕的，它走一步一回头，走一步一回头，就怕帽子里的呼噜突然钻出来咬它。也真巧，老耗子刚走到老爷爷床前，呼噜不响了，这下可把老耗子得意坏了："哈哈哈，原来原来呼噜怕我啊！哈哈哈！"老耗子轻轻一跳，跳上了老爷爷的床，用鼻子闻了闻那顶帽子，想用自己的尾巴把帽子顶起来，它不知道啊，它的尾巴伸进老爷爷的鼻孔里去了呢。

"啊啊啊啊嚏"老爷爷打了一个大大的喷嚏，吓得老耗子连滚带爬地跑出了好远，其他的耗子也弄不清是怎么回事就跟着一起跑出了好远。"吱吱吱，你偷来的帽子呢？""哎呦呦，你们可不知道啊，帽子里藏着一个大大喷嚏，它可比呼噜厉害多了，要不是我跑得快，早就被炸死了！"

小朋友们，故事到这里就结束了，你们会怕这顶会打喷嚏的帽子吗？

解析：这个故事很经典，也有好多学生选用，故事的生动、有趣可见一斑。故事的亮点是在导入语部分的精心设计，根据故事开头："魔术团里有位老爷爷，有一顶奇怪的帽子，能变出好多好吃的"，设置了老师给小朋友们变魔术的环节，也变出小朋友爱吃的糖果等（得选小一些的零食，这样的魔术好操作），接着正好用一句"魔术团里有位老爷爷也有一顶和老师一样的帽子，他的帽子还可以变出更多的好吃的"，这样就进入了故事。这样的导入很自然也很新颖，还有一些好吃的东西吸引幼儿，如果是比赛，也就能"贿赂"一下评委，也能让听众一起跟着进入故事。而且在讲述时角色语言一定要区分出小耗子和老耗子的声音，小耗子的口技"吱吱吱"也一定模仿一下，声音尖细，而且是害怕的语气，老耗子其实在原版故事中是大耗子，因为想着戴着眼镜，往下一摘，卡到鼻子上就能转换角色，所以在技能大赛培训时就再创作为老耗子了，大耗子的声音是强壮有力，如果改成老耗子就得变成沙哑的声音了。结束语最初我们设计的是："小朋友们，你们说这群耗子傻不傻呀？"而最终我们调整为："小朋友们，故事到这里就结束了，你们会怕这顶会打喷嚏的帽子吗？"第一个结束语的问题没有任何启发性，就是一个简单的总结，而第二个结束语，则让幼儿和耗子们一样进入故事，让她们听完故事，自己去思考理解这项帽子。这个故事的目的就是告诉小朋友"会打喷嚏的帽子"其实就是老爷爷的喷嚏造成的。

会打喷嚏的帽子
讲述者：刘甜甜

会打喷嚏的帽子
讲述者：陈瑞

会打喷嚏的帽子
讲述者：杜晴晴（1）

会打喷嚏的帽子
讲述者：杜晴晴（2）

会打喷嚏的帽子
讲述者：张学雯

9. 机智勇敢的小山羊

唱："别看我就是一只羊，羊儿的聪明难以想象。"（放着喜羊羊音乐入场）

小朋友们，今天老师给大家带来的故事就是——《机智勇敢的小山羊》，他和我们爱看的动画片中的"喜羊羊"一样聪明。

有一天，羊妈妈要去一个很远很远的地方，不放心小山羊一个人在家，小黄狗却说："汪汪汪，羊妈妈，你去吧，我会看好小山羊的。"于是羊妈妈才放心出了远门。小山羊自己留在家里可无聊了，（出示手偶）"我好想出去玩一玩啊！"他就趁着小黄狗打瞌睡的时候偷偷地溜出了家门。

小山羊看到外面的世界，高兴地唱起来："我是一只小山羊，今天妈妈出门不在家，我偷偷地跑出去，去那森林里愉快地玩耍"（用《甩葱歌》的旋律，表现冲出家门的欣喜、自由感）。小山羊唱着歌来到了茂密的大森林里，他玩着玩着就玩到了太阳快要下山，却发现自己迷路了。（手偶）"呜呜，我好想回家啊。"忽然看到前面有一个黑色影子，小山羊的心里非常害怕，（两手偶）问道："你是谁啊，你在那里干什么？"狼："哈哈，难道你不知道我是谁吗？你的爸爸妈妈难道没有告诉你我是谁吗？"小山羊："呜呜呜呜呜，难道你就是爱吃羊的大灰狼吗？"狼："哈哈，对了，我就是爱吃羊的大灰狼，快来填饱我的肚子吧！"说着就向小山羊扑了过去。

小朋友们，你们说小山羊会不会被吃掉呀？不要担心，小山羊可聪明了，他呀想出了一个好办法。小山羊着急地说："你、你、你别吃我啊，我的家里还有爸爸妈妈和兄弟姐妹呢，你让我回家看他们一眼吧。"大灰狼一想：哈哈，今天我可是有口福了，遇到这么一大家子的羊，于是说："好吧，你就在我的前面带路吧,我保证送你回到家(坏坏的眼神)。"不一会儿就来到了小山羊的家里,小山羊趁大灰狼不注意,冲到家里大喊:"阿黄,阿黄。"在家的小黄狗看到小山羊被抓了起来,急忙地把全村的狗都叫来了,"汪汪汪"(口技逼真些:群狗叫的声音),阿黄撕一块肉,阿黑啃骨头,这只大灰狼不但没有吃到小山羊反而还丢掉了自己的性命。

好了,今天的故事就到这里了。老师想问一下大家:如果我们在生活中遇到这样的危险,该怎么办呢?

解析:这个故事在网络上搜索不容易查找,我们最早技能大赛选用的这个故事是从一盒磁带故事音频中找到的。当时选取这个故事是因为其中小山羊和大灰狼之间智斗的情节很生动、很精彩。我们在培训学生时,最后的群狗共同打败大灰狼的环节,我们加入了狗叫的口技,而且这个口技是群狗的声音,也就是把不同狗的声音用远近、快慢、粗细集中迸发,显得场面很激烈。第一届使用这个故事的同学音色很好听,口技的模拟也很精彩,当时成为一大亮点。后来为了增加这个故事的教法效果,我们比赛时运用的道具是狼和小羊的手偶,讲故事者就能理性平稳地处理叙述语言,可以平稳地体现教态,而大灰狼和小羊之间语言对峙时可以运用手偶夸张地表现。随着比赛越来越激烈,我们的道具也越来越精致和完善,又加入了小狗和小房子道具,最后我们又把森林的场景也点缀上了。而且这个故事在开头部分,加入了两段儿歌,首先导入语加入的是喜羊羊歌曲中的一句词"别看我是一只羊,羊儿的聪明难以想象",正好引出小羊的机智勇敢。小羊偷偷跑出家之后看到外面的世界很开心,这时候为了体现高兴的心情,加入了《甩葱歌》的节奏和改编的情境歌词。

机智勇敢的小山羊
讲述者:于易艳

机智勇敢的小山羊(片段)
讲述者:马娜

机智勇敢的小山羊
讲述者:王晓璇

机智勇敢的小山羊
讲述者:王琳琳(1)

机智勇敢的小山羊
讲述者:王琳琳(2)

机智勇敢的小山羊
讲述者:杨雨晴

机智勇敢的小山羊
讲述者:张琪

10. 骄傲的小孔雀

"花冠头上戴,锦袍真不赖,尾巴像扇子,展开人人爱。"(表演者上台)

嗨，小朋友们，今天老师给你们带来了一只可爱的小孔雀，可是这只孔雀呀，整天什么都不做呢，只知道呀，和小动物们比美。快看，快看呀，她又去找小动物们去比美了。

这一天，小孔雀来到小河边，对着清澈的河水梳妆打扮起来。她呀，越看越觉得自己是最漂亮的了，"哦！我可真漂亮呀！"唱（配着舞蹈）："在那山的那边，在那海的那边，有只小孔雀，我就是那只小孔雀，一只美丽的小孔雀。"这事呀，让一只大狗熊给看见了，狗熊就情不自禁地说："哈哈，孔雀美、孔雀俏，孔雀唱起歌来真美妙，哈哈。"孔雀听了这话呀，这尾巴都要翘到天上去了。就在这个时候，她又看到一只慢吞吞的小乌龟迎面走来，于是就拦住乌龟的去路笑话他："乌龟乌龟爬爬，一早出门采花；乌龟乌龟走走，一早还在家门口（拉长声笑话语气，捂嘴笑话），嘿嘻嘻……乌龟乌龟，快快来，快来看看姐姐我漂亮吗？"乌龟生气地瞅了一眼孔雀，头也不回地说道："我还要去储存粮食，才没工夫搭理你呢。"孔雀听了这话，可就不高兴了。这个时候，她又看见一只青蛙正在那里捉害虫呢，她呀又跑到青蛙面前说："青蛙，青蛙，快别捉害虫了，看看我，看看我，漂亮吗？"青蛙看了孔雀一眼说道："呱呱呱！你当然漂亮了。可是，你一天天什么也不做，这样下去，到了冬天，你会被饿死的。"可是孔雀哪里听得进去这话呀，她呀，一心只想着比美呢，于是她就又飞着去比美了。小朋友们，你们说孔雀到了冬天是会储备粮食冬眠呢，还是会飞去南方过冬呢？她什么都没做，又会怎么样呢？

冬天很快就到了，小动物们有的储存好吃的开始冬眠了，有的提前飞去了南方，只剩下小孔雀自己被冻死饿死在这里了。

小朋友们，故事到这里就结束了。你们喜欢这只小孔雀吗？为什么呀？

解析：这个故事最早是学生自己选取的，当时听着觉得学生讲得不生动，没意思，所以就根据学生的表现风格进行了一下再创作，我们做了很多改动，其中为了体现孔雀的骄傲自大，当和乌龟比美的时候，加入了《龟兔赛跑》中兔子笑话乌龟的儿歌："乌龟乌龟爬爬，一早出门采花；乌龟乌龟走走，一早还在家门口。"这样的语言朗朗上口，而且让孔雀的骄傲心理更形象，而且这种律动儿歌我们在故事开头孔雀夸耀自己的时候也加入了一句："在那山的那边，在那海的那边，有只小孔雀，我就是那只小孔雀，一只美丽的小孔雀。"我们在狗熊夸赞孔雀时也是用了一句和《狐狸和乌鸦》里狐狸夸赞乌鸦时类似的一句："孔雀美、孔雀俏，孔雀唱起歌来真美妙。"当然，故事中的口技也运用得很多，比如狗熊的憨笑声、孔雀的嘲笑声，还有青蛙的"呱呱"声。所以从再创作上来看这篇也是经典之作，记得在我们使用这个故事参赛之后的第二届沧州市学前教育专业技能大赛中，竟然有别的学校的选手用了一模一样的故事稿，我当时很惊讶，因为这个稿子已经改得几乎没有原创故事的痕迹了，居然会有相同的。我和学生都没透露过，所以事实证明这绝对是别的学校的老师在第一次听我们的学生讲述时录下来的，他们觉得故事很不错，就当作了自己的备赛故事，第二年被用在了赛场上，这个发现让我们也很有成就感。

骄傲的小孔雀
讲述者：齐迪

11. 狼和小羊（小中班团结版）

小眼睛看老师，小耳朵听故事，小嘴巴不说话。老师的故事开始了，故事的名字是《狼和小羊》。

有一天，一只小羊正在河边高兴地喝水呢，（说童谣）"青草飘香香，天气好晴朗，河水甜又甜，心情无限好。"（指着背景图片大方讲述）你们看他多高兴啊，可他不知道啊，一只老狼正在一步一步地向他靠近呢（表演大灰狼）："这河里的水是我的，你为什么要喝我的水？"小羊吓了一跳，害怕地说："这河里的水是从山上流下来的，大家都可以喝，你为什么说是你的水！""我说是我的就是我的，你既然喝了我的水，那么今天晚上我就要吃掉你。"说完，老狼就大摇大摆地就走掉了。

小朋友们，你们是不是非常的害怕啊？小羊和你们一样，回到家里就害怕得伤心难过起来，"呜呜呜，我该怎么办啊？"小朋友们，你们说小羊会被大灰狼吃掉吗？但不用担心，不用担心，听到小羊伤心的哭声啊，森林里玩耍的小动物们都来了。

小狗："汪汪，小羊小羊你怎么了？"

小羊说："呜呜呜，老狼说今天要来吃掉我。"

小狗："汪汪，不用怕我们来帮助你。"

小猫："喵……对啊对啊。"

大象："啊……对啊对啊。"

小朋友们，这下小羊可有救了。等到天黑的时候大家都来了，小花猫躲在了火炉边，小黄狗躲在了门后面，小羊躲在了房子后面，大象躲在了树的旁边，你们听（这时候背景音乐正到紧张的瞬间）："啪啪啪"，小朋友们你们猜谁来了，对了，老狼来了。（语气紧张些）他使劲推开门发现屋子里黑洞洞的什么都看不见，就想去火炉边点把火，只见小猫跳起来就是一爪子，老狼吓得转身就跑，小黄狗跳起来就是一口，咬得老狼嗷嗷地叫，这时勇敢的小羊站出来用它尖尖的角使劲一顶，把老狼顶到了地上，老狼被小猫挠了一爪子，又被小狗咬了一口，又被小羊顶到了地上，站也站不起来了，这时大象用它长长的鼻子一甩，把老狼甩到了很远很远的河里，老狼被淹死了，再也不能来吃小羊了。

好了，小朋友们，故事到这里就结束了。你们看，大灰狼想干坏事，最后就得到了惩罚！

12. 狼和小羊（大班寓言版）

小朋友们，今天老师带来的故事中有一只小羊，今天她遇到了一只大灰狼，会发生什么故事呢？那小眼睛看老师小耳朵听故事，老师的故事马上开始了。

有一天，天气特别好，一只小羊正蹲在河边喝着甜甜的溪水呢，"太阳光金亮亮，小羊出来了，天气真晴朗，河水甜又香。"（《劳动最光荣》改编）小羊心里可高兴了，可他不知道一只老狼，正在一步步地向他靠近呢！"这河里的水是我的，你把我的水弄脏了，我可怎么喝？"小羊吃了一惊，着急地解释说："这河里的水是从山上流下来的，大家都可以喝，我没有弄脏你的水呀。"老狼一听更加气冲冲地说道："就算这样吧，你总是个坏家伙，我听说你去年还在背地里说我坏话呢，是不是？"小羊更加着急了，"咩咩，不不不，我亲爱的狼先生，那是不可能的事呀，因为去年我还没有出生呢。"老狼才不管呢，"算了算了，都是你的错，反正都一样，说我坏话的不是你，就是你的爸爸。"说完，老狼就一口把小山羊给吃掉了，小山羊的生命就这样没有了。

小朋友们，你们看呀，坏人总是要找许多借口来伤害我们，那我们遇到坏人该怎样做呢？

解析： 这个故事有两个版本，第一个版本讲的是简单的团结的道理，主要在小班、中班讲述。而第二个版本的道理就比较深奥，是个寓言故事，讲的道理是碰到坏人是没有道理可讲的，要善于保护自己。这个道理就有些绕了，所以适合在大班和学前班讲述。道理简单的故事篇幅却很长，当时为了让学生们精简故事节约时间，这样评委听着不疲惫，我们根据再创作的基本原则，在不影响故事的主题、框架、角色性格的前提下，我们把中间帮助小羊的小动物们简化了，省略了几个小动物，而且在技能大赛讲述时，我们配了背景音乐，也配了背景图，这样更形象、直观。

狼和小羊
讲述者：秦宇

狼和小羊
讲述者：杨雪（1）

狼和小羊
讲述者：杨雪（2）

13. 卖火柴的小女孩

"卖火柴，卖火柴，卖火柴，卖火柴。"（带着风雪声的背景音乐入场，表演状态）小朋友们，今天老师带来的故事就是《卖火柴的小女孩》（指示手势显示自己打扮的是这个形象）。在她身上会发生什么样的故事呢？那就跟着老师一起去看看吧。

夜幕渐渐降临了，天正在下雪，这是一年的最后一夜——除夕，小女孩光着脚走在冰冷的雪地上。（与幼儿互动）小朋友们，你们看，你们的脚上都穿着漂亮的鞋子，而小女孩呢，她只穿了一双拖鞋啊，那么大，一向是她妈妈穿的，可就这一双拖鞋，当富人的马车路过的时候都给跑丢了，现在啊小女孩只得光着脚走在冰冷的雪地上，一双小脚丫冻得又红又肿，（伴随背景音乐悲惨地唱）"我想回家，我想回家。"（情绪起来，痛心状）可是她哪还敢回家呀！她的爸爸一定会打她的，她的妈妈也会训斥她的。

她只能无奈地蹲在墙角把自己缩成一团，突然她想到围兜里还有一些火柴，就拿出一根在墙上使劲一擦。火柴点燃了，这根火柴就像一根小小的蜡烛，小女孩感觉自己坐在一个火炉旁，身上暖暖的，可她刚想走近火炉，咦！火炉不见了，她又接着点燃了第二根火柴，这根火柴发出了明亮的光芒，她看到那边的窗户变得透明了，透过窗户还看到美味的烤鹅呢，更神奇的是啊，这只烤鹅居然变活了，她的背上插着刀叉蹒跚地走向小女孩，可是突然火柴又熄灭了，她什么也没有了。（与幼儿互动，引起共鸣）小朋友们，你们说小女孩是不是非常的可怜啊？她只是想吃上一口美味的烤鹅啊，可是她什么也没有了。她又接着点燃了第三根、第四根，直到第七根的时候，她的奶奶出现了（眼中欣喜可怜），小女孩高兴地叫了起来（声音既急切又楚楚可怜）："奶奶，奶奶，快把我带走吧，我不想在这里受苦了。"奶奶什么也没有说，只是慈祥地把小女孩抱在了怀里。

第二天清晨，天气和除夕夜一样的冷，小女孩一动不动地蹲在墙角里，她已经死了，在新年即将来临的除夕夜冻死了（痛心的控诉语气），（转为悲伤）小女孩就这样离开了这个世界。小朋友们，你们说我们和小女孩相比是不是很幸福呀？我们有爸爸妈妈疼爱，还有好多好吃的，穿的也很暖和，所以我们一定要珍惜现在的生活呀！

解析：这个故事在我校学前教育专业技能大赛参赛培训中运用了多次，而且在众多清新活泼、激烈惊险的主题风格中，突然换一下口味，变成悲伤感人的风格，绝对会让评委眼前一亮。但这个故事又是很难驾驭的，悲伤感人的文本对重音和基调的把握要求很高。而且学生们对悲伤的作品，容易从头到尾都是低沉的语气，顿挫和重音把握得不好，就不会触及听众感动和共鸣的那根弦，所以在指导上难度还是很大的。这个版本的故事的亮点也是很多的，比如我们后来在导入语开始部分的背景音乐中加入了风的声音，让小女孩的惨烈雪上加霜，环境氛围更浓烈，而且在上半部分我们还加入一句歌词，用歌声表述小女孩的可怜，讲故事过程中我们加入两次互动语言："小朋友们，你们看，你们的脚上都穿着漂亮的鞋子，而小女孩呢，她只穿了一双拖鞋啊，那么大，一向是她妈妈穿的。""小朋友们，你们说，小女孩是不是非常的可怜啊？她只是想吃上一口美味的烤鹅啊，可是她什么也没有。"这样的语言让幼儿们更同情小女孩，更容易引起共鸣。在道具的使用上，我们觉得悲伤的故事，画面感很重要，所以我们的背景图片用得很多，把故事的几个场景表现出来了。但有一次幼儿园一线园长评委提出了一个意见，那就是有了背景图后，讲故事的学生表演性就要少一些，多些指引手势，教态就能更平稳，我们也是朝着这个方向改进的。但讲故事真正的效果还是要从感情的真挚和语气、重音的运用上下功夫。

卖火柴的小女孩
讲述者：周虹

卖火柴的小女孩
讲述者：张丽君

卖火柴的小女孩（片段）
讲述者：庞晓晴

卖火柴的小女孩
讲述者：王悦（1）

卖火柴的小女孩
讲述者：王悦（2）

卖火柴的小女孩
讲述者：郑苗苗

14. 没有牙齿的大老虎

"哎呦，哎呦，我堂堂百兽之王，牙齿竟然掉光了。我以后吃东西可怎么办呀？"小朋友们森林里威风凛凛的大老虎为什么没有牙了呀？你们想知道吗？那我们就一起来听《没有牙齿的大老虎》这个故事吧。

最开始，森林里的小动物们跟我们一样，都认为老虎的牙齿锋利无比，小猴子跳出来说："我知道，我知道，老虎的牙齿可厉害啦，这么粗的树，他用牙一口就咬断啦。"小兔子也说："是啊是啊，老虎吃起铁链来就跟吃面条一样哧溜哧溜的，啊，想想就害怕。"可这时候小狐狸不服气地说："就你们这群小东西怕大老虎的牙齿，我可不怕，我还能把他的牙齿全拔掉呢！"

小动物们都不相信，小朋友们，你们相信吗？老师也有些不信，但小狐狸才

附录一 技能大赛故事再创作案例（文本、视频）

不管呢，她早就大摇大摆地走了。小朋友们，你们快来看看这只小狐狸吧，她还真的去找大老虎了！"咚咚咚！啊，亲爱的虎大哥，在家吗？我是你的狐狸妹妹啊，你出来看看我给你带来了世界上最好吃东西——糖果。"大老虎走出来一瞧："咦，这是什么东西？"大老虎从来没有吃过糖，于是他就拿了一粒放进了嘴里，"哈哈哈哈，好吃极了，好吃极了！"从此以后小狐狸每天都给大老虎送糖吃，这下可把老虎给高兴坏了："我就是森林之王，我爱吃糖不愿刷牙，我不愿刷牙就不刷牙不刷牙不刷牙！"（《小苹果》的歌曲和舞蹈）小朋友们，你们想一想，大老虎光吃糖不刷牙，会怎么样呢？

大老虎美了一段时间之后，终于有一天牙疼了起来，"哎呦哎呦，我的牙啊，疼死我啦。"大老虎就去找马大夫，马大夫一听是大老虎吓得连门都不敢开，大老虎又去找牛大夫，牛大夫一听是大老虎连忙说："哞，你快走吧，我是不会给你开门滴（的）。"（泊头方言搞笑）大老虎的牙越来越疼，越来越疼，这时候小狐狸穿着白大褂走了出来，"啊，虎大哥让我来帮你看病吧。""好好好，只要牙不疼就行！"就这样，小狐狸把大老虎嘴里的牙一颗一颗全给拔掉了，以前在大森林里威风凛凛的大老虎，现在呀却成了一只瘪嘴的大老虎了，就这样他还不忘谢谢狐狸："狐狸妹妹，你真好，你真好，你真好！不光给我糖吃还帮我拔牙呢，谢谢，谢谢！"（用嘴包着牙说话）

好了，小朋友们，老师的故事讲到这里就结束了。你们以后吃糖一定要记住刷牙，否则你们就会成为一个没有牙齿的小朋友啦！

解析：这个故事在幼儿园教育活动中讲得比较多，又名《老虎拔牙》，故事的主题和道理也适用于幼儿，既能表现小动物们的不同个性，又能告诉幼儿少吃糖、常刷牙的道理。这个故事稿也曾经被小学生使用去参加学校讲故事比赛，当时老师们就对这个与众不同的故事稿赞叹有加。那这个故事的再创作稿的特色在哪呢？首先是导入语、提问语和结束语的添加。导入语就是以老虎没有了牙齿的失落感入场，引起悬念：一只威风凛凛的大老虎怎么没牙了呢？引发幼儿的好奇心。而且提问语也能让故事的情节更顺畅，能时时地把幼儿带入故事中，又能起到启发和引导的作用，一举三得。结束语，直接点题总结，以幼儿自己的参与感来结束，提醒小朋友们如果吃糖不刷牙，也会像大老虎一样变成没有牙齿的小朋友，让幼儿听后直观和深切地体会到这个故事的道理。第二个亮点是为了表现大老虎吃到糖后的高兴劲儿和不听劝不刷牙的得意状态，学生增加了自己编写的一句《小苹果》歌曲旋律的歌词："我就是森林之王，我爱吃糖不愿刷牙，我不愿刷牙就不刷牙不刷牙不刷牙"，唱出来后，把老虎的可笑和丑态表现得栩栩如生，而且这种节奏感会逗得听众哈哈大笑，如果是评委听，绝对会增加印象分、新颖分。当然故事词的效果还需要用声音和肢体表现出来，这就要记住一定要区分狐狸和老虎的声音：一个尖尖的、猾猾的，一个粗粗的、憨憨的。还要记住老师叙述语言的讲述一定要稳和柔，娓娓道来，理清故事的来龙去脉。还要提的是这个故事在作为技能大赛备赛故事时，我们在再创作的环节把老虎的朋友狮子劝说老虎刷牙的情节去掉了，因为比赛时间要求是五分钟以内，而且每次评委都听不完故事就喊停，这么多选手这么多故事，评委会有疲惫感，一个故事其实三分钟或四分钟以内最合适，我们为了篇幅精练就把最不重要的角色狮子省略了，就用一句《小苹果》歌词来表现老虎不听劝不刷牙的状态，这样恰到好处。

没有牙齿的大老虎
讲述者：李梦鸽

没有牙齿的大老虎
讲述者：刘爽

15. 美丽的巫婆

"沙罗罗，沙罗罗，我来了！"小朋友们，你们看老师穿的像谁呀？（老师穿着披风入场）对了，就是巫婆，可是今天啊，老师给大家带来的却是一位美丽的巫婆。（戴着小皇冠，穿着小裙子）

从前在一座城堡里，住着一位国王，他呀两个孩子，姐姐蒙蒂和妹妹蒙娜，和我们一样的乖巧可爱，他们一起过着幸福的生活。可是这个国家啊有一个可怕的规定，每位国王最小的孩子满十岁的时候，他的所有孩子就要去接受巫婆的测试，如果哪个孩子测试不过关，他就要当巫婆一辈子的奴隶！而这一天正好是蒙娜十岁的生日，突然一阵黑风刮过，蒙蒂和蒙娜不见了。当她们睁开矇眬的睡眼时，眼前是一座黑色的房子，上面写着"巫婆之家"。"这，这，是哪里呀？"小朋友们，你们说接下来会发生什么？对，巫婆出现了。"嘿，亲爱的宝贝们，你们要是过不了我老巫婆今天的测试，可是要在'巫婆之家'当一辈子的奴隶啊！"这个老巫婆长得十分的丑陋，（语速逐渐加快，制造点紧张气氛）她穿着黑色的大长袍，正一步一步地向她们走来，突然她变出一根魔棒，对她们下了咒语。她向姐姐蒙蒂问道："沙罗罗，沙罗罗，蒙蒂你相信我是好人吗？"蒙蒂害怕得大哭起来，"你走，你走，你是坏人，我不相信你。"还没等蒙蒂说完她就消失了。这时巫婆狰狞的面孔里竟然闪过了一丝失望，于是她又来到蒙娜身边，"沙罗罗，蒙娜你相信我是好人吗？"这次蒙娜并没有害怕，她看到了老巫婆可怜的眼神，只是静静地说："是的，婆婆，我相信您是好人！"

蒙娜刚说完，老巫婆居然变成了一位漂亮无比小姑娘，她有着大大的眼睛，白白的皮肤，小蒙娜都看呆了。小女孩激动地抱着蒙娜说（会唱歌的可以把这段编成唱的调子，跳着舞蹈，表现巫婆变成漂亮小姑娘后的喜悦和高兴）："谢谢你，谢谢你对我的信任，我的名字叫信童，因为历代巫婆的诅咒，我才变成这个样子，只有碰到信任我的人，我才能变回原来的样子！"小蒙娜这才明白过来，"哦，原来是这样啊。我真希望我的姐姐也可以找到帮助她的人，这样她就不用给巫婆当一辈子的奴隶了。"

故事讲到这里就结束了，小朋友们，你们说信任是不是世界上最美好的一件事呢？

解析：这个故事是经典的短篇童话故事，虽然相比《睡美人》《白雪公主》《灰姑娘》等童话故事篇幅短一些。这样的传统经典故事确实不适合参加比赛，内容很丰富，但时间太有限，无法充实地传达，当时学生找到这个故事是被其中巫婆的形象特点和故事情节的新颖独特吸引，无法舍弃，所以我们充分发挥了一下再创作的能力，在不违背故事道理、小角色性格和大致框架的原则下，我们把一些作用不大的情节省略，将一些经典的对话，对角色性格的塑造细节和有重要作用的细节描写加以保留，才有了这个比赛故事。讲故事过程中，学生们在塑造巫婆时的口技声成为一大亮点。第一届使用这个故事的学生声音条件很突出，音色很好听，在模拟巫婆的角色声音时，确实让人印象深刻，而且在讲到惊险的情节时，感情语气能够自然地变化，让这个故事非常引人入胜。后来有的学生声音条件不突出了，我们培训时就用道具和背景音乐来弥补，当然感情语气也要到位。我们用的道具也很新颖独特，不是大家了解的手偶，而是使用的指偶，这种道具比赛时使用得很少，几乎没有，但它又是幼儿园小朋友们比较喜欢的小玩具，我们实验了一届，效果确实很不错。而且每届都配有魔棒的道具，当讲述到巫婆"她穿着黑色的大长袍，正一步一步地向她们走来"的时候，突然拿出道具，确实能给人惊险的感觉。

美丽的巫婆
讲述者：李昕泽

美丽的巫婆
讲述者：毕艳晓

16. 青蛙卖泥塘

"白白肚皮大眼睛，捉起害虫顶呱呱，人称绿衣小英雄，它的叫声呱呱呱。"嗨！小朋友们，你们猜这是什么小动物呀？对了，是青蛙。

有一只青蛙最开始住在一个脏兮兮的泥塘里，他觉得这儿不怎么样，想把泥塘卖掉，换几个钱搬到城里去住。于是青蛙在泥塘边竖起一块牌子，写上：卖泥塘！小朋友们，你们听，青蛙卖力地吆喝上了："卖泥塘，卖泥塘！这里的泥塘大又宽，泥塘，泥塘，卖泥塘！"（卖汤圆的调子），青蛙刚吆喝完，从远方就飞来了一只野鸭子，她想在这安家落户，要找一个舒舒服服的地方居住，她听到青蛙的吆喝声，就来到泥塘边瞅了瞅，这一瞅可把她气得大叫起来："嘎嘎嘎嘎！这个泥塘是什么烂地方呀，连点水都没有，啊啊，渴死我啦，渴死我啦，我才不买呢。"青蛙听了之后便引来了些水到泥塘中。过了几天他又开始吆喝起来："卖泥塘，卖泥塘，卖泥塘呀！卖泥塘！"（卖大米的搞笑调），这时走来了一头老黄牛瞅了瞅泥塘说："这个泥塘嘛在里面打个滚儿倒是很舒服的，不过周围要是有些草就更好喽！"于是，青蛙又采了些草籽种上，等到了来年春天长出了绿茵茵的小草地，他又开始吆喝起来了。小鸟飞过来说："咕咕咕，咕咕咕，这里缺棵树。"蝴蝶飞过来说："这里缺朵花。"小白兔一蹦一跳地说："要是开条路就更好了。"青蛙想："对呀，要是那样泥塘一准能卖出去。"于是他便栽了花，种了树，修了路。这天他又开始吆喝起来："卖泥塘，卖泥塘，呱呱，在这里你可以看蝴蝶飞舞，听小鸟唱歌，还可以在水里游泳，或者躺在草地上晒太阳呢！"说到这儿，青蛙突然愣住了，他想：这么美丽的地方为什么要卖掉呢？

好了，小朋友们，你们说，青蛙最后卖掉这个美丽的泥塘了吗？

解析：这个故事比较短小，但道理却很深刻，也是比赛时很不错的故事选择。其中一个亮点是对吆喝声的塑造，最开始想着吆喝声不等于唱歌，所以让我想起了电视上一些经典的吆喝声，比如卖汤圆的声音，成为我们这代人的经典回忆，所以我为学生加上了这个卖汤圆的调子，但好几次学生都唱得有些跑调，这个费了一些力气。有一届技能大赛我为学生调整了思路，主要以教师教态的形象展示作为亮点，那就是把青蛙每次听到别人的意见后引水、种树、修路等环节用道具的形式直观表现，如果在幼儿园环节，会很有教育效果。我曾经也在幼儿园实践环节给小班的幼儿讲过这个故事，备赛的元素确实能很好地吸引幼儿，但在导入部分的谜语环节有些问题，最早的谜语就两句："白白肚皮大眼睛，捉起害虫顶呱呱"，但幼儿不容易猜到，这种特征不明显，好多幼儿猜的是螳螂，所以我及时调整加了一句："叫起来，呱呱呱"，小朋友们立即就能猜到青蛙。所以现在技能大赛的备赛稿上我做了调整，又加了一句"人称绿衣小英雄"，让这个谜语更合理也更符合幼儿的理解力。

青蛙卖泥塘
讲述者：周颖

青蛙卖泥塘
讲述者：陈宇

17. 小动物开会

（敲锣入场）"开会了，开会了，开会了，森林里要选新大王了。快点，快点，和小猴子我一起去参加吧!"小朋友们，今天老师变成了一只小猴子带领大家去看看森林里到底发生什么事了。

原来是森林大王老虎生病了，他决定通过竞选来选出新大王，正在让小猴子通知大家呢，于是小动物们便争先恐后地冲到了老虎的家里各自展示自己的特长，都想让大家投自己一票。

大象拍拍身上的灰，得意洋洋地走到台上说："我有长长的鼻子，可以吸水，我有大大的耳朵，可以驱赶蚊蝇，大家一定要支持我!"小老鼠不服气，大声嚷嚷："吱吱吱，大象，别以为你鼻子长，我们就拿你没办法，我还可以钻进你的鼻子里，咬死你，咬死你!"说完，小老鼠三下两下地钻进了大象的鼻子里，大象疼得跑了出去，不停地甩鼻子，费了好大的力气才把小老鼠甩了出去。就在这时呀，一只小狐狸走了过来："（唱歌的调子）我是一只小狐狸，美丽的小狐狸，今天竞选新大王，我最有自信！（改说的语气）我是小狐狸，我有一身火红的毛，我很聪明，我一定会把森林王国治理好，大家一定要投我票！投我……"没等狐狸说完，一个细小的声音慢慢地说："我可以试试吗？"大家顺着声音看过去，原来是小蚂蚁，大家温和地说："当然可以。"小蚂蚁艰难地爬到了话筒上，大声说："我是小蚂蚁，人们称我们为森林大力士，我们蚂蚁团结一致，从不吵架，如果我当上了森林大王，我一定会让森林王国欣欣向荣的。"

最后每个选手都讲完了，大家就开始投票了，小朋友们，如果是你，你会选谁呀？为什么呢？故事里的小动物们有的选大象，有的选狐狸，每个人的票数都很高，最后结果终于出来了，猴子大声宣布："经过重重选拔，新的森林大王是——善良团结的小蚂蚁!"在小蚂蚁的治理下，森林王国果然欣欣向荣。

好了，今天森林王国的故事讲完了。小朋友们，你们说，小蚂蚁为什么会被选上呢？

解析：这个故事只被一届学生选用，当时的亮点是开头的导入语部分，以学生敲着锣入场，以小猴子召集大家开会作为故事的开始，让幼儿跟着小猴子去看看发生了什么事，开场就很有氛围也很新颖。后来大家选用较少，原因可能是里边角色比较多，对话很多，老师的教态稳不住，所以看似简单实则不容易驾驭。这个故事情节很简单，道理也很浅显，适合给低年龄段的孩子讲。

小动物开会
讲述者：邢倩

18. 雪孩子

"雪绒花，雪绒花，每天清晨欢迎我。"小朋友们，你们快看外面下雪啦，（可以唱《雪绒花》入场，也可以唱着《铃儿响叮当》入场："叮叮当，叮叮当，铃儿响叮当，我们滑雪多快乐，我们坐在雪橇上。"）兔妈妈呀今天要出远门，可是她怕小白兔一个人在家太孤单了，于是就给他堆了个小雪人。

小朋友们，下雪天你们也堆过雪人吧？你们看这个小雪人还缺什么啊？对了，他还缺两个圆溜溜的小眼睛，兔妈妈正好从厨房里拿来两颗小黑豆，用它们来做小雪人的眼睛不是正好嘛，（把黑豆给雪人安上）你们看他还缺什么啊？对了，还缺一个小鼻子。小白兔啊调皮地从厨房里拿了一小块胡萝卜安在了小雪人的鼻子上，就这样一个漂亮又可爱的小雪人就出来了，兔妈妈就放心地出门去了。

兔妈妈一走啊，小白兔和雪孩子就高兴坏了，你们听他们唱起了歌，跳起了舞（歌曲《七色光》的调："我有一个可爱的朋友，名字叫雪孩子。"也可以是新年好的曲调："雪人你好，雪人你好，今天我们来玩耍。我们唱歌，我们跳舞，今天我们多欢乐。"）就这样，他们玩了很久很久，小白兔玩累了，雪孩子就让小白兔回屋里休息，小白兔添了柴把火烧得旺旺的，屋子里暖暖的，不一会儿小白兔就睡着了，雪孩子就静静地趴在窗口看着小白兔。

（气氛紧张）可就在这时，炉子里的火越烧越旺，越烧越旺，一不小心把旁边的柴堆给引着了，雪孩子见了着急地大喊："不好啦，不好啦，小白兔家里着火了。"可是小动物们都离得太远了根本就赶不过来，雪孩子就奋不顾身冲进了屋子里，他在大火的一角找到了小白兔，可是他去哪找水啊，雪孩子就用自己的身体扑向了火堆（缓缓起身），火熄灭了，小白兔也得救了，可是雪孩子却融化了。不，雪孩子他还在，你们快看，他化成了一团水汽，飞呀飞呀，飞到了天空变成了一朵洁白美丽的云。

小朋友们，故事结束了，你们是不是也很喜欢雪孩子呀？那让我们也一起去堆雪人吧！

解析：这个故事和《卖火柴的小女孩》一样很感人，从故事风格上看，在众多的参赛故事中也算是很新颖的。为了怕学生讲得太柔和，又没有惊险的引人入胜的故事情节，所以我们把这个故事设置成教态的形象教学讲述，把其中堆雪人的场景设置成互动的参与场景，就是用一个自制的雪人道具，让小朋友们跟着老师的指引一起把这个雪人完成，就是贴好眼睛、鼻子等。当时学前教育的几位同事都很喜欢这种讲故事状态，这种作为老师的身份一点点地引导、互动、讲述，可以让讲故事的学生更平稳，速度不会紧张地加快，便于故事的娓娓道来，而且道具的充分使用，使故事更加形象、直观。当然这些设置并不能掩盖故事的生动起伏，当讲完温馨的互动情节，到了小白兔的房子着火时，讲故事者也一定要通过声音语气把这种紧张和危险讲述出来，所以这个故事的感人情愫必须通过重音和顿挫，还有真挚的情感投入地讲述，相对于清新活泼和惊险的小故事还是很有难度的。

雪孩子
讲述者：刘绪

19. 聪明的小乌龟

"锥子尾橄榄头，最爱头往壳里收，走起路来慢悠悠，有谁比他更长寿？"小朋友们，这是什么小动物啊？对了，就是小乌龟。今天老师给大家带来了一个新故事，故事的名字叫作《聪明的小乌龟》。但最先上场的不是乌龟，你看是谁？（狐狸动作，伴随着音乐）

一只狐狸，已经好几天都没吃东西了，肚子饿得咕噜咕噜地叫。就在这个时候，他看到一只青蛙正在捉害虫。于是，这只臭狐狸想了一个馊主意，他想："啊哈哈，要是捉只青蛙来填填我的肚子就太好啦。"小朋友们，你们说这只青蛙会不会成为狐狸的点心呀？不用担心，不用担心。就在这个时候呀，小青蛙的好朋友小乌龟刚好路过这里，他趁狐狸不注意便一口咬住了狐狸的尾巴，狐狸大叫起来："啊，啊，谁咬我的尾巴啦？疼死我啦，疼死我啦。"乌龟没有说话，乌龟张口说话不就等于放了狐狸了吗？狐狸转过身来张口就去咬乌龟，聪明的小乌龟呀，便把头和四条腿藏到了自己的硬壳里，乌龟说："哦，你咬不到我，咬不到我，哦，气死你，气死你。"狐狸气坏了："乌龟，乌龟，我要把你扔到那天上去，那样就能摔死你。"乌龟高兴地说："哦，我还真想去那天上找小鸟姐姐玩一玩呢，这回飞机票都省了。"狐狸说："美死你，美死你。我要把你扔到那河里去。"乌龟听到这就哭了起来，说："求求你，求求你，不要把我扔到那河里去，我会淹死的。"小朋友们，乌龟是真的害怕水吗？对，不怕水，他是故意的。狐狸这回没有听乌龟的话，便捡起乌龟壳，扔到了河里。聪明的小乌龟便伸出自己的四条腿，他游啊游，游到了自己的小伙伴小青蛙的身后，这下可把狐狸气坏了，他脱掉自己的衣服也跳了下去，最后淹死了。

好了，小朋友，故事结束了。你们看这只小乌龟通过自己的聪明，既帮助了朋友又救了自己，我们也要向他学习呦！

解析： 这个故事也很经典，其中小乌龟的可爱和聪明、狐狸的奸猾很形象，故事的情节也很有趣。而且再创作的导入、提问和结束语都精心设计了一下，比如导入的谜语运用，其中一个提问语也很必要："那小朋友们，乌龟是真的害怕水吗？对，不怕水，他是故意的。"因为乌龟一直表现得很害怕狐狸，而实际上乌龟是故意的，是在欺骗狐狸，在想办法逃脱，在这里怕学生年龄段低，理解不了，所以有必要通过这个提问语进行引导和启发，其实不要以为提示语就这么一句话，很简单，但真正讲故事时，这样简单的一句就是理解故事的钥匙。如果讲故事者自己无法理解这个提问语，也就不能很自然地运用。记得在一次技能大赛备赛时，我帮学生加入这个提问语，结果学生自己没理解，在再次讲述时，这块成了卡壳"滑铁卢"了。这个故事的亮点还有对乌龟把头一缩躲过狐狸攻击的态势语的设置，当时想到幼教学生舞蹈应该都不错，所以就想到把印度舞中移颈摆脖子动作运用进来，这么一扭，正好和一缩对应，而且也有了美感和专业含金量。另一个让人印象深刻的是对乌龟语言的再创作："哦，我还真想去那天上找小鸟姐姐玩一玩呢，这回飞机票都省了。"后边的小鸟姐姐和飞机票的细节是学生自己加的，用乌龟的粗粗憨憨的声音，配着故意的自信感觉，加上这样的词，让听众感觉很有趣、很好玩。

聪明的小乌龟
讲述者：赵美娟

聪明的小乌龟
讲述者：王亚楠

聪明的小乌龟
讲述者：周炳旭

聪明的小乌龟
讲述者：陈阳

聪明的小乌龟
讲述者：陈彦

20. 不听劝告的小公鸡

"小公鸡，喔喔叫，外面的世界真美好。"小朋友们，今天老师给大家讲的故事是《不听劝告的小公鸡》。

附录一　技能大赛故事再创作案例（文本、视频）

　　有一天，小公鸡穿上自己最喜欢的衣服，到小河边散步。他走着走着，突然听见了愉快的笑声。（鸭子叫：嘎嘎嘎，嘎嘎嘎）小朋友们，听听是谁呀？只见小鸭子在水里游泳呢，玩得可开心了，还不时地抓着鱼呢！小公鸡连忙说："小鸭哥哥，小鸭哥哥，我也想下水玩一玩。"小鸭连忙说："别别，你可千万别下来，你是不会游泳的。"小公鸡听了非常的生气，以为小鸭不想和它玩，嘲笑它不会游泳。于是它就找了一条没有人的小河，心想："哼！臭鸭子，说我不会游泳，我就要游给你看看。"小朋友们，你们觉得小公鸡会游泳吗？小公鸡"扑通"一声跳了下去，马上就沉入了水中。他痛苦地喊着："救命啊！救命啊！快来救救我。"但是附近根本就没有人。这只小公鸡就这样淹死了。

　　这个故事告诉我们要学会听从别人的劝告，千万不要去尝试危险的活动。小朋友们，如果别人劝告你不要去做危险的事情，你会怎么做呢？

　　解析：这个故事是在河北省幼师技能大赛临场讲故事的形式下，才搜罗的小故事，当时学生们再创作得还不错，开头有个小鸭子的儿歌，而且用了小动物的口技声。提问语的运用也很到位，也很有层次感，比如："（鸭子叫：嘎嘎嘎，嘎嘎嘎）小朋友们，听听是谁呀？""小朋友们，你们觉得小公鸡会游泳吗？""小朋友们，如果别人劝告你不要去做危险的事情，你会怎么做呢？"第一个是简单的一般性提问；第二个就是知识性的提问，这个需要根据生活阅历和平时的了解学习获得，需要思考一下，问题难度就变大了；第三个就是运用性的问题，需要理解故事的基础上，再引到自己身上换位思考一下，自己会怎么做，这是更高层次的提问。这样，幼儿在听故事过程中既能容易地理解故事，又能在故事中受到启发。

不听劝告的小公鸡
讲述者：王晓璇

21. 以大欺小的狗熊

"我是狗熊，我是狗熊，吼吼吼吼。我最大呀我最大，吼吼吼吼。"（洗澡歌）小朋友们，今天老师给你们带来了一个关于大狗熊的故事，故事的名字叫作《以大欺小的狗熊》！

森林里住着一只狗熊，他常常欺负小动物。清早，狗熊一出门，看见小鸭子在河里游泳，就悄悄地躲到树背后，悄悄地捡起一块石头向小鸭子扔了过去，小鸭子吓得赶紧躲到芦苇丛里。狗熊说："哈哈哈哈，胆小鬼！"小鸭子说："狗熊最坏！"狗熊继续往前走，看见小刺猬，便拦住他，叫他背着苹果走路。可是小刺猬刚干完活儿回来已经很累了，小朋友们，你们说他还愿意背这着苹果走路吗？对，他不愿意，但是小刺猬害怕狗熊，只得乖乖地背着苹果走路。狗熊还不停地说："哈哈哈哈，不中用的小家伙！"小刺猬说："狗熊尽欺负人！"狗熊才不管呢，继续往前走，看见小猴子，跑过去夺下小猴头上的草帽戴在自己头上，狗熊还得意地说："哈哈哈哈，抢不到抢不到！"小猴子着急地说："狗熊哥哥，把草帽还给我吧，狗熊哥哥，把草帽还给我吧。"狗熊才不听呢："你有本事自己来拿呀！"这时长颈鹿来了，他看不惯狗熊的做法，便低下头去，咬住狗熊头上的帽子还给了小猴子，狗熊生气地说："你、你、你多管闲事！"长颈鹿不说话，咬住狗熊，把他举得高高的，狗熊吓坏了，说："放开我，放开我！"长颈鹿放下狗熊，说："下次不许以大欺小！"狗熊害怕地说："我知道，我知道了！"从此以后，狗熊再也不做以大欺小了的事了，森林里的小家伙们都愿意和他交朋友了。

小朋友们，这个故事告诉我们什么道理呢？这个世界上有很多比你还要厉害的人，我们一定不要仗着自己的强大来欺负比我们弱小的人！

解析：这个故事是在幼儿园教师资格证面试题库中找到的，只是在面试中是以讲课的形式考查，和讲故事环节也是很相似的。其中导入语以狗熊身份唱歌入场，中间一句提问语："可是小刺猬刚干完活儿回来已经很累了，小朋友们，你们说他还愿意背这着苹果走路吗？"引导幼儿明确狗熊做得不对，也能引起幼儿对弱者的同情，产生共鸣。结束语直接问讲故事的目的是什么道理，和小朋友们一起总结故事的道理，教学目的和效果十分明显。

22. 城市老鼠和乡村老鼠

"眼睛圆溜溜，贼头又贼脑。一头钻进洞，小猫叫不出。"小朋友们这是什么动物？（对了，是小老鼠）

从前，有两只老鼠，他们是好朋友。一只老鼠住在乡下，而另外一只居住在城里。

附录一　技能大赛故事再创作案例（文本、视频）

几年过去了，乡下老鼠遇见城里老鼠，他说：（变声）"鼠大哥，鼠大哥你必须要来我乡下的家里看一下。"

于是，城里老鼠去了乡下老鼠的家里。乡下老鼠把所有的最精美的食物都找出来给城里老鼠吃。城里老鼠却说：（变声）"这东西不好吃，你的家也不好，你为何要住在这里？你应该到我城里的家看看。"

过了几天，乡下老鼠就到城里老鼠的家去了。推开门时，乡下老鼠惊呆了，（变声）"哇，看看这房子，这么漂亮，看看这好吃的东西，（闻闻）真香啊！"可是正当他们要开始吃的时候，听见很大的一阵响声，"喵，喵，喵"，小朋友们，这是什么动物来了啊？对了，跑来一只小花猫。他们飞快地跑开躲藏起来，过了一会儿没动静了，他们才敢出来。当他们出来时，乡下老鼠说：（变声）"我不喜欢住在城里，我还是喜欢住在乡下，因为这样虽然贫穷但是快乐自在，比起虽然富有却要过着提心吊胆的生活来说要好些。"

好了，小朋友们，故事到这里就结束了。你们看啊，虽然城市里很好，但是乡下老鼠一点都不喜欢呢，小朋友们，你们喜欢吗？（或者说："小朋友们，乡下老鼠和城市老鼠有着不一样的生活，你们喜欢哪一种呢？"）

解析：以老鼠的谜语开场，引发幼儿的好奇心，而且可以加入律动配合。中间当猫出场时，可以使用口技，增加悬念惊险的氛围，也可以唱一句歌词增加律动出场，这都是亮点。最后结尾一句："你们看啊，虽然城市里很好，但是乡下老鼠一点都不喜欢呢，小朋友们，你们喜欢吗？"或者说："朋友们，乡下老鼠和城市老鼠有着不一样的生活，你们喜欢哪一种呢？"这两种结束语都是运用性提问语结尾，让幼儿在理解故事的基础上换位思考，回答问题。

城市老鼠和乡村老鼠

讲述者：王晓璇

23. 美丽的大公鸡

"喔喔喔，喔喔喔"（公鸡打鸣口技），小朋友们，听啊这是谁在打鸣啊？对了，就是大公鸡，可老师今天带来的公鸡呀，他不打鸣，而是整天穿得漂漂亮亮地去比美呢！

公鸡以为自己很漂亮，整天得意洋洋地唱着："公鸡公鸡真美丽，大红冠子花外衣，油亮脖子金黄脚，要比漂亮我第一。"

有一天，公鸡吃得饱饱的，挺着胸脯唱着歌，来到一棵大树下。他看见一只啄木鸟，就说："长嘴巴的啄木鸟，咱们俩比一比，到底谁美。"啄木鸟冷冷地说（硬硬地变声）："对不起，老树长了虫子，我要给他治病。"公鸡听了，唱着歌，大摇大摆地走了。公鸡来到果园里，看见一只蜜蜂，就说："鼓眼睛的小蜜蜂，咱们俩比一比，到底谁美。"蜜蜂也没时间搭理她，对她冷冷地说："对不起，果树开花了，我要去采蜜。"公鸡听了，又唱着歌，大摇大摆地走了。公鸡来到一块稻田边，看见一只青蛙，就说："大肚皮的青蛙，咱们俩比一比，到底谁美。"青蛙冷冷地说："呱呱呱，对不起，稻田里有害虫，我要捉虫去。"公鸡见谁也不跟他比美，很生气。小朋友，你们说为什么小动物们都不和他比美呢？公鸡啊，也想知道，就问了黄牛伯伯。黄牛伯伯说："因为他们懂得，美不美不光看外表，得看能不能帮助人们做事。"公鸡听了很惭愧，再也不去跟谁比美了。他每天天不亮就喔喔喔地打鸣，一遍又一遍地催人们早起。

小朋友们，现在这只公鸡是不是更漂亮啦？

解析：这个故事是一篇小学语文课文，故事中大公鸡的形象很生动、有趣，而且对幼儿也有很好的教育作用。讲故事时，大公鸡的口技"喔喔喔"、青蛙的口技"呱呱呱"也是亮点，而且在模拟角色声音时，公鸡的尖细表现骄傲自大，啄木鸟的硬硬的、倔倔的声音也是根据物性特征——啄树的感觉进行合理的设置，牛伯伯当然还是用一贯的厚厚的、和蔼的声音来传达，这样通过角色声音模拟也能表现故事的生动形象。而且在故事中间增加师幼互动语："小朋友，你们说为什么小动物们都不和他比美呢？公鸡啊，也想知道，就问了黄牛伯伯。"这样既能启发幼儿，还能起到承上启下的作用。结束语也是经过精心设计的："小朋友们，现在这只公鸡是不是更漂亮啦？"这里一语双关，既能前后呼应，回归"漂亮"的重点，而且也暗含着大公鸡的内心变美了，这样才是真正的漂亮，更加深化了主题。

美丽的大公鸡
讲述者：张雨璇

美丽的大公鸡
讲述者：刘美含

美丽的大公鸡
讲述者：张玉婵

24. 龟兔赛跑

"我是一只小乌龟，今天要比赛，都说兔子跑得快，我来比比看。"

嗨！小朋友们，今天乌龟和兔子要比赛跑步，你们猜他们谁会获胜啊？哎，小动物们都以为小兔子会获胜，可是结果到底如何呢？下面我们一起来听《龟兔赛跑》的故事吧。

一天，小乌龟出门采花，半路碰到了小兔子，只听小兔子对小乌龟说道："乌龟乌龟，我们来比赛吧。"乌龟听了，没有搭理小兔子，小兔子见了便嘲笑道:"乌龟乌龟爬爬,一早出门采花;乌龟乌龟走走,傍晚还在家门口。"这次啊,小乌龟生气了:"你别神气,我们就来比赛,看看到底谁会赢。"就这样比赛开始了,他们请来山羊大叔做裁判,山羊大叔一声枪响后,小兔子冲出了起跑线,不一会儿就将乌龟落下好远,他回头一看,乌龟还在慢慢地爬,心想:这只乌龟真是不自量力,还敢和我比赛,一会儿输了看去哪儿哭。不一会儿,这只小兔子跑累了便靠在大树边睡起了大觉。哎,小朋友们你们猜小乌龟现在在干什么呢?小乌龟也已经很累了,但是他却不敢休息,还在一步一步地往前爬。终于,小乌龟爬到了终点,成为这场比赛的冠军。而这时小兔子也睡醒了,他想到自己还有比赛没有完成,便急忙跑到终点,可是一切都晚了。就这样,自大的小白兔输掉了这场比赛。

小朋友们,这两只小动物你们更喜欢谁呀?为什么呀?

解析:这个故事稿本身就很生动,其中一句兔子笑话乌龟的儿歌就很形象:"乌龟乌龟爬爬,一早出门采花;乌龟乌龟走走,傍晚还在家门口。"而且故事再创作时导入语的歌曲,开头的理解性提问,中间的一般性提问语,和结尾运用性提问,运用得都很到位,引导和启发也很有层次感。

龟兔赛跑
讲述者:刘绪

25. 猴吃西瓜

我是森林新猴王,今天找到一个大西瓜。(《甩葱歌》表演)小朋友们今天老师给你们带来的新故事是《猴吃西瓜》。

今天这只猴王找到了一个大西瓜,可是,他却不知道西瓜的吃法!他心想:"我身为猴王却不知道西瓜的吃法,这要是让我的猴子猴孙们知道了,那该多丢人呀!不行,我得想个办法!有了!"忽然,他想出了一条妙计,于是,把所有的猴子猴孙都找来了。

他清了清嗓子说:"今天,我找到了一个大西瓜,至于这西瓜的吃法嘛,我当然……当然是知道的,不过,我要考验一下大伙的智慧,看看谁能说出这西瓜的吃法。如果说对了,我可以多赏他一块,如果说错了,我可要惩罚他!"

大伙你看看我,我看看你,可是谁也没有吃过西瓜呀,他们也不知道。

小毛猴眨巴眨巴眼睛,挠了挠腮说:"我知道,我知道,吃西瓜是吃瓢!"

"不对!小毛猴说得不对!"短尾巴猴跳了起来,"我小的时候跟我妈去我姑妈家，吃过甜瓜，吃甜瓜就是吃皮。我想，这甜瓜是瓜，西瓜也是瓜，吃西瓜嘛，当然也是吃皮喽。"

这时候，大伙争执起来，有的说吃西瓜吃皮，有的说吃西瓜吃瓤。可争了半天，也没争出个结果。小朋友们，你们说吃西瓜到底吃什么呢？嘘，我们不要告诉他们，看看接下来发生了什么！这时大家都不由自主地把目光集中到一只老猴的身上……

这老猴看到大家的目光都集中到了他的身上，他颤颤巍巍站起来说："这个这个……吃西瓜嘛，当然……当然是吃皮喽，我之所以老而不死，就是因为吃了这西瓜皮的缘故啊……"

大伙都欢呼起来："对！吃西瓜吃皮！""吃西瓜吃皮！"……

猴王认为找到了正确答案，他心里更有底气了，就站起身来，上前一步，说到："对！大伙说得对！吃西瓜是吃皮，哼！就小毛猴崽子一个人说吃西瓜吃瓤，那就让他一个人吃吧！咱们大伙，都吃西瓜皮！"

西瓜"扑嗵"一声被切成了两半，大家都吃皮，只有小毛猴自己吃瓤！

有个小猴吃了两口，就捅了捅旁边的猴子说："哎，我说这可不是滋味啊！"

"咳，老弟，我常吃西瓜，西瓜嘛，就是这味，就这味……"

小朋友们，老师的故事到这里就结束了，你们知道这些猴子错在哪里了吗？

解析：这个故事也是众多故事中，最能逗听众哈哈笑的故事之一，很适合参加比赛。故事中小猴子们的可爱、憨笨都很有趣，能吸引幼儿，而且故事中角色很多，声音的模拟也是一大亮点，猴王的铿锵有力、小毛猴的机敏口快、短尾巴猴的倔强固执，还有老猴子的倚老卖老，都是我们讲故事者发挥的细节，就连结尾"打酱油"的两只猴子的对话也很有趣，"就是这味，就这味"这一句表现出很认真、很投入的傻笨状态，听众一定会被逗笑。开头部分大家都一直认为吃西瓜是吃皮之后，猴王宣布结果时，我们一定要在猴王说"就小毛猴崽子一个人说吃西瓜吃瓤，那就让他一个人吃吧"这句之后，加强那种得意和憨傻的感觉。"咱们大伙，都吃西瓜皮"，这样一喊，听众才能被逗笑。所以对于搞笑的故事，我们一定要像小品台词一样，找准笑点，通过语气、顿连和重音把笑点发挥出来。

猴吃西瓜
讲述者：杜欢

猴吃西瓜
讲述者：李新新

26. 小猴子掰玉米

"我是一只小猴子，今天出去玩，不知怎么最后却空手回了家。"（用歌曲

《小毛驴》的调子唱)

有一天,小猴子肚子饿得咕噜咕噜地叫,于是就下山去找食物。他走到一块玉米地里,看见玉米结得又大又多,非常高兴地说:"嘿嘿,我一定要把玉米带回家。"于是它就掰了一个,扛着往前走。他走着走着,走到一片西瓜地里,看见满地的西瓜又大又圆,高兴坏了:"哈哈,我一定要把西瓜抱回家。"于是,就扔了玉米去摘西瓜。小朋友们,这只小猴子一开始很喜欢玉米的呀,怎么看见大西瓜,又把玉米扔了呢?小猴子抱着一个大西瓜往回走,嘴里还说着:"我一定要把它抱回家,这个大西瓜能让我吃上好几天呢。"走着走着,小猴子又看见一只小兔子蹦蹦跳跳的,他非常高兴,就又扔了西瓜去追小兔子,小兔子跑进树林里不见了。小朋友们,你们想一下,这时候小猴子手里还有什么呀?什么都没有了,他只好空手回到家。

小朋友们,你们想一想,为什么小猴子最后什么也没有了?我们以后做事情呀,一定要想好自己最想要的、最喜欢的是什么,然后一定要坚持下来,不能三心二意哦!

解析:这个故事虽然很简单,但简单的故事也有深刻的道理,为了让幼儿能够理解故事情节和故事的道理,其中设置了两个提问语:"小朋友们,这只小猴子一开始很喜欢玉米的呀,怎么看见大西瓜,又把玉米扔了呢?""小朋友们,你们想一下,这时候小猴子手里还有什么呀?"通过这样的提问语,幼儿才能跟着老师的提问理解故事,这也是我们拿到故事后进行再创作处理的一个必要环节。

27. 小猫钓鱼

"小眼睛看老师,小耳朵听故事,老师的故事开始了。"喵,小朋友们,你们看,小花猫咪咪来了,她今天要和她的妈妈,一起去钓鱼,你们猜她最后钓到鱼了吗?快和老师一起来听故事吧。

小花猫咪咪呀,和妈妈一起去钓鱼,走到河边,发现河边长着青青的小草,河里的鱼儿欢快地游着呢,高兴极了,于是她便拿出鱼竿,开始钓鱼了。等了一会儿,还没有钓上鱼来,她便有些着急了。这时飞来一只小蜻蜓,小蜻蜓对她唱道:"小花猫,小花猫,我们一起去玩耍,快来啊,你快来啊,我们一起去玩耍。"(歌曲《小杜鹃》的曲调),小花猫看到了,放下竹竿便去捉蜻蜓,可是啊蜻蜓越飞越远越飞越远,她没有追到小蜻蜓,便只能回来了。回来以后看到妈妈已经钓到了一条大鱼,她便开始着急了。她正准备要钓鱼的时候,又飞过来一只小蝴蝶。小朋友们,这只小花猫第一次没有钓到鱼,那你们觉得第二次她能钓到吗?这只小蝴蝶对她唱道:"小花猫,小花猫,我们一起去玩耍,快来啊,你快来啊,我们一起去玩耍。"(歌曲《小杜鹃》的曲调),小花猫一看到小蝴蝶想道:"要是能送给妈妈一只小蝴蝶那该多好呀!"于是她就去捉小蝴蝶了,可是这只小蝴蝶也是越飞越远,越飞越远,小花猫没有捉到蝴蝶,只能回来了。回来以后,她看到妈妈又钓了一条大鱼,便很奇怪地问妈妈:"妈妈,妈妈,为什么你能钓到很多鱼,而我却一条也钓不到呢?"妈妈一听这话便说道:"咪咪呀,钓鱼是需要耐心的,你这一会儿捉蜻蜓,一会儿捉蝴蝶的,到天黑也钓不到鱼呀。"小花猫听到这话呀,便开始一心一意地钓鱼,虽然蝴蝶和小蜻蜓在他的身边飞来飞去,可她装作什么都看不见。过了一会儿,她真的钓起来一条大鱼,于是高兴地又唱又跳:"太阳光闪闪亮,我来钓鱼了。钓鱼要有耐心,我钓到鱼了!"小朋友们,你们看,小花猫咪咪多棒呀!

小朋友们,小花猫为什么一开始没有钓到鱼,后来能钓到鱼了呢?所以呀,你们一定要记住,以后做事情的时候一定要一心一意,这样才能把事情做好哦!

解析:这个故事再创作的亮点也很多,首先就是当蜻蜓和蝴蝶让小猫和自己去玩时,编了几句小儿歌:"小花猫,小花猫,我们一起去玩耍,快来啊,你快来啊,我们一起去玩耍。"这样既能达到律动效果,又很适合故事情境。第二个亮点就是提问语的设置:"小朋友们,这只小花猫第一次没有钓到鱼,那你们觉得第二次她能钓到吗?""小花猫为什么一开始没有钓到鱼,后来能钓到鱼了呢?"这样的提问语既能让老师讲述的情节前后更连贯,又能让故事的道理更加明确。

小猫钓鱼
讲述者:杨雪

小猫钓鱼
讲述者:张琪

28. 乌鸦喝水

"东墙有个黑大汉,背上背着两把扇,走一走来扇一扇,哇啦哇啦乱叫唤——

啊！啊！啊！"小朋友们猜一猜，这是什么小动物呀？对了，是乌鸦，跟着老师听一下《乌鸦喝水》的故事吧！

有一年夏天，天气特别炎热，好多天都没下过一次雨了，炎热的太阳晒得地皮都发烫，小河和池塘的水都干了，人们只好从井里打水喝。

一只乌鸦口渴极了，到处找不到水喝，它想起人们常到井边打水，于是就向井边飞去。正好井边放着一个大瓶子，里面还有半瓶子水，乌鸦一看便高兴地说道："终于找到水啦，好高兴啊！"它探着身子站在瓶口，准备痛痛快快地喝水，可是那瓶子太深了，里面的水又很浅，乌鸦伸长了脖子还是喝不着水，小朋友们快来给乌鸦想想办法吧，到底怎样才能喝到水呢？乌鸦想把瓶子推倒，可是那瓶子太重了，凭乌鸦的力气根本就搬不动。有的小朋友说用吸管，但这附近也没有吸管呀。瓶子里面有水可就是喝不着，乌鸦又渴又气。它用爪子抓起一块石子对准瓶子扔了进去，它想用石子把瓶子砸碎，谁知石子"扑通"一声刚好掉进了瓶子里，瓶子一点也没破。

可是聪明的乌鸦却发现，石子掉进瓶子里后，里面的水好像比刚才高了一点。这下子，乌鸦有办法了，它连忙用嘴捡起一块石子，又用爪子抓起一块，把两块石块都投进了瓶子里，水又升高了一些，但还是够不到，乌鸦没有放弃，它一次又一次地把石子运来，投进瓶子里，瓶子里的水呢，也一寸一寸慢慢地向上升了，最后乌鸦终于可以喝到水了。乌鸦站在那瓶子的口上，痛痛快快地喝了个够！

小朋友们，我们在生活当中也应该像小乌鸦一样，遇到问题想办法，去解决，并且一定要坚持下去呀！

解析：这个故事前面第三章的再创作环节曾作为范例出现过，这里的再创作版本又有些变化，但大同小异，都有再创作的亮点。这个开头也是谜语导入，只是又换了一个，老师动作表演着说谜语，在谜语的最后又连贯地加入了乌鸦的叫声，教师形象地模拟，这样幼儿的好奇心和兴趣被调动了起来。而且通观整个故事的语言也是口语化很浓，通俗易懂的。而且在词语运用和细节描写上也做到了形象生动，比如"探着身子""捡起""抓起""扑通"的动词、象声词的运用也很精准、到位。对于提问语和结束语的设置在第三章已经有了点评，在此不再赘述。

29. 小猪变干净了

"太阳当空照，花儿对我笑。小兔子你别走，我想和你一起做朋友。"（上学歌）小朋友们，这是谁想和小兔子做朋友啊？那就一起听听老师这个《小猪变干净了》的故事吧，故事会告诉我们答案的。

附录一　技能大赛故事再创作案例（文本、视频）

　　有一只小猪，长着圆圆的脑袋、大大的耳朵、小小的眼睛、翘翘的鼻子，小猪呀很可爱，就是有一个缺点，不爱干净，常常到垃圾堆旁找东西吃，吃饱了就在泥坑里滚来滚去，滚得浑身都是泥浆。小猪想去找朋友，可是，小猪脏兮兮的，有人愿意和他做朋友吗？他一边走一边唱着："找啊找啊找朋友，找到一个好朋友。"小猪走着走着，看见前面有只小白兔，说："小白兔，我想和你一块儿玩，好吗？"小白兔回头一看，原来是小猪，就说："哟！是小猪，看你多脏啊！快去洗洗吧，洗干净了我再和你玩。"小猪不愿意洗澡，只好走开了。他走着走着，又唱起来了："找啊找啊找朋友，找到一个好朋友。"走着走着，又碰到一只小白鹅。小猪高兴地说："小白鹅，我和你一块儿玩，好吗？"小白鹅说："哟！是小猪，看你多脏啊！快去洗洗吧，洗干净了我再和你玩。"小猪看了看自己的身上，可不，满身是泥浆，泥水还在"滴答、滴答"地往下滴呢！小白鹅又说："走，我带你到河边去洗个澡吧！"小猪跟着小白鹅来到小河边，小白鹅"扑通"跳进河里，用清清的水泼呀泼，泼在小猪的脸上、身上。小猪用清清的水洗呀洗，洗得干干净净的。小白鹅高兴地说："小猪变干净了，我们一起玩吧！"小白兔看见小猪变干净了，也过来跟他玩了。小猪跟朋友们玩得可高兴啦！

　　小朋友们，如果你们像小猪一样脏的话，别的小朋友就不喜欢和你玩了。这个故事告诉我们：一定要讲卫生，爱清洁。

　　解析：这个故事的主人公是一只不讲卫生的小猪，所以表现得会很可爱，特别是如果在讲故事时配上猪抽鼻子的"哈呼"声，就会把猪的懒惰形象表现得栩栩如生。开头小儿歌的导入也很精彩，唱的时候模仿着猪的粗声粗气会更形象。在中间小猪继续找朋友的时候又加一句找朋友的歌词："找啊找啊找朋友，找到一个好朋友"，正好自然地过渡到下面的故事情节，使故事显得既生动有趣又很严谨自然。

30. 三只小猪的故事

"我是一只大野狼,我最爱吃肉,我看到两只小胖猪,我要跟上它。"(取自歌曲《萨瓦迪卡》开头部分)哎,小朋友们,这只大野狼又在打坏主意呢,你们想不想知道发生了什么事啊?那就和老师一起来听故事吧。

猪妈妈生了三只可爱的小猪,三只小猪彼此友爱,一家人一直过着幸福快乐的日子。

有一天,猪妈妈对三只小猪说:"你们都长大了,应该自己出去盖一间属于自己的房子了。"

然后啊,三只小猪向猪妈妈告别后,就真的出去盖了一间属于自己的房子。

老大和老二很懒,就分别简单地盖了一间草房子和一间木房子。老三最勤快、最聪明了,他用砖块盖了一间最坚固的砖头房子,也是三间房子中最安全的了。

有一天,老大和老二出门去玩耍,结果在路途中遇到了大野狼,大野狼一看到两只小猪就说:"啊!我是大野狼,你们长得胖乎乎的,看起来好像很好吃的样子哦!"老大和老二一见到大野狼,马上跑回自己的家中躲起来,不过,大野狼也跟在他们的后面,找到了他们住的地方。

大野狼"砰"的一声,就轻松地把老大和老二的房子分别撞倒了。小朋友们,你们快看啊,老大和老二会不会被大野狼吃掉啊?不用担心,这时候老三远远看到两个哥哥遇到了危险,赶紧对他们说:"哼哼,(学猪叫)快!快!快点躲到我这里来!"于是,两只小猪又躲到了老三的房子里。

大野狼很快追到了老三的房子前面,本以为这间砖头房子跟之前两栋房子一样,很容易就撞倒了,不过,他发现它撞了好几次,不但撞不倒这栋房子,反而把自己撞得满头都是包。

大野狼想了很多方法都没办法进去,正生气的时候,突然发现房子的上面有一个烟囱,大野狼就爬到屋顶,准备从烟囱进去。小朋友们,如果大野狼从烟囱里爬进去,会发生什么事呢?哎,不用担心,三只小猪啊早就发现了,他们在烟囱下面用柴烧水,等大野狼从烟囱下来的时候,水也烧开了,大野狼一下来就落入了开水里,屁股被烫得红通通,疼得"嗷嗷"叫,夹着尾巴逃走了。三只小猪终于松了一口气。

小朋友们,故事到这里就结束了。你们喜欢什么样的房子呀?为什么呢?对,所以我们要做一个勤快的好宝宝。

解析: 这个故事是经典的童话故事,是幼儿园教学和技能大赛中出现频率比较高的故事,但根据比赛限时5分钟,三四分钟最佳的要求,这个故事的篇幅还是太长，所以在开头部分，我们的学生做了精简故事的再创作，有些直入主题，但现场讲述会更清晰利索，而且把三只小猪的语言对话也精简了很多，把最出彩的大野狼的语言保留得很完整，这也是讲故事者发挥的地方。故事情节本身就是敌对双方在交锋，所以比较精彩激烈，这也给了讲故事者发挥的空间，小猪们用粗粗憨憨的声音表现，为了体现最后一只小猪的聪明，声音可以有力度一些，加上猪抽气"哈呼"的声音，就更形象生动了，而大野狼的语言是亮点，用沙哑和粗壮的声音表现他的老奸巨猾。其中导入语也设计得很精心，以大野狼自己的歌唱表演入场，也能吸引幼儿。

31. 小壁虎借尾巴

小眼睛看老师，小耳朵听故事，老师的故事开始了。

小朋友们，你们想知道什么小动物没有了尾巴以后还能再长出来吗？那就和老师一起来听故事吧！

一只小壁虎在墙角捉蚊子，可他不知道自己的身后有一条蛇，这条蛇一口把它的尾巴咬断了，小壁虎回头一看，便大哭着说道："我的尾巴没有了，没有尾巴多难看啊！我要向谁去借一条尾巴呢？"

小壁虎爬呀爬，爬到小河边。他看见小鱼在河里摇着尾巴游来游去，小壁虎说："小鱼姐姐，您的尾巴借给我行吗？"小鱼说："不行啊，我要用尾巴拨水呢。"

小壁虎爬呀爬，爬到大树上。他看见老黄牛甩着尾巴在树下吃草，小壁虎说："牛伯伯，您把尾巴借给我行吗？"老黄牛说："不行啊，我要用尾巴赶蚊蝇呢。"

小壁虎爬呀爬，爬到屋檐下。他看见燕子摆着尾巴在空中飞来飞去，小壁虎说："燕子阿姨，您的尾巴借给我行吗？"燕子说："不行啊，我要用尾巴掌握方向呢。"

小壁虎借不到尾巴，心里很难过。他爬呀爬，爬回家里找妈妈。小朋友们，你们说小壁虎尾巴断了这么长时间，会不会有危险呀？以后是不是就成了短尾巴的小壁虎了呢？不要着急，接着听。

小壁虎回到家把借尾巴的事告诉了妈妈。妈妈笑着说："傻孩子，你转过身子看看。"小壁虎转身一看，高兴得又唱又跳，(《小毛驴》的曲调唱)"我的尾巴没有了，我虽然没借到，但是我又长出一条新的尾巴！"小朋友们，你们看，小壁虎的尾巴长出来了。你们知道故事当中的小动物的尾巴都有什么功能吗？它们的尾巴是不是很神奇呀？

解析：这个故事是小学课本中的课文故事，有很好的科学常识教育意义。以前技能大赛讲故事是自备环节，我们喜欢为学生选择道理教育性故事，科学和知识性的故事我们涉及得比较少,但教师资格证面试中的故事素材就会有很多选择性了,所以我们的备赛环节就扩大了故事的题材范围。这样的故事情节起伏不大,道理表现得也很含蓄深刻,需要讲故事者重点注意导入语、提问语和结束语的引导设置。比如导入语:"小朋友们,你们想知道什么小动物没有了尾巴以后还能再长出来吗?那就和老师一起来听故事吧!"提问语:"小朋友们,你们说小壁虎尾巴断了这么长时间,会不会有危险呀?以后是不是就成了短尾巴的小壁虎了呢?不要着急,接着听。"结束语:"小朋友们,你们看小壁虎的尾巴长出来了。你们知道故事当中的小动物的尾巴都有什么功能吗?它们的尾巴是不是很神奇呀?"这样从头至尾,教师都会跳出来用问题引导幼儿理解抽象的科学常识,对于启发幼儿的思维有很大作用。

小壁虎借尾巴
讲述者:杨雪

32. 会动的房子

"我是一只粗心又可爱的小松鼠,小朋友们快来跟我一起玩儿吧!"(歌曲《小红帽》曲调)

小朋友们,今天老师给你们带来一个关于小松鼠的故事,故事的名字叫作《会动的房子》。

小松鼠在树顶上住腻了,于是决定在地面上重新建造一座房子。他走呀走呀,走到了一棵大树底下。在大树底下,他发现了一块大石头,由七块小石头拼成,很硬,也很光滑。小松鼠说:"嘿,就在这上面造一座房子!"房子终于造好了,忙了一天的小松鼠也累了,在新家里睡着了。"呼呼呼!"什么声音?小松鼠被吵醒了。推开一看,呀!自己在美丽的山脚下,小风吹奏起动听的山歌。真奇怪,昨天还在树下,今天却来到了山脚下。可小松鼠又一想:没关系,山脚下也挺好的,有动听的山歌做伴。

第二天,又传来"哗哗哗"的声音。小松鼠推开窗一看。呀!又来到了大海边,浪花发出欢快的歌声。小松鼠这下可乐了,"我的房子会动,我的房子会动!"现在,小松鼠又有浪花声做伴。

到了第三天,小朋友们,你们想一想这个会动的房子又把小松鼠带到了哪里呢?小松鼠推开窗一看,呀!眼前是一片大草原,马儿在"哒哒哒"地奔跑。小松鼠禁不住在房子里手舞足蹈。突然，传来一个声音，"小松鼠呀，快别乱动。""咦，是谁呢？是这块硬硬的大石头吗？"小松鼠正想着，只听这个大石头又开口说话了："小松鼠你真粗心，把房子建在我的背上，我驮着你走过了许多地方。"小松鼠低头一看，原来是乌龟，那硬硬的大石头竟然是乌龟的背。小松鼠惭愧地脸都红了，赶紧说："你，你累坏了吧？"乌龟说："不，这下我们俩可以做伴了。"

小朋友们，老师的故事讲到这里就结束了，故事中的小松鼠因为粗心把房子建在了乌龟的背上，但是乌龟却没有嫌弃小松鼠而是和他成了好朋友！有了朋友做伴的小松鼠和乌龟非常开心。小朋友们现在你们知道这个房子为什么会动了吗？

解析：这个故事也很生动有趣，适合小班幼儿，导入语、提问语和结束语经过了精心设计，让故事的道理也很明确。几个象声词"呼呼呼""哗哗哗""哒哒哒"也很形象生动，讲故事者要作为重点的口技模拟。

33. 贪吃的小猪

"小猪吃得饱饱，闭着眼睛睡觉。咕噜噜噜，咕噜噜噜，咕噜咕噜噜！"（唱儿歌）小朋友们，这只小猪可爱吗？今天啊老师带来的故事也是关于小猪的，故事的名字叫作《贪吃的小猪》。

猪宝宝一生下来就很能吃，猪妈妈总是对他说："宝贝呀！少吃点吧！会长胖的。"

猪宝宝想，我又不是人，需要苗条的体型，我怕什么胖呀？于是他不管别人怎么说，看见吃的就猛劲地吃，吃饱了就呼呼地睡大觉。

猪妈妈总是提醒他说："宝贝呀！别吃完就睡觉，身体会发胖的。"

猪宝宝不高兴地说："妈妈别吵，胖就胖吧！我们是猪，不是人。"

小朋友们，你们说这只小猪不听妈妈的话，总是一个劲儿地吃，他做得对吗？这猪妈妈气得直跺脚，嘴里嘟囔着："哎！你这孩子真不听话，早晚你会吃亏的。"

这猪宝宝啊还是继续吃饱了睡，睡足了吃，短短几个月就比别的兄弟姐妹胖出一圈来。这时猪场的主人看见了猪宝宝，高兴地叫来全家人，指着小猪说："你们看这只小猪长得好快好胖。"

猪宝宝在人们的赞美声中高兴得直打滚。自从发现猪宝宝格外能吃之后，主人就单独给他弄个隔间，专门给他吃好的，喝好的，睡觉的地方也弄得干干净净、舒舒服服的。猪宝宝常对着隔壁的兄弟姐妹，做出不可一世的神情，心想，看吧！你们谁受到主人夸奖了，谁有我这样的待遇？

猪妈妈看在眼里，对猪宝宝说："宝贝呀！不要以为人类真的会对你好，你的爸爸就是一个典型的例子，他也和你一样，喜欢吃，喜欢睡，到后来不知道被主人弄到哪去了，至今不见回来。"猪妈妈说完掉了几滴眼泪。

猪宝宝"哼"了一声没理妈妈的话，还是一个劲儿地继续吃饱了睡，睡足了吃。

不久，主人的农场来了一辆大车，几个凶神恶煞的人粗暴地把猪宝宝抓上了车。猪宝宝大声喊着："我不去，我不去。"可是完全没人理他，他很快被送进了屠宰场，那是一个他做梦也想不到的恐怖地方。

小朋友们，你们说这只猪宝宝错在哪里了呢？对了，就是贪吃不听妈妈的话。

解析：这个故事的开头儿歌设置得很有趣："小猪吃得饱饱，闭着眼睛睡觉。咕噜噜噜，咕噜噜噜，咕噜咕噜噜！"唱着曲调，做着小猪的动作，加上"咕噜噜噜，咕噜噜噜，咕噜咕噜噜"的象声词模拟，让人一听就觉得这个主人公非常可爱，立即就能吸引幼儿或评委。而且故事中语言对话非常多，这也是幼儿最喜欢的形式，讲故事时，也就有了更好的发挥空间，小猪的憨笨、得意、不听话，猪妈妈的担心和语重心长，还有主人们的兴奋、冷漠，都需要精心揣摩。最后的道理用一句设问的提问语"小朋友们，你们说这只猪宝宝错在哪里了呢？对了，就是贪吃不听妈妈的话"，既简练又明白。

34. 小马过河

小朋友们，今天老师给你们介绍一位朋友。他的名字叫作小马（出示道具），就在今天，小马遇到了一个难题，他是怎么解决的呢？让我们一起来听故事吧。

小马和他的妈妈，住在一片茂密的大森林里，每天妈妈都背着麦子去磨坊，日复一日，年复一年。有一天，马妈妈把小马叫到身边，对小马说："孩子，你已经长大了，能帮妈妈做点事吗？"小马听了笑着回答说："可以呀，我最喜欢帮妈妈做事情了。"马妈妈说："那好，你帮妈妈把旁边的半袋麦子背到磨坊去吧。"于是，小马开心地把半袋麦子背起来往外走。可是一条小河挡住了他的去路。他心里开始纠结起来："我该怎么做呢？"小朋友们，你们说小马会怎么做呢？不用担心，就在这时，他看见牛伯伯在旁边吃草。上前就去问牛伯伯："牛伯伯，你知道这河水是深还是浅？我可以过去吗？"牛伯伯笑着说："哎呀，不深，一点也不深。才到我的小腿肚呢，你肯定没问题，可以过去。听我的，放心过去吧。"听完牛伯伯的话，小马心里有了底，便向前准备过河，刚想下水，旁边响起了稚嫩着急的声音："小马小马，你不要命啦，这河水可深啦，你想被淹死在这儿吗?"小马低头一看,原来是一只小松鼠。小松鼠竖起了毛茸茸的尾巴眨着大大的眼睛,接着说:"前几天我有一个朋友就被这条河的河水给淹死了。你可千万别下去,这河水可深了。"

小马听完小松鼠的话,心里又开始纠结了。小朋友们,牛伯伯说水浅,小松鼠却说水很深,那么小马该听谁的呢?犹豫的小马呀到最后谁的话也没有听,他哭着回到家里,和妈妈说了事情的经过,妈妈就安慰小马说:"没关系,咱们一起去看看吧。"

小马和妈妈来到河边,妈妈说:"你自己去试一试。"小马小心地试探着,一步一步地蹚过了河。噢,他明白了,河水既没有牛伯伯说的那么浅,也没有小松鼠说的那么深。

小马这才明白,这河水啊深与不深,自己试过了才知道。小朋友们,你们明白了吗?什么事情都需要亲自尝试才能了解。

解析:这个故事也是在幼儿教育领域出现频率较高的童话故事,但在技能大赛中使用率却不高,原因是这个故事角色不是很好出彩,小马、松鼠、老牛都是中规中矩的角色,而且故事道理也很平和:什么事情都要亲自尝试才能了解。职业院校的中职、高职生有个鲜明特点:文化水平不高,内在的文化积淀还很薄弱,故事中如果没有鲜明的感情倾向和激烈的矛盾冲突,就没办法出彩。但这个故事只要认真体会,挖掘故事内在的生动性和角色的形象,我们同样能够作为参赛故事立于不败之地。在开头,我们可以像上边故事那样使用道具启发提问入场,也能设置马的谜语或儿歌,比如"我是一只小小马,跑起路来哒哒哒,帮助妈妈去干活,人们夸我好宝宝",这样后边就自然变成:"但小朋友们,你们知道吗,小马帮妈妈干活的时候,遇到困难了",也就顺势过渡到下边的情节了,而且故事中有一句提问语设置得也很好:"小朋友们,牛伯伯说水浅,小松鼠却说水很深,那么小马该听谁的呢?"既能明确主题,又能让故事情节前后过渡更自然。而且讲故事中也要注意几个角色的声音塑造:小马我们使用小男孩自信天真的声音,遇到困难再变化为心虚无奈;老黄牛就是浑厚粗粗的声音,说话平稳和蔼;小松鼠就必须转换成急促尖细的声音。这样,故事就会变得既形象又生动了。

35. 谦虚过度

森林世界里面啊出现了一只怪狐狸,它呀说自己长着一条比老鼠还小的尾巴,而且呀只有三条腿呢。小朋友们,大家想不想认识一下这只狐狸呀?那就听听老师的故事吧。

水牛爷爷是公认的谦虚人,很受大家的尊重。小松鼠夸它:"水牛爷爷的劲是最最最大的！"但水牛爷爷谦虚地说："唉，过奖过奖了，犀牛、野牛劲儿都比我大。"小喜鹊也叽叽喳喳地说："水牛爷爷贡献是最最最多的！"水牛爷爷又谦虚地说："唉，不能这样说，奶牛吃下的是草，挤出来的是奶，它的贡献比我多。"

　　狐狸艾克很羡慕水牛爷爷谦虚的美名。它想："我也要来学习一下水牛爷爷的谦虚。哎，不就是这两点吗？这第一嘛，就是把自己的什么都说小点儿；这第二呀，就是把自己的什么都说少点。对，没错没错，就是这样。"小朋友们，你们觉得狐狸这样学水牛爷爷的谦虚对吗？又会有什么好玩的事发生呢？咱们接着听！

　　一天呀，艾克遇到了一只小老鼠。小老鼠看到艾克有一条火红蓬松的大尾巴，不禁发出了由衷的赞美："哎呀，艾克大叔，您的尾巴可真大呀！"艾克学着之前水牛爷爷谦虚的样子，歪歪嘴巴说："唉，过奖了，你们老鼠的尾巴可比我大多了。""啊？什么？"小老鼠被艾克的话吓到了："你长那么长的四条腿，却拖着一根比我还小的尾巴？"小朋友们，老师讲到这里就要问问你们了，你们知道老鼠的尾巴是什么样子的吗？狐狸的尾巴又是什么样子呀？（出示图片）艾克又谦虚地说："哎，不能这么讲了，我哪有四条腿，三条，三条了。"那狐狸到底几条腿呀？（出示狐狸的图片）所以小老鼠听了之后，以为艾克得了精神病，吓跑了。艾克的谦虚并没有换来美名，反而换来了一大堆谣言，都说艾克是一只怪狐狸呢。

　　小朋友们，谦虚可不是这样学的，学对了那是谦虚，可如果学过了头可就不好了呀！

　　解析：这个故事的情节生动，角色有趣，而且故事的道理也很适合教育幼儿。但在这个故事道理上，我们的学生在再创作时却遇到了问题，那就是在导入语和结束语时，我们的学生总想对"谦虚"一词进行解释。其实就像我们成人有时候一样，对一个词如果解释的话，一时找不到太精确的语言，但我们又非常熟悉它的意思，也能灵活运用到我们的交谈情境和语言表达中。所以，我们给幼儿讲这个故事时也不能解释，否则就有些小学化的倾向了，只要幼儿理解"谦虚"并会运用到情境中了，就达到了语言教育的目的。比如在开头有的同学最初这样设置："小朋友们都知道谦虚是什么意思吗？谦虚就是不夸大自己的优点和能力，但故事中的狐狸也学习谦虚了，但他的谦虚却是不一样的，到底是怎么回事呢？"这位同学过后和我交流的时候还说谦虚这个词自己也怕解释错误，不知道用什么字眼形容。大年龄段的中职生和高职生都有这样的感受，何况是低年龄段的幼儿了，幼儿们听到这样去解词，不但不会轻松地明白谦虚的真正意义，而且还会运用得更混乱。所以在这儿我引导学生淡化解词的习惯，学着用含蓄而形象的语言启发幼儿。开头的导入语我们运用的是悬念设疑，激发幼儿的兴趣，如"森林世界里面啊出现了一只怪狐狸，它呀说自己长着一条比老鼠还小的尾巴，而且呀只有三条腿呢。小朋友们，大家想不想认识一下这只狐狸呀？"结尾我们也没有抽象地去解词，而是这样："小朋友们，谦虚可不是这样学的，学对了那是谦虚，可如果学过了头可就不好了呀。"因为幼儿通过水牛爷爷正确的谦虚行为和狐狸错误的谦虚行为已经理解了真正的谦虚，所以就不用再多此一举去解词了。这个故事另一大亮点是中间提问语的设置，中间是过渡式提问语："小朋友们，你们觉得狐狸这样学水牛爷爷的谦虚对吗？又会有什么好玩的事发生呢？咱们接着听。"而到了第三段结尾用了这样一句："小朋友们，老师讲到这里就要问问你们了，你们知道老鼠的尾巴是什么样子的吗？狐狸的尾巴又是什么样子呀？（出示图片）"这样是怕低年龄段的幼儿会因为"狐狸的过度谦虚"的语言混淆狐狸和小老鼠的物性特征，这样一问就能把幼儿往正确的常识上引导，而且顺势出示道具，就更加形象直观了。

36. 狐狸和小鸡

"嘴巴尖尖，花毛衣，爱吃小虫和小米，浑身上下毛茸茸，说起话来叽叽叽。"小朋友们，猜一猜这是什么动物啊？对了，是小鸡。接下来，老师要给大家讲的就是有关一只聪明的小鸡的故事，故事的名字是《狐狸和小鸡》。

小鸡和小狗是一对好邻居。小鸡个子小，便经常被狐狸这样的坏人欺负。于是，小狗便经常来帮助他，而小鸡为了报答他，便每天帮小狗清扫房间。从此小鸡不再被欺负了，小狗不再邋里邋遢了。

有一天，小狗出了门，小鸡在家里帮小狗打扫卫生。狐狸不知道在哪里知道了这个消息，便偷偷地来到小狗的家门口。"我的名字叫狐狸，一肚子的坏主意。装模作样我都会，坑蒙拐骗我第一。小鸡啊小鸡，今天可落到了我的手里了，就快来填饱我的肚子吧。"小朋友们，你们猜猜小鸡会成为狐狸的美餐吗？小朋友们别担心，小鸡啊可聪明了！

看见狐狸正向自己扑过来，小鸡一边尖叫着满屋子躲避，一边上气不接下气地说："狐狸小姐，狐狸小姐！我家有一把漂亮的梳子，可以梳理你那美丽的皮毛，请让我回家拿来送给你吧！""哼，你当我傻呀，你不就是想逃跑吗？"狐狸一边拍拍胸脯，一边说道，"我，狐狸小姐，今天是不会让你得逞的！"

小鸡又说："狐狸小姐，您心肠最好了，在我死之前您答应我一件事吗？请允许我在临死之前为您献歌一曲吧？"狐狸心想："反正她也是插翅难逃了，唱就唱吧！"于是她说道："这主意不错，难得今天本小姐高兴，你唱吧！"小鸡大声地唱了起来："我的名字叫小鸡，今天遇到了小狐狸。朋友朋友你在哪里？叽叽叽叽叽叽！"（唱歌）

小鸡的歌声传得很远、很远，等小鸡唱完歌，狐狸正要下口吞下小鸡的时候，只听见一声大喝："住手，你这只坏狐狸！"狐狸扭头一看，只见小狗朝自己扑来，吓得夹着尾巴一溜烟儿地逃跑了。

好了，小朋友们，故事到这里就结束了。故事中的小鸡为什么会得救呀？对了，及时向好朋友求助，而且动脑筋拖住狐狸。

解析：这个故事再创作的亮点有两个：一个是导入语的谜语设置，再加上肢体辅助，既能引发幼儿的好奇，又能增加律动效果；第二个亮点就是当小鸡遇到危险想通过唱歌呼叫小狗来救自己时，增加了歌词，讲故事者需要把它唱出来，也是一个生动形象的亮点，在进行这里的歌词创作时，刚开始学生是这样唱的："我的名字叫小鸡，今天遇到了小狐狸。小狗小狗你在哪里？快来救我救救我！"感觉这样设置有些不合理，这么近距离在狐狸的面前唱歌，狐狸不可能听不懂这么明显的求救歌词，早就把小鸡吃掉了。所以我建议学生改成："我的名字叫小鸡，今天遇到了小狐狸。朋友朋友你在哪里？叽叽叽叽叽叽！"这样改动后就显得很自然、合理了。所以我们再创作增加歌曲、儿歌，不能哗众取宠失去故事的意义和目的，必须立足于情节的合情合理。

37. 小猴吃瓜果

嗨，小朋友们，你们好！

你们知道不同水果的吃法吗？接下来啊，我们一起来看看小猴子是怎么吃各种瓜果的。

有一天啊，一只小猴子跑到西瓜地里，他啊，头一次见到西瓜，感到很有趣，摘下西瓜刚要吃，旁边一只小牛见他把滚圆的西瓜往嘴边送就对他说："你大概不会吃西瓜吧，来，我教你……"

小猴很不耐烦地打断小牛的话说："哼！才不用你教呢！"说着一口咬下一大块西瓜皮，嚼嚼吃掉了，生气地把咬破的西瓜往地上一扔撇着嘴说："不好吃！不好吃！"小牛告诉他："谁让你吃皮了？吃西瓜应该吃里头的瓤啊！"小猴一蹦一蹦地跑掉了，边跑边说："吃瓜要吃瓤这谁不知道？"小朋友们，你们说小猴子真的知道吗？

小猴又跑到了香瓜棚里，伸手摘下一个香瓜，一拳把香瓜砸成两半，掏出里头的瓜瓤就往嘴里塞，旁边的小驴告诉他："吃香瓜应该吃皮肉，瓜瓤里都是滑溜溜的籽，不好吃！"小猴还是没有听别人的劝告，一口吞下香瓜籽，但吃几口就把滑溜溜的籽吐出来，生气地把香瓜肉扔掉，一蹦一蹦地跑了，边跑边嘟囔："这回我记住了，应该吃皮肉！应该吃皮肉！"

接下来小猴又蹦到了一棵核桃树旁，树上正结着绿油油的核桃果，他蹦到树

附录一　技能大赛故事再创作案例（文本、视频）

上，伸手就摘核桃。一只喜鹊飞来告诉他："这核桃可不能乱吃啊！"小猴马上自以为是地说："不用你多嘴啦！我知道，得吃皮肉！"说着"咔嚓"就咬了一口核桃的绿皮，这回小猴嘴里又麻又涩，难过得他一个跟头翻下树来，赶忙跑到小河边漱口。小喜鹊飞过来告诉他："吃核桃，应当吃里面的核儿！"小朋友们，这次小猴子能了解怎样吃瓜果了吗？他下次会吃对吗？

小猴漱完口，又一蹦一蹦地跑了，这回他跑到一棵梨树旁边，蹦到树上，摘下一个大梨，在树上七磕八碰，把果肉全部碰烂掉，只剩下一个梨核儿，这才放到嘴里吃。哎呀！他不由得又把嚼烂的渣子吐了，酸得直咬牙。喜鹊飞来问他："这回好吃了吧？"他气得摘下一个梨朝喜鹊扔去，然后翻身下树，一蹦一蹦地朝远处跑去，边跑边嘟囔："西瓜没味儿，香瓜净是籽儿，核桃麻嘴儿，鸭梨酸牙儿……我从今以后再不吃这些瓜果儿！"

小朋友们，你们说小猴子到底错在哪里了呢？

解析：这个故事是一个有关常识的教育故事，就是为了让小朋友们了解不同瓜果有不同的吃法，通过故事了解西瓜吃瓜瓤、香瓜吃皮、核桃吃核、梨吃皮肉这些常识。故事的结构也很整齐，是由四个结构和语言相似的段落构建，小朋友们更容易理解，讲故事者也可以按照这种层次的整齐和相似来记忆故事情节。提问语也是按照这个层次性来设置的，第一次吃完西瓜吃错了，还不服气地说："吃瓜要吃瓤这谁不知道"，所以在这里问了一句："小朋友们，你们说小猴子真的知道吗？"来启发幼儿，明确主题。第二个问题是在第三次吃核桃的情节处，他又吃错了，在这里呼应第二次吃香瓜时说的一句："这回我记住了，应该吃皮肉。"设置的问题是："小朋友们，这次小猴子能了解怎样吃瓜果了吗？他下次会吃对吗？"最后的结尾也是提问语："小朋友们，你们说小猴子到底错在哪里了呢？"这些提问语其实就像一根线从头至尾地把情节和主题连成一串，讲故事者通过这根线理清故事情节，明确故事主题，听故事者也能跟着这根线理解故事。

38. 猴子捞月亮

小朋友们，你们知道月亮是挂在哪里的吗？对了，月亮啊是挂在天上的。可是今天啊，老师要给你们带来一个掉在井里的月亮的故事，让我们一起来看看到底是怎么一回事吧！

在一座山上，住着一群猴子。

一天晚上，有只猴子在井边玩，它往井里一看，发现里边有个月亮。小猴子于是大叫了起来："不好了，月亮掉进井里了！"（声音细）。

大猴子听见了，跑过来一看，也跟着叫了起来："不好了，月亮掉进井里了！"（声音粗壮些）这个时候啊，被正在一旁吃香蕉的老猴子听见了，他呀不紧不慢地走了过来说道："吵什么吵，真是的，人家吃个香蕉都不得安宁。"小猴子着急地说："你快看看吧！月亮啊，掉在井里了。"于是老猴子上前凑了过去，这一看啊，也跟着叫了起来："不好了，月亮掉进井里了！"（颤颤巍巍的声音，着急状）。这时啊，猴子们都过来了。都一起大声喊道："不好了不好了，不好了不好了，不好了不好了。我们得想办法把它捞起来！"（变换三种角色声音）。

哎，小朋友们，你们说他们能把月亮捞起来吗？嘘，让我们接着听。

猴子们爬上了井边的大树，老猴子倒挂在树上，拉住大猴子的脚，大猴子也倒挂着，拉住另一只猴子的脚，猴子们就这样一只接一只，倒挂到井里头，小猴子挂在最下面。小猴子伸手去捞月亮，手刚碰到水，月亮就碎成一片一片。小猴子着急地喊道："糟了，月亮被我抓破了。"

大家都埋怨小猴子，过了一会儿，水面恢复了平静，井里又出现了一个又圆又亮的月亮，小猴子伸出手又去捞月亮，但是刚一碰到月亮，立刻就又碎成一片一片。猴子们捞了几次都没有成功。大家嚷嚷着："捞得累死了，月亮还是捞不上来，不捞了。"

这时候，老猴子一抬头，看见月亮还在天上，它喘着气说："不用捞了，不用捞了，月亮好好地挂在天上呢，井里的月亮是它的倒影。"

猴子们抬头看着月亮，笑了。

小朋友，你们认为月亮真的会掉井里吗？

解析：这个故事也是一个很经典的童话故事，情节内容很有趣，这群猴子们的语言和行为也很可爱。为了便于听故事的幼儿理解故事的情节，了解故事的主题，我们根据故事的情节设置了几个提问语，开头问了一个常识性的问题，"小朋友们，你们知道月亮是挂在哪里的吗？"这样让幼儿有一个思考，然后通过故事再明确答案，故事中间又问了一句："小朋友们，你们说他们能把月亮捞起来吗？"在这里其实是为了让小朋友们猜测结果，明确主题和故事的目的：猴子们不能把月亮从水里捞起来，是因为月亮一直挂在天上。

猴子捞月亮（片段）

讲述者：李雯

39. 小苹果树找医生

"哎哟，我的身体好难受啊！"原来是老苹果树生病了，那么小苹果树是怎样帮助老苹果树找医生的呢？我们现在就听听这个故事：《小苹果树找医生》。

小苹果树正在担心老苹果树病情的时候，一只喜鹊飞过来了，小苹果树恳求地说："喜鹊阿姨，您能不能帮我婆婆治病呢？"喜鹊摇了摇头，说："好孩子，我只会捉树叶上的虫子，不会捉树干里的虫子，我不会动手术啊！"说完喜鹊就飞走了。

夜里，一只猫头鹰从这里飞过，小苹果树连忙高声喊："猫头鹰爷爷，您能不能帮我婆婆治病呢？"猫头鹰摇摇头，说："好孩子，我只会捉田鼠，不会捉树干里的虫子。"猫头鹰说完就飞走了。

老苹果树现在病得更严重了，小朋友们，你们想一想，到底谁能给老苹果树治病呢？

这时，飞来一只啄木鸟，他在老苹果树上啄来啄去，小苹果树看了很着急，生气地说道："你在干什么呢，我婆婆会更疼的，快走开。"啄木鸟笑着说："孩子，别担心，我看出来你婆婆有病，是来给她治病的！"小苹果树高兴极了。小朋友们，你们知道啄木鸟是怎样给老苹果树治病的吗？啄木鸟在老苹果树身上啄来啄去，当听到空空的声音时，那就是表示里面已经被虫子吃空了，啄木鸟就把坏了的树皮啄掉，找出有虫子的洞口，从里边一下子钩出几条大虫子来。啄木鸟说："手术做完了。"小苹果树很感激地对啄木鸟说"谢谢您，你快坐下歇歇吧。"啄木鸟笑着回答："不用了，只要你们身体健康，我就高兴啦！"说完啄木鸟就飞走了。

老师的故事讲到这里就结束了，小朋友们，你们现在知道谁可以给老苹果树治病了吗？

解析：这个故事通过小苹果树找医生这个线索向小朋友们传达的是一个常识：什么动物能给树治病，也让小朋友了解了啄木鸟是怎样给树治病的。所以我们在故事中间设置的提问语就是为了明确主题的："小朋友们，你们想一想，到底谁能给老苹果树治病呢？""小朋友们，你们知道啄木鸟是怎样给老苹果树治病的吗？"结束语落脚点也是重申主题："小朋友们，你们现在知道谁可以给老苹果树治病了吗？"记得最开始选择这个故事让技能大赛同学练讲时，同学们都记不住词，觉得这个故事的情节比较混杂，后来经过对主题的明确和对情节层次的划分，逐渐理清了线索，而且这时候对故事的提问语设置就更加明确了，大家围绕着讲故事的目的和故事的主题，设置了贯穿整个故事的提问语，这样不仅讲故事者记住了词，而且让听故事的人更加明白和清晰整个故事的发展。

40. 三头公牛和狮子

哞哞哞！小朋友们你们听谁来啦？对！没错就是牛，今天老师的故事里有三头公牛，他们今天遇到了大狮子，会不会被吃掉呢？那小朋友们快听老师讲这个《三头公牛和狮子》的故事吧。

在广阔的大森林里，生活着红牛、黑牛、黄牛三头公牛，他们经常在一起游戏、休息。可是有一天，草原上来了一只狮子。狮子已经好久没吃肉了，看见三头公牛就向他们猛冲过去。公牛们一看狮子跑了过来就围成了一个大圈，围住了冲上来的狮子。红牛用角把大狮子挑出老远，狮子重重地摔在了地上，只好灰溜溜地走了。三头公牛松了一口气说："咱们三兄弟只要团结，再凶的狮子也不怕！"

狮子没吃到牛肉，小朋友们，你们猜他会放弃么？狮子当然很不甘心，但又斗不过三兄弟，这只狡猾的狮子想出了一个办法。这一天，他看三头公牛没在一起，觉得机会来了，就跑到黑牛身边，"我不是来伤害你的，你的力量这么大，我怎么斗得过你？可是我想问你，你们三兄弟中，哪个力量最大呢？"

黑牛连想都没想，说："当然是我！"

"那就奇怪了，刚才我听红牛说，他力量才是最大的！要是没有他，你们早都成为我的美餐了。""他胡说！要不是我在，他才会被吃掉呢！"黑牛气得直喘粗气，他决心不理红牛了。

狮子见黑牛上当了，他又跑向红牛。小朋友们，如果狮子也想让红牛对黑牛生气的话，他又会怎么说呢？对，你们听，"红牛兄弟，我看你们三兄弟中你的力气是最大的。"

红牛一听高兴极了，"我们是三兄弟嘛，我当然得保护他们啦！"

狮子说："可我听黑牛说，他的力量才是最大的。他说没有你他也能对付我。"

红牛心想："这家伙，真是忘恩负义！我就不该救他。"

狮子又找到了黄牛："黄牛，你个胆小鬼，听红牛他们说就你最胆小了，乖乖被我吃了吧！"

黄牛气急了："哼，他们才胆小呢，太不像话了！我要找他们算账去！"说着就直奔红牛而去。

黄牛冲到红牛面前，一句话也不说，一头就把红牛撞了个跟头。

黑牛看见了，跑过去拉架，结果也被黄牛狠狠地顶了一下。就这样三头公牛打成一团，直打得筋疲力尽，躺在地上直喘粗气。

躲在一边的狮子见机会终于到了，猛冲过去，没费多大劲儿，就把公牛兄弟三个全部咬死了。

好了！故事到这里就讲完了。小朋友们，你们知道为什么开始三头公牛能打败大狮子，而最后一次却被咬死了吗？

解析：这个故事原文篇幅比较长，故事情节比较复杂，角色关系也很多，对话也很多，但经过同学们的再创作，既能符合比赛的时间要求，又精简了情节，让人听着更加简单明白。开头悬念入场，中间问题设置得也很到位，通过问题的

附录一 技能大赛故事再创作案例（文本、视频）

设置把中间复杂的角色关系和情节梳理得很明白，比如："狮子没吃到牛肉，小朋友们，你们猜他会放弃吗？"这样就把狮子再一次想办法吃掉公牛的情节引出来了，起到过渡的作用。而第二个提问语："小朋友们，如果狮子也想让红牛对黑牛生气的话，他又会怎么说呢？"一个"也"和一个"又"，也提示着听众这里是相似的情节，相似的角色，是狮子第二次的挑拨离间，情节的发展也很明确。最后一句"小朋友们，你们知道为什么开始三头公牛能打败大狮子，而最后一次却被咬死了吗？"把故事的目的和道理一语道破，也能引发幼儿的思考，更加明确了主题。

41. "咕咚"来了

嗨，小朋友们，你们听说了吗？森林里啊来了一只可怕的"咕咚"，小动物们都怕它呢，小朋友们，你们想知道它是谁吗？那我们一起来听故事吧。

"今天天气好晴朗，处处好风光好风光。"（歌曲跳唱）三只小兔正在快活地扑蝴蝶，忽然湖中传来"咕咚"一声，这奇怪的声音把小兔们吓了一大跳，刚想去看个究竟，又听到"咕咚"一声，这可把小兔们吓坏了，"快跑，'咕咚'来了，快逃呀！"他们转身就跑。小朋友们，你们觉得这只"咕咚"可怕吗？嘘，听老师接着讲。

狐狸正在同小鸟跳舞，与跑来的兔子碰了个满怀，"哎呦喂，你可撞死我了，你看看我这胳膊，都动不了了，你要送我去医院。""去什么医院啊，你不知道吗，'咕咚'来了。可以吃掉你呢。"狐狸一听"'咕咚'来了"，也紧张起来，跟着就跑。他们又惊醒了睡觉的小熊和树上的小猴，小熊和小猴也不问青红皂白，跟着它们跑起来。水牛伯伯感到惊讶，拉住狐狸问："出了什么事？"狐狸气喘吁吁地说："'咕咚'来了，那是个三个脑袋、八条腿的怪物……"于是一路上跟着跑的动物越来越多，还有河马、老虎、野猪……岸上这阵骚乱，使湖中的青蛙感到十分惊奇，它拦住了这群吓蒙了的伙伴们，问："出了什么事？"大家七嘴八舌地形容"咕咚"是个多么可怕的怪物，青蛙问："谁见到了？"小熊推小猴，小猴推狐狸，狐狸推小兔，结果谁也没有亲眼看见。大家决定回去看看再说。回到湖边，又听见"咕咚"一声，仔细一看，原来是木瓜掉进水里发出的声音，小动物们不禁大笑起来。

好了，小朋友们，故事到这里就结束了，你们觉得这只"咕咚"还可怕吗？

解析：这个故事很简单，但经过同学们的再创作，加上生动的声音和肢体表现，故事也变得丰富有趣起来。比如在开头，既能引起悬念又能把这个故事的主题点明白，其实这个故事就是因为一个"可怕的'咕咚'"引起的，也就是一个解决"'咕咚'是什么"的故事，所以故事中间用了一个提问语："你们觉得这只'咕咚'可怕吗?"最后了解了真正的"咕咚"后用了一个问句收尾:"小朋友们,故事到这里就结束了,你们觉得这只'咕咚'还可怕吗?"所以讲故事的导入语、提问语和结束语是连串着故事的线索、主题和讲故事目的的,幼儿教师参赛、应聘也需要重点从这些方面入手。

42. 狮子和老鼠

嘿!小朋友们,今天啊老师带来了一个好听的故事,里面一只凶猛的大狮子竟然被小老鼠救了,你们相信吗?听听故事就知道啦!

在大森林里住着一头大狮子,有一天他在森林里散步,走着走着累了,便在大树下睡着了。这时候,一只小老鼠经过时碰到了他的爪子,把他惊醒了。大狮子张嘴准备吃小老鼠,小老鼠哭道:"哦,亲爱的狮子大王求求您别吃我,请让我走吧!有一天也许我会报答您的。"

狮子心想:"我这么厉害怎么会用得着小小的老鼠帮助呢?算了算了,我就当回好人把他放走吧!"于是便放了小老鼠,小老鼠承诺一定会报答他的。

有一次,狮子好几天没吃东西了,便出来觅食,可是一不小心,掉进猎人的陷阱被一张网困住了,他使出全身力气使劲挣扎,但网太结实了,他大声吼叫着,却怎么也挣不脱。小老鼠听到了他的叫声,便连忙赶过去了,说道:"别动,亲爱的狮子,我来帮您,我会把绳子咬断的。"小朋友们,你们说这么小的老鼠真的能救这么庞大的一只狮子吗?就连大狮子自己都不相信。但你们瞧,老鼠用它尖锐的小牙齿咬断了网上的绳子,狮子一使劲就从网里挣脱了出来。

老鼠对狮子说:"亲爱的狮子大王,我说会帮助您,就一定会信守承诺的,谢谢您那天放了我。"狮子却不好意思地说:"不不不,是我该感谢你才对,要不是你,我肯定活不过明天了,谢谢,谢谢!"后来狮子和老鼠成了要好的朋友。

小朋友们,你们喜不喜欢故事里的老鼠啊?弱小的老鼠竟然帮助了一只大狮子,是不是很神奇呀?

解析:这个故事是一个短小的寓言故事,强大的狮子和弱小的老鼠会发生什么故事呢?按照以往的故事主题只能是狮子要吃老鼠、老鼠机智逃脱的情节主题,但这个故事却另起寓意,让老鼠帮助了狮子,所以从故事的寓意设置上就很独特。而且故事再创作也很到位,导入语从大家不相信老鼠会救了狮子的悬念入手,让幼儿带着不相信的好奇感听故事。中间的提问语是这样设置的:"小朋友们,你们说这么小的老鼠真的能救了这么庞大的一只狮子吗?"这个问题的思考就会把讲故事目的引出来,就是要告诉小朋友弱小的小动物也有自己独特的本领,也能拯救庞大的狮子。最后的结束语没有按照往常直接点题总结,而是一种情感的引导和互动:"小朋友们,你们喜不喜欢故事里的老鼠啊?弱小的老鼠竟然帮助了一只大狮子,是不是很神奇呀?"这样整个故事很完整也很清晰。

43. 狐假虎威 1

小朋友们,听说最近狐狸很嚣张,动物们见了他都跑,这是为什么呢?那就让我们来听听《狐假虎威》的故事吧!

在茂密的森林里,大家都知道老虎是最凶猛的野兽,号称"森林之王"。他每天都要捕捉其他的小动物。一天,他碰到了一只狐狸,狐狸刚要溜走,就被他一把捉住,狡猾的狐狸看见自己无法逃脱,眼珠子骨碌碌一转,就想出一个好办法,它扯着嗓子斥责老虎说:"你怎么敢吃我!我是上天任命来管理所有的野兽的,你要吃了我,就是违抗上天的命令,我看你有多大的胆子!"小朋友们,你们觉得老虎会相信吗?老虎啊,这么一听早就被狐狸的气势唬住了,松开了爪子,狐狸摇了摇尾巴接着说:"你要是不信,就跟在我后面走一趟,看看是不是所有的野兽见了我都赶快逃命。"老虎听狐狸说话的口气很大,态度也很强硬,就决定跟着狐狸去看看。森林里大大小小的野兽们,看见狐狸大摇大摆,耀武扬威地走过来,后面跟着一只张牙舞爪的大老虎,都吓得要命,四处奔逃。小朋友们,你们说动物们是怕狐狸呢,还是怕老虎呢?老虎看着也害怕了:"啊?看来狐狸真的是上天派来的,我得快跑,否则我也会被吃掉的。"老虎不知道野兽们怕的是自己,以为真是被狐狸的威风吓跑的,彻底相信了狐狸的话,于是也慌忙逃走了。

小朋友们,你们知道小动物们是害怕哪个动物而逃跑了的吗?

狐假虎威 2(小学语文课文)

在茂密的森林里,有一只老虎正在寻找食物。一只狐狸从老虎身边窜过。老虎扑过去,把狐狸逮住了。

狐狸眼珠子骨碌碌一转,扯着嗓子问老虎:"你敢吃我?"

"为什么不敢?"老虎一愣。

"老天爷派我来管你们百兽,你吃了我,就是违抗了老天爷的命令。我看你有多大的胆子!"

老虎被蒙住了,松开了爪子。

狐狸摇了摇尾巴,说:"我带你到百兽面前走一趟,让你看看我的威风。"

老虎跟着狐狸朝森林深处走去。狐狸神气活现,摇头摆尾;老虎半信半疑,东张西望。

森林里的野猪啦,小鹿啦,兔子啦,看见狐狸大摇大摆地走过来,跟往常很不一样,都很纳闷。再往狐狸身后一看,呀,一只大老虎!大大小小的野兽吓得撒腿就跑。

老虎信以为真。其实他受骗了。原来，狐狸是借着老虎的威风把百兽吓跑的。

解析：《狐假虎威》是一个汉语成语，是先秦时代汉族本土的寓言故事。原文很短小，后期经过后人的丰富扩充，才有了现在的版本，而且被选入了小学语文课本。大家不难发现作为课文的故事语言也很生动，细节描写也很成功，而我们经过学生再创作后的故事则更加适合现场讲述，加入了导入语、提问语和结束语，又能适合幼儿教育环节讲述。

44. 萤火虫找朋友

小朋友们，大家都有朋友吧？当你的朋友遇到困难时，你是怎么做的呢？接下来让我们看一看萤火虫是怎样找朋友的。它找到了没有呢？我们一起听《萤火虫找朋友》的故事吧！

在一个夏天的夜晚，萤火虫提着绿色的小灯笼，飞来飞去，他要找朋友。

萤火虫飞呀飞，飞到灯光下，看见几只小飞蛾，就说："小飞蛾，你愿意做我的好朋友吗？"小飞蛾说："好吧！待会儿再跟你玩儿，我们的小妹妹不见了，要找小妹妹。你帮我们找找，好吗？"萤火虫说："不，不，我要找朋友。"说完便飞走了。

萤火虫飞呀飞，飞到大树下，看见了一只小蚂蚁，就对小蚂蚁说："小蚂蚁你愿意做我的好朋友吗？"小蚂蚁说："好吧！待会儿再跟你玩儿，我迷路了，心里好着急，你帮我照亮回家的路，好吗？"萤火虫说："不，不，我要找朋友。"说完便飞走了。萤火虫到处找朋友，可是，他一个朋友也找不到。于是，他停在树枝上，伤心地哭了。

大树公公听见了，就问萤火虫："萤火虫，你为什么哭得这么伤心呀？"萤火虫一边哭一边说："我要找朋友，可是，一个朋友也没找着。"说完，它便对大树公公讲起了事情的前前后后……

大树公公听后，对萤火虫说："萤火虫，你不帮助人家，人家当然不会做你的朋友。"

萤火虫听后，脸红了。

小朋友们，萤火虫为什么没有找到朋友呢？如果换了你该怎样去做呢？谁能告诉我们萤火虫怎样才能找到朋友呢？

解析：这个故事是师范教材《听话和说话》中讲故事环节的一个故事范例，导入语和结束语的设置很有启发性和诱导性，在前边的技巧部分已经作为范例引述过，不再重复。

附录二

经典童话故事原版故事库

注：其中有几个故事附录了讲故事视频，在讲故事时同学们对原版故事也做了再创作处理，大家可以进行对比训练。

故事目录

1. 小红帽
2. 鸭妈妈找蛋
3. 狼和七只小山羊（版本一）
4. 狼和七只小山羊（版本二）
5. 会飞的小象
6. 小象的大便
7. 送给蛤蟆的礼物
8. 一串紫葡萄
9. 笨笨猪
10. 猪八戒吃西瓜
11. 萝卜回来了（版本一）
12. 萝卜回来了（版本二）
13. 狮子照哈哈镜
14. 骄傲的孔雀
15. 狐狸和山羊
16. 油瓶里的小老鼠
17. 三只老鼠偷油吃
18. 烫头发的狮子
19. 老虎和青蛙
20. 下金鸡蛋的鸡

1. 小红帽

从前有个可爱的小姑娘，谁见了都喜欢，一次，外婆送给小姑娘一顶用丝绒做的小红帽，从此，小姑娘再也不愿意戴任何别的帽子，于是大家便叫她"小红帽"。

一天，妈妈对小红帽说："来，小红帽，这个篮子里有一块蛋糕和一瓶葡萄酒，快给外婆送去，外婆生病了，身子很虚弱，吃了这些就会好一些的。在路上要好好走，不要离开大路，注意安全。"没等妈妈说完，小红帽早就跑远了。

外婆住在村子外面的森林里，离小红帽家有很长一段路。小红帽刚走进森林就碰到了一只狼。小红帽不知道狼是坏家伙，所以一点也不怕他。

"你好，小红帽。"狼说。

"你好，狼先生。"

"小红帽，这么早要到哪里去呀？"

"我要到外婆家去。"

"你的篮子里面有什么呀？"

"蛋糕和葡萄酒，可怜的外婆生了病，要吃一些好东西才能恢复过来。"

"你外婆住在哪里呀，小红帽？"

"进了林子还有一段路呢，她的房子就在三棵大橡树下。"小红帽说。

狼在心中盘算着："这小东西细皮嫩肉的，味道肯定比那老太婆要好。我要想个办法，让她俩都逃不出我的手心。"于是他陪着小红帽走了一会儿，然后说："小红帽，你看周围这些花多么美丽啊！"

小红帽抬起头来，看到阳光在树木间来回跳荡，美丽的鲜花在四周开放，便想："也许我该摘一把鲜花给外婆，让她高兴高兴。现在天色还早，我不会去迟的。"她于是离开大路，走进林子去采花。

就在此时，狼却直接跑到外婆家，敲了敲门。

"是谁呀？"

"是小红帽，"狼回答，"我给你送蛋糕和葡萄酒来了。快开门哪。"

"你拉一下门闩就行了，"外婆大声说，"我身上没有力气，起不来。"

狼刚拉起门闩，那门就开了。狼二话没说就冲到外婆的床前，一口就把外婆吞进了肚子里。然后她穿上外婆的衣服，戴上她的帽子，躺在床上，还拉上了帘子。

可这时小红帽还在跑来跑去地采花。直到采了许多许多，都拿不了，她才想起外婆，重新提着篮子上路去外婆家。

看到外婆家的屋门敞开着，她感到很奇怪。她大声叫道："外婆，你还好吗？"可是没有听到回答。她走到床前拉开帘子，只见外婆躺在床上，帽子拉得低低的，把脸都遮住了，样子非常奇怪。

"哎，外婆，"她说，"你的耳朵怎么这样大呀？"

"为了更好地听你说话呀，乖乖。"

"可是外婆，你的眼睛怎么这样大呀？"小红帽又问。

"为了更清楚地看你呀，乖乖。"

"外婆，你的手怎么这样大呀？"

"可以更好地抱着你呀。"

"外婆，你的嘴巴怎么大得吓人呀？"

"可以一口把你吃掉呀！"

狼刚把话说完，就从床上跳起来，把小红帽吞进了肚子，狼满足了食欲之后便重新躺到床上睡觉，而且鼾声震天。一位猎人碰巧从屋前走过，心想："这老太太鼾打得好响啊！我要进去看看她是不是出什么事了。"猎人进了屋，来到床前时却发现躺在那里的竟是狼。"你这老坏蛋，我找了你这么久，真没想到在这里找到你！"他说。他正准备向狼开枪，突然又想到，这狼很可能把外婆吞进了肚子，外婆也许还活着。猎人就没有开枪，而是操起一把剪刀，动手把呼呼大睡的狼的肚子剪了开来。他刚剪了两下，就看到了红色的小帽子。他又剪了两下，小姑娘便跳了出来，叫道："真把我吓坏了！狼肚子里黑漆漆的。"接着，外婆也活着出来了，只是有点喘不过气来。小红帽赶紧跑去搬来几块大石头，塞进狼的肚子。狼醒来之后想逃走，可是那些石头太重了，它刚站起来就跌倒在地，摔死了。

三个人高兴极了。猎人剥下狼皮，回家去了；外婆吃了小红帽带来的蛋糕和葡萄酒，精神好多了；而小红帽却在想："要是妈妈不允许，我一辈子也不独自离开大路，跑进森林了。"

小红帽
讲述者：崔治薇

2. 鸭妈妈找蛋

鸭妈妈，生鸭蛋，那鸭蛋像姑娘的脸蛋，谁见了都说："啊，多么可爱的鸭蛋！"鸭妈妈听了，乐得呷呷呷地叫："嗯，这是我生的蛋啊！"

可是，鸭妈妈有个毛病：不在窝里生蛋，她走到哪里，要生蛋了，就生在哪里，所以她常常找不到自己生的蛋。

有一天傍晚，鸭妈妈又忘了在哪儿生的蛋了，她在院子里跑来跑去，怎么也找不着，就问母鸡："鸡大姐，您看见我的蛋了吗？您拾过我的蛋吗？"

母鸡说："我没看见呀！"

鸭妈妈赶紧跑出院子去，正碰上老山羊带着小山羊回家来。鸭妈妈忙问老山羊："羊大叔，您看见我的蛋了吗？您拾过我的蛋吗？"

老山羊说："我没拾过你的蛋呀！你到池塘边去找找看。"鸭妈妈奔到池塘边，找了好一阵子，还是没找着，只好回到院子里。她看见黄牛回家来，就问："牛大伯，您看见我的蛋了吗？您拾过我的蛋吗？"

黄牛说："我可没见过你的蛋，也没拾过你的蛋。你老是丢三落四的，这可不好啊！"

鸭妈妈叹了一口气说："唉！我忙得很哪，要游水，要捉小鱼小虾，还要下蛋……一忙，就记不清蛋生在哪儿了。"

黄牛说："你说你忙，我呢？耕地，拉车，磨面，可不像你那样丢三落四的。"

母鸡说："我也生蛋呀，我都生在窝里，可不像你天天要找蛋。"

山羊说："你呀，做事不用脑子！"

鸭妈妈拍了拍脑袋，说："啊，啊，不是我不用脑子，一定是我的脑子有毛病！"

山羊、黄牛和母鸡一起劝鸭妈妈："你别着急，好好儿想一想：你今天到过哪些地方？到底在哪里生了蛋？"

鸭妈妈低下头,从大清早出窝想起——池塘边吗?没生过蛋。草地上吗?也没生过蛋。小树林里吗?根本没去玩过。

"啊,对啊!"鸭妈妈想起来了,她可难为情了,低着头说,"今天,今天,我还没生过蛋。"

鸭妈妈找蛋
讲述者:高梅

鸭妈妈找蛋
讲述者:王靖宇

3. 狼和七只小山羊(版本一)

从前有个山羊妈妈,她有七个孩子。一天,山羊妈妈要到森林里去找点吃的东西。

于是,她把七只小羊叫到跟前,一一叮嘱他们:"我不在的时候,如果大灰狼来了,你们千万不要开门,大灰狼的嗓音是粗粗的,爪子是黑黑的,凭这些,你们会一下子认出他来。"

七只小山羊说:"别担心,妈妈,我们会小心的。"

没过多久,"咚咚咚",有人敲门。"小山羊乖乖,我是妈妈,我回来了,带来好多好吃的东西。"

但是这声音听起来粗声粗气的,小山羊们大声回答:"不开不开就不开,妈妈没你这么粗的嗓子。"

于是,大灰狼到商店里买了些滑石粉吃了,好让声音听起来柔细一些。这下,他又来到小山羊的门前。

"小羊儿乖乖,我是妈妈,我回来了,带来好多好吃的东西。"

但是从门上的小缝里,小山羊们看到了大灰狼漆黑漆黑的爪子。

"不开不开就不开,妈妈没你这么黑的爪子。"

于是,大灰狼来到磨坊,恶狠狠地说:"照我说的做,不然我吃了你!"磨房主害怕了,给大灰狼的爪子上撒了些面粉。

大灰狼又来敲小山羊的门,"咚咚咚"。

"小山羊乖乖,我是妈妈,我回来了,带来好多好吃的东西。"

小山羊们看到了白白的爪子,以为门外站着的是他们的妈妈。

"欢迎妈妈回来!"

门刚开,大灰狼"呼"地一下跳进屋里。

"啊……不!"小山羊们尖叫着,急忙在屋子里躲藏了起来。老大藏在桌子下,老二躲进被窝里,老三爬进炉子里。老四跑到厨房,老五溜进衣橱,老六用脸盆盖住自己,老七钻进落地大钟里。但是大灰狼毫不费力地找到他们,把小山羊一个一个地吞到肚子里去,只有躲在落地大钟里的那只小山羊没有被吃掉。大灰狼吃得太饱了,他摇摇晃晃地走了出去,在一棵大树下睡着了。

不久,山羊妈妈回来了,却看不到一只小山羊。

"哦……不!出了什么事?我的孩子们,快回答我!"但是,只有一只小山羊回答说:"我在这儿,妈妈!"

"大灰狼来了,把他们都吃掉了。"山羊妈妈赶紧跑了出去。

她看到大灰狼正躺在草地上睡觉。"他的肚子还在动,也许我能把孩子们救出来。"山羊妈妈对小山羊说:"快,去把剪刀和针线拿来!"

山羊妈妈用剪刀把大灰狼的肚子剪开,小山羊一个接一个地从里面跳了出来。

"噢!谢天谢地,我们得救了!"

山羊妈妈和小山羊们找来大石头把大灰狼的肚子填满,然后很快缝好了。

山羊一家马上藏了起来,等着看会发生什么事。

不久,大灰狼醒过来了。

"唉呀,啊!真口渴,我一定吃得太多了。嗯……对,最好先去喝点水。"

大灰狼吃力地爬到井边,弯下身子来喝水。可是,他的身子是那么重,以至于——"扑通!"大灰狼一下子掉到井里去了。

4. 狼和七只小山羊(版本二)

很久以前,山羊妈妈和七只小山羊生活在一起。一天,羊妈妈要出远门,她叮嘱小山羊:"你们在家要小心大灰狼,他的声音沙哑,四足发黑,一眼就能认出来!"吩咐完,羊妈妈便出发了。

不久,大灰狼果真来了,在门外喊道:"快开门,是妈妈回来了!"

"不开不开!"小羊们回答,"你的声音那么沙哑,妈妈的声音可比这个好听多了。你肯定就是大灰狼!"

"唉,被戳穿了,真倒霉!"大灰狼懊恼地说着回去了。

大灰狼吃了点滑石粉后(滑石粉能让声音变得动听)又返回来了。他来到门前说道:"是妈妈,赶快开门,我带了好多的礼物,快快开门呀!"

"让我们看看你的脚!"小羊们回叫道。

大灰狼于是把脚放在了窗子外。

"好黑的一只脚啊,你是大灰狼!不给开门!"小羊们叫喊道。

听到这话,大灰狼便匆忙跑到面粉铺,用面粉把脚涂白后又回到门前。

小羊们这次看到白色的脚,于是高高兴兴地把门打开了。大灰狼跑进屋里,片刻间就把小羊们一只一只吞进了肚子里。最后只剩下躲在大钟里的一只小不点幸免了。

山羊妈妈回到家里不见孩子,呼喊名字也没人答应,只有最小的一只从钟表盒里战战兢兢地走了出来。羊妈妈赶忙冲出屋外,看见大灰狼吃得饱饱的,正在呼呼地睡大觉呢。

于是羊妈妈便用剪刀咔嚓、咔嚓剪开大灰狼的肚子,救出了还活着的六只小羊。接着羊妈妈带领小羊们去搬来石块填到了大灰狼的肚子里。

不久大灰狼醒来了,感到口渴,便走到了水井边。由于肚子里的石块太重,大灰狼"扑通"跌入了井里,咕嘟咕嘟沉到了水底。

狼和七只山羊

讲述者:秦宇

5. 会飞的小象

有一只小象,刚刚生下来。

第一天,他看到了许多小动物。

到了第二天,他认识了许多花儿、草儿。

第三天呢,妈妈带他到河边,他看见了河水和高山。小象说:"世界真大呀!"这时,一只小鸟在天空中飞来飞去。小象想:"要是我也会飞,可以看更多的东西,多好呀!"小象爬到树上学飞,小朋友们,我们一起猜一猜小象能不能学会飞呢?"哎哟"一声,小象从树上掉下来,摔了一个大跟头。蛇看见了说:"小象,我们大家都有自己的本事。我不会飞,可是我会在树上睡觉。"狮子说:"我也不会飞,可是,我能跳过宽宽的大河。"老虎说:"我不会飞,可是,我会游泳。"爸爸妈妈对小象说:"我们大象力气大,这是小鸟不能比的。"小象明白了,他跟着爸爸妈妈运木头。他用长鼻子一钩,大木头就搬走了。大家都喜欢他。小象说:"我是小象真幸福。"

好了，小朋友们，我们一起回忆一下，故事中的小动物都有什么长处啊？

6. 小象的大便

早上，出门散步的河马非常吃惊。今天空地上非常臭。"哪里臭？哪里臭？"河马边问边找。

鳄鱼、狮子、猴子和刺猬也都围了过来。"哪里臭？哪里臭？"大家正找着，"吧嗒""吧嗒"，只见几个大便落在了空地的中央。"哇噻，这么大！"河马说。"是谁的大便啊？"鳄鱼问。"是大象的吧。"狮子说。"真大呀！"猴子说。"说不定是天空的大便哟。"刺猬说。"天空不会拉大便的。"河马笑着说。"不过，有时会拉小便。"鳄鱼说。"也许有时会拉大便。"猴子说。"也许是吧！"大家点头说。于是，它们一起站在空地上往天上看。"对不起，对不起，是我的大便。"小象急匆匆地跑来，"我马上打扫干净。"小象开始用鼻子吸沙掩埋大便。"等一下。"猴子说，"我也想拉这么大的粪便。""我也想。""我也想。"大家一个接一个地说。然后，它们问小象："你怎么会拉出这么大的粪便？""那是因为我吃得多呀！"小象说。

"真的吗？那我们也得努力吃呀！"大家一齐说，"明天早上我们再来悄悄地比一比。"这下可热闹了。河马、鳄鱼、狮子、刺猬还有猴子回到家就不停地吃。输给小象，那还得了！吃啊、吃啊。每个人的肚子都吃得胀鼓鼓的。

第二天早上，大家在空地中央集合。"一、二、三！"最后还是小象拉的大便个头最大。"啊，我的最小。"刺猬难过地说。"啊，我输了！"河马、鳄鱼、狮子和猴子都难过地说。"是吧，还是我的最大！"小象骄傲地扬起了鼻子。这时，妈妈和爸爸们赶来了，说："你们干了什么呀，空地上这么臭！打扫干净！赶快打扫！现在就打扫！"大家吓得跳了起来，慌忙开始打扫。那么，这次劳动谁是第一呢？得第一的是粪便最小的刺猬。

7. 送给蛤蟆的礼物

再过几天就是蛤蟆的生日了，青蛙想做一件衣服作为生日礼物送给他。

这天下午，青蛙一看见蛤蟆，就忍不住地说了出来："我要送给你一件衣服，不是买的，是我自己做的。"蛤蟆听了非常高兴。

晚上，青蛙准备好剪刀、针和线，开始做衣服。可是青蛙还从来没有做过衣服呢！刚剪了几下，青蛙就叫了起来："哎呀！坏了，坏了，剪坏了！唉，看来衣服是做不成了，只能做一件背心了。"

第二天，青蛙碰到蛤蟆的时候有点不好意思，说："嗯，做衣服太慢了，我想还是做件背心送给你吧！""呀，太好了！"蛤蟆高兴地叫了起来。

第三天，青蛙又碰见了蛤蟆，说："嗯，我觉得那块布更适合做一顶帽子！""听起来真不错，我喜欢帽子！"蛤蟆高兴地说。

这天晚上，青蛙在动手做帽子以前，对自己说："这次，你要是再剪坏了，你就是一个大笨蛋！"唉，看来青蛙的运气真糟透了，因为他又剪坏了，这下连帽子也做不成了。"唉，我是世界上头号大笨蛋！"青蛙自言自语地说。

终于到了蛤蟆的生日，当青蛙把一块手绢送给蛤蟆的时候，他难过得差点掉下眼泪。"哇，真漂亮！这是我收到的最好的、最特别的生日礼物了。谢谢你！"看到蛤蟆这么高兴，青蛙一点也不觉得难过了。

8. 一串紫葡萄

在很久很久以前，狐狸妈妈带着她的孩子住在森林的山洞里。有一天小狐狸哭着说："妈妈，我肚子饿了。"狐狸妈妈说："孩子，你等着，妈妈去给你弄点好吃的来。"狐狸妈妈出去了，小狐狸呆在洞里，等妈妈回来。可是等啊，等啊，妈妈老不回来。小狐狸饿得耐不住了，又哭起来。

狐狸妈妈到哪儿去了呢？原来，她要给她的孩子摘一串葡萄。她跑呀跑呀，翻过一座山，又翻过一座山，再翻过一座山，才来到葡萄园。狐狸妈妈攀着葡萄藤，摘下一大串紫葡萄。她把葡萄叼在嘴上，就急急忙忙往回跑。她翻过一座山，又翻过一座山，再翻过一座山，眼看就要到家了。"我不在家的时候，孩子没被狼叼走吧？"狐狸妈妈心里正想着，忽然听到附近有狗叫的声音。"不好，猎人带着狗上山来了！"她扔下葡萄，一边跑，一边叫："孩子，危险，快逃！"小狐狸听到妈妈的喊声，立刻冲出山洞，躲进了林子里。小狐狸在林子里一直躲到半夜，才回到自己的山洞，可是妈妈没有回来。小狐狸到处找啊找啊，总不见妈妈的影子。

几年过去了，小狐狸长大了。有一天，他发现山洞附近的一棵树上绕着葡萄藤，葡萄藤上结满了一串串紫葡萄。"这儿怎么会有葡萄的呢？"小狐狸觉得很奇怪。他摘下一串葡萄尝了一颗："哎呀，好甜，真好吃！"他咕噜咕噜吃起来。就在这时候，小狐狸突然想起妈妈亲切的声音："等着，妈妈去给你弄点好吃的来。"小狐狸明白了这儿的葡萄是怎么长出来的了。他深情地注视着葡萄藤，默默地说："妈妈，我是永远也不会忘记您的。"

9. 笨笨猪

有只小猪长得胖头胖脑，走起路来一晃一摇。大家瞧不起他，叫他笨笨猪。

一天，笨笨猪看见路边有个大苹果，张嘴就吃了。走不多远，前面又有一个，他又吃了。笨笨猪走一路吃一路，一连吃了好几个。他想，这些大苹果一定是从天上掉下来的。忽然，树丛中闪出一只大老虎，一把捉住了笨笨猪，老虎咂咂嘴，乐呵呵地说："好哇，一顿多美的午餐。""啊，我真笨，这苹果原来是大老虎设的圈套呀。""哈哈，你这只笨笨猪，上了我的当了。""我不笨！"笨笨猪可不服气，说："以前，我是最聪明的！""那你怎么会笨了呢？"老虎奇怪地问。"是我嘴馋，吃了一条大笨蛇，变笨了。"大老虎一听，马上放开了笨笨猪，气呼呼地说："滚吧，我才不吃你这身笨肉，我可不想变得像你一样笨。"笨笨猪转身跑了。

从那以后，谁也不叫他笨笨猪了。而那只大老虎呢，大家都叫他笨笨虎了。

10. 猪八戒吃西瓜

有一天，天热极了。唐僧、孙悟空、猪八戒、沙和尚他们走得又累又渴，孙悟空说："你们在这儿歇一会儿，我去摘点水果来给大家解解渴。"猪八戒连忙说："我也去，我也去！"他想：跟了孙悟空去，能早点吃到水果，还可多吃几个。猪八戒跟着孙悟空，走呀，走呀，走了许多路，连个小酸梨也没找着。他心里不高兴了，就哎哟哎哟地叫起来。

孙悟空知道猪八戒偷懒，不去理他，就一个跟头翻到南海去摘水果了。

猪八戒找了个树荫，正想睡一觉，忽然看见山脚下有一个绿油油的东西，走过去一看，哈哈，原来是个大西瓜！他高兴极了，把西瓜切成了四块，自言自语地说："第一块请师父吃；第二块请大师兄吃；第三块请沙和尚吃；第四块，嗯，是我的。"他张开大嘴巴，几口就把这块西瓜吃了。

"西瓜一块不够吃，我把大师兄的那一块吃了吧。"他又吃了一块。

"西瓜真解渴，再吃一块也不算多，我把沙和尚的一块也吃了吧。"他又吃了一块，这下只留下唐僧的一块了。他捧起来，放下去，放下去，又捧起来，最后还是没忍住，把这块西瓜也吃了。

"八戒，八戒！"

猪八戒一听，是孙悟空在叫他呢。原来孙悟空在南海摘了蜜桃、甜枣、玉梨回来，正好看见猪八戒在切西瓜，就在云头上偷偷地瞧着呢。

"八戒，八戒，你在哪里？"

猪八戒慌了，心想，我找到大西瓜自己吃了，要是让大师兄知道，告诉了师父，这就糟了。他连忙拾起四块西瓜皮，把它们扔得远远的，这才回答说："我，我在儿呢！"孙悟空说："我摘了些果子，咱们回去一起吃吧。"猪八戒说："好的，好的。"八戒刚走了几步，就摔了一跤，脸都跌肿了，低头一看，原来是踩在了自己刚才扔的西瓜皮上了。

孙悟空说："是哪个懒家伙把西瓜皮乱丢，害得八戒摔了一跤！"

"哎，哎，不要紧，没摔痛！"

八戒和孙悟空继续往前走，"啪嗒"一下，八戒又摔了一跤。孙悟空说："哎呀，又是哪个懒家伙偷吃了西瓜，把西瓜皮乱丢。"

八戒心想：怎么又踩上一块西瓜皮？真倒霉！可要小心点儿。他刚想到这儿，忽然脚下一滑，又跌了一跤，孙悟空哈哈大笑，说："八戒！你今天怎么尽摔跤？"八戒的脸越涨越红，一句话也讲不出。总算走到了休息的地方，八戒心想：一路上摔了三跤，摔得我好苦啊。"啪嗒"，又是一下，八戒重重地摔在地上，半天也爬不起来。

唐僧、沙和尚看见八戒脸上青一块、紫一块，肿了一大半，更加胖了。就问他是怎么回事，八戒结结巴巴地说："我不该一个人吃了一个大西瓜，这一路上摔了四跤。"说着大家都笑了起来。

11. 萝卜回来了（版本一）

雪这么大，天气这么冷，地里、山上都盖满了雪。小白兔没有东西吃了，饿得很。他跑出门去找东西吃。

小白兔一面找一面想："雪这么大，天气这么冷，小猴在家里，一定也很饿。我找到了东西，去和他一起吃。"

小白兔扒开雪，嘿，雪底下有两个萝卜。他多高兴呀！

小白兔抱着萝卜，跑到小猴家，敲敲门，没人答应。小白兔把门推开，屋里没有人。原来小猴不在家，也去找东西吃了。

小白兔就吃掉了小萝卜，把大萝卜放在桌子上。

这时候，小猴在雪地里找呀找，他一面找一面想："雪这么大，天气这么冷，小鹿在家里，一定也很饿。我找到了东西，去和他一起吃。"

小猴扒开雪，嘿，雪底下有几颗花生。他多高兴呀！

小猴带着花生，向小鹿家跑去，路过自己的家，看见门开着。他想："谁来过啦？"

他走进屋子，看见萝卜，很奇怪，说："这是哪来的？"他想了想，知道是好朋友送来的，就说："把萝卜也带去，和小鹿一起吃！"

小猴跑到小鹿家，门关得紧紧的。他跳上窗台一看，屋子里一个人也没有。原来小鹿不在家，也去找东西吃了。

小猴就把萝卜放在窗台上。

这时候，小鹿在雪地里找呀找，他一面找一面想："雪这么大，天气这么冷，小熊在家里，一定也很饿。我找到了东西，去和他一起吃。"

小鹿扒开雪，嘿，雪底下有一棵青菜。他多高兴呀！

小鹿提着青菜，向小熊家跑去，路过自己的家，看见雪地上有许多脚印，他想："谁来过啦？"

他走近屋子，看见窗台上有个萝卜，很奇怪，说："这是从哪来的？"他想了想，知道是好朋友送来给他吃的，就说："把萝卜也带去，和小熊一起吃！"

小鹿跑到小熊家，在门外叫："开门！开门！"屋子里没有人答应。原来小熊不在家，也去找东西吃了。

小鹿就把萝卜放在门口。

这时候，小熊在雪地里找呀找，他一面找一面想："雪这么大，天气这么冷，小白兔在家里，一定也很饿。我找到了东西，去和他一起吃。"

小熊扒开雪，嘿，雪底下有一个红薯。他多高兴呀！

小熊拿着红薯，向小白兔家跑去；跑过自己的家，看见门口有个萝卜，他很奇怪，说："这是从哪来的？"他想了想，知道是好朋友送来给他吃的，就说："把萝卜也带去，和小白兔一起吃！"

小熊跑到小白兔家，轻轻推开门。这时候，小白兔吃饱了，睡得正甜哩。小熊不愿吵醒他，把萝卜轻轻放在小白兔的床边。

小白兔醒来，睁开眼睛一看："咦！萝卜回来了！"他想了想，说："我知道了，是好朋友送来给我吃的。"

12. 萝卜回来了（版本二）

下雪了，地里、山上都盖满了雪。小白兔到雪地里找东西吃，它找到了两根萝卜，想跟小猴一起吃。

小白兔抱着萝卜去找小猴，小猴不在家。小白兔吃了小萝卜，把大萝卜放在桌子上。

小猴子扒开雪，找到了几粒花生，它多高兴啊！

小猴子带着花生想跟小鹿一起吃，发现放在自己家里的萝卜，就说："把萝卜也带去，和小鹿一起吃！"小鹿不在家，小猴把萝卜放在窗台上。

小鹿扒开雪，嘿，雪地下有一棵青菜，它多高兴啊！

小鹿拿着青菜要跟小熊一起吃，发现自己家窗台上的萝卜，就说："把萝卜带去和小熊一起吃！"

小熊不在家，小鹿把萝卜放在小熊家门口。

小熊扒开雪，嘿，雪地下有几个红薯，它多高兴啊！

小熊拿着红薯想跟小兔子一起吃，路过自己家门口时发现了大萝卜，就说："把萝卜也带上，跟小白兔一起吃！"

小熊来到小白兔家里，发现小白兔正在睡觉，就悄悄地把萝卜放在桌子上。小白兔醒来后，说："萝卜怎么回来了？"

13. 狮子照哈哈镜

有件事情真好笑，小猫和狮子比大小。

有一天，狮子抓住小猫，张开大嘴巴，想把他一口吞下去。

小猫"喵呜喵呜"叫："你为什么吃我呀？"

狮子听了哈哈大笑："那还用问，因为我大，你小。"

小猫说："什么，什么，你大，我小？你一定是眼睛花了，明明是我大，你小。"

狮子听小猫这么一说，糊涂起来了。

小猫说："你呀，眼睛只看见自己的爪子，你看不见自己的身子，怎么知道自己有多大呢？"

"对呀！"狮子想了一想说："我看不见自己的身子，怎么知道自己有多大呢？"

小猫说："我家有一面镜子，你照一照，就知道自己有多大了。"

狮子从来没有照过镜子，他想，照镜子一定很有趣，就跟着小猫走，走呀走，一直走到小猫家门口。

小猫家的镜子可真奇怪，正面可以照，反面也可以照，正面鼓起来，反面凹进去，电钮一按就转一转。

"狮子，狮子，快去瞧一瞧，瞧瞧你自己，是大还是小？"

狮子走进屋子，在镜子前面一站，正好鼓起来的一面朝着他。他往镜子里一瞧，看见自己又矮又小，像只小老鼠。

小猫说：“你看明白了吧，你的个儿有多大？现在你站到旁边去，让我来照镜子。”

小猫偷偷地把电钮一按，镜子转了一转，凹进去的一面朝着他。嗬，不得了，这镜子里的小猫比狮子还大呢。

"狮子，狮子，你快瞧一瞧，我比你大呀，还是比你小？"

狮子站在旁边偷偷地瞧了一眼，看见镜子里的小猫这么大，这么高，嘴巴一张一张，真吓人。狮子以为小猫要来吃他了，转过身子就跑，一直跑到树林里，再也不敢出来了。

你们看见过小猫家的镜子吗？这种镜子叫作哈哈镜。你们在凹进去的一面照一照，就会变成个巨人，可是在鼓起来的一面照一照，恐怕要变成一只跳蚤了。

14. 骄傲的孔雀

孔雀很美丽，可是很骄傲，只要看到谁长得漂亮，他就抖动羽毛，展开尾巴，炫耀自己的美丽。

有一天，孔雀昂着头，挺着胸脯，拖着美丽的长尾巴，沿着湖边散步。树上的花喜鹊很有礼貌地向他点头问好，他理也不理。

忽然，孔雀发现湖里有一只鸟，跟他一模一样，十分漂亮。他立刻停住脚步，展开尾巴，那美丽的尾巴抖动着，像一把五彩洒金的大扇子。谁知湖里的那只鸟也停住脚步，展开尾巴，那美丽的尾巴也抖动着，像一把五彩洒金的大扇子。

骄傲的孔雀有点生气了，他睁大了圆圆的眼睛，抖了抖头上的羽毛。湖里的那只鸟也睁大了圆圆的眼睛，抖了抖头上的羽毛。骄傲的孔雀可真生气了，他昂着头，挺着胸脯，向前迈了一大步，没想到一下子跌进湖里去了。

孔雀不会游泳，他在湖里挣扎了半天，好不容易抓住了一个树根，爬上岸来，他回头朝湖里看看，这回可高兴了，湖里的那只鸟，浑身湿淋淋的，还在发抖呢！

树上的花喜鹊"咯咯"地笑起来。孔雀看了花喜鹊一眼，不高兴地说："丑喜鹊，你笑什么？"花喜鹊拍拍翅膀，说："骄傲的孔雀，湖里的那只鸟就是你自己的影子啊！你骄傲得连自己也看不起了！"

15. 狐狸和山羊

　　一只狐狸失足掉到了井里，不论他如何挣扎仍然不能成功地爬上去，只好呆在那里。

　　公山羊渴极了，四处找水喝，终于发现了这口井。他探着头，看见狐狸在井下，便问他水好不好喝。狐狸觉得机会来了，心中暗喜，马上镇静下来，一边喝水，一边极力赞美井水好喝，说这是天下第一井水，清甜爽口，并劝山羊赶快下来，与他痛饮。一心只想喝水的山羊信以为真，便不假思索地跳了下去，当他咕咚咕咚痛饮完后，就不得不与狐狸共同商议爬上去的办法。狐狸早有准备，他对山羊说："我倒有一个方法，你用前脚趴在井墙上，再把角竖直了，我从你后背跳上井去，再拉你上来，我们不就都得救了吗？"公山羊同意了他的提议，狐狸踩着山羊的后脚，跳到他背上，然后再从角上用力一跳，跳到了井沿上。狐狸上去以后，准备独自逃离。公山羊指责狐狸不信守诺言。狐狸回过头对公山羊说："喂，朋友，你的头脑如果像你的胡须那样完美，你就不至于在没看清出口之前就盲目地跳下去了。"公羊只能懊悔地呆在井底。

　　后来山羊被救了，认识到这是一个教训，再也不盲目做事了。

16. 油瓶里的小老鼠

　　两只刚出窝的小老鼠，离开洞穴后发现外面的世界阳光明媚。于是，结着伴儿潜进了一所很明亮的空房子，两只小老鼠异口同声说："外面的世界真好。"

　　"这所房子好漂亮好温暖，要是咱们的小窝是这个样子多好啊！"一只小老鼠对他的同伴说。

　　"是啊！"同伴回答说。

于是，两只小老鼠绕着房子转了个圈，还嗅到了一股香味，凑着鼻子再嗅嗅，原来香味是从地上横七竖八的瓶子中散发出来的。两只小老鼠仔细一瞧，瓶子中还留有些油。于是，两只小老鼠不假思索地各自爬进了油瓶，香甜地舔吸着剩余的香油。

肚子填饱后，一只小老鼠爬出瓶子，向它的同伴召唤。谁知这只小老鼠却说："你傻呀！瓶子里多好，有吃有住，就跟水晶宫一样，咱那土窝黑咕隆咚的，我都厌烦死了。"

"再好，这儿也不是咱的久留之地，咱们还是离开吧！"同伴劝慰这只小老鼠。

"要回你自己回吧，反正我是不回那个黑洞洞去了。"这只小老鼠却说。

那只小老鼠只好独自返回他的土窝。

留在瓶子里的这只小老鼠，每天饿了就舔瓶子里的油，困了就睡在瓶子里，这样，吃了睡，睡了吃，小老鼠想，瓶子里真好。不知个觉几天过去了，瓶子里的油终于被这只小老鼠舔得光光的了，当睡醒后的小老鼠再也从瓶子里舔不出一丝油时，才恋恋不舍地向瓶口爬去。

可是，已经晚了，任凭小老鼠怎样挣扎，它肥胖的身躯却怎么也爬不出瓶子，被瓶颈处牢牢地卡住了。

最后，这只小老鼠就那样活活地饿死在瓶子里了。

它哪里想到，葬送它生命的地方竟然就是它觉得最安逸、最舒适的地方。原来，再美好的地方也不一定适合每个人永久地生存。

17. 三只老鼠偷油吃

老鼠爱喝油。有那么三只小老鼠很久没有喝到香喷喷的油了，有一天他们商量着去偷油喝。

他们到了油缸边一看，哎，油缸里的油呀只有油缸底下的一点点了，可缸身太高，谁也喝不到油。它们商量了半天，想了个好办法，一个咬着另一个的尾巴吊下去喝油，第一个下去的喝饱了上来，再吊第二个下去喝，他们发誓，谁也不许存半点坏心。

好，第一只老鼠最先吊下去喝，他在下面想：油只有这么一点点，今天我真走运，可以喝个饱了。

第二只老鼠在中间想：缸里就那么点油，如果让他喝完了，我还喝什么？还是放了他，自己跳下去喝吧。

第三只老鼠在最上面，他在缸边上想：油太少了，等他们两喝饱了，还有我的份儿吗？不如早点放了他们，自己跳下去喝吧。

就这样第二只放了第一只的尾巴，第三只放了第二只的尾巴，都自己抢先跳下去喝油了，结果他们都掉进了油缸里，虽然都喝到了油，可是谁也出不来了。

18. 烫头发的狮子

很久以前，狮子的头发是直直的，一天，狮子在海滩散步，看见波浪一波一波向前滚动，非常好看，他想："如果我的头发也能像波浪一样多好呀。"于是，他去找好朋友狐狸想办法。

狐狸问狮子："海在什么时候会翻起好看的波浪？"狮子想了想说："有风的时候呗。"狐狸说："那我们也制造一阵大风不就行了吗？"狐狸请来了好多动物，对大家说："我喊一、二、三，你们就用力吹，明白了吗？""明白了。"动物们齐声答应。

"一、二、三！"好大的风，四周树上的叶子都纷纷掉下来了。只见狮子的头发像波浪一样弯弯地飘起来。可是风一停，就恢复了原样。大风的办法不管用，狐狸又开始想别的办法。

这时下雨了，狐狸发现雨点落在水坑里的时候，水面上会泛起一圈圈的涟漪，狐狸很高兴，把狮子拉到池塘边，说："你坐在这儿淋雨就行了。"

于是，狮子乖乖地坐在雨中淋雨。刚开始还好，不久，狮子就不停地打喷嚏，再后来，狮子就冻得浑身发抖，狐狸赶忙把狮子扶回家。

狐狸回到家，狐狸太太正在做花生卷饼，狐狸问："烤的时候，卷饼会不会松开，又变成扁扁的一块呢？""当然不会，狐狸太太回答。"

狐狸想到了好办法，但他还要试一试才能去告诉狮子。他来到玉米地，摘了三十多个玉米。

接下来，狐狸在家里指挥小狐狸们做了一个很大的风筝，风筝上插了条铁片下缀着好多细线。狐狸用玉米棒卷起狮子的头发，和风筝上的细线连在一起。这天，天黑黑的要下雨，狐狸指挥大家把风筝放到天上。

风筝飞上了天，一阵闪电过后，雷电传到了风筝的铁片上，电流通过细线传到狮子头上的玉米棒上，狮子被埋在了一堆爆米花下面。

大家欢呼起来，狐狸大喊："成功了，成功了！"狮子终于有了满头的卷发了。

19. 老虎和青蛙

一只青蛙碰见一只老虎。青蛙问："你是谁呀？""我是老虎！""你来干什么?""我来吃你这个小东西。"青蛙一听,哈哈大笑起来:"你敢吃我?你知道我是谁呀?"老虎从来没有见过青蛙,就问他:"你是谁呀?"青蛙说:"我是青蛙,是这儿的大王!"老虎摇摇头,不相信。青蛙说:"你不相信吗?那好,咱们来比一比本领,你就知道了。""比什么本领呢?""比谁跳得远。前面是一条小河,咱们就往河对岸跳吧!"老虎点点头,把身子一弓,"呼"的一下跳过了河。青蛙呢?咬住老虎的尾巴,让老虎带着过河去了。老虎还当青蛙在河那边哩,转过身子,朝河那边喊:"青蛙,青蛙,你快跳呀!""我在这儿呢!"青蛙在老虎背后叫了起来,"可不是,我比你跳得远吧!"老虎以为青蛙真的比自己跳得远,心里发了慌。这时候,青蛙张开嘴巴,吐出几根老虎的尾巴毛。老虎觉得很奇怪,"青蛙,你嘴里怎么会有老虎毛呢?"青蛙说:"啊,是这么回事,昨天我吃了一只老虎,连皮带骨头都吃下去了,只剩下这几根尾巴毛。"老虎一听,青蛙要吃老虎,吓得转身就跑。他跑着,跑着,碰见了一只狐狸,狐狸问他:"老虎,老虎,出了什么事了?"老虎上气不接下气,好半天才把刚才的事说清楚,狐狸听了哈哈大笑,说:"老虎,老虎,你听青蛙瞎吹牛呢,咱们回去找他算账,把他打个稀巴烂。"老虎还是很害怕,不敢去。狐狸说:"有我呢,你怕什么?"老虎说:"到了青蛙那里,要是你自个儿跑了,我可怎么办?不是没命了吗?"狐狸说:"啊,原来你怕我自个跑了。那好,咱俩把尾巴结在一起。"老虎和狐狸拿尾巴打了个死结,一起去找青蛙。青蛙看见狐狸和老虎一起走来,就对狐狸说:"狐狸,狐狸,我叫你一早给我送一只老虎来当点心,为什么这时候才送来呀?快把老虎给我,我正饿着呢!"老虎一听,以为狐狸骗了他,要把他送给青蛙当点心,吓得转身就跑,狐狸急死了,说:"老虎,老虎,你害怕,也得把尾巴解开来再跑呀!"老虎哪里顾得解开尾巴,撒开腿就跑,把那只狐狸活活地拖死了。

老虎和青蛙
讲述者:刘媛

老虎和青蛙
讲述者:左红玲

20. 下金鸡蛋的鸡

从前,有一对懒惰的夫妻,生活十分贫困,却整日想着不劳而获,希望天上掉馅饼下来。有一天,神奇的事情发生了,他们家的母鸡居然下了一个金蛋!

这对夫妻把金蛋拿到市集上去卖,换了一大笔钱。竟然不费吹灰之力就得到了这么一大笔钱，夫妻二人心里都喜滋滋的。就这样，他们每天都拿一个金蛋到市集上卖，不久便发了大财，买下了很多田地，又盖起了漂亮的大房子，还雇了许多仆人，日子过得舒服极了。

但是他们依旧很贪心，对这一切仍然不满足。有一天，妻子对丈夫说："既然那只母鸡每天可以下一个金蛋，那它的肚子里一定有很多很多的金蛋，说不定还藏着一个大金库呢！"

丈夫听了，十分赞同地说："没错！我们干脆把它杀了，把所有的金蛋都取出来，这样我们就不用天天那么麻烦去捡蛋了。"

说干就干，夫妻俩兴冲冲地走向鸡窝，把母鸡杀了。但结果让他们大失所望，母鸡的肚子里根本没有什么金蛋，更别提金库了！夫妻俩非常后悔，但为时已晚，他们本来每天能有一个金蛋，现在什么都没有了。

很快，夫妻俩把所有的财产花光了，又过回了贫困的生活。他们住回了原来的破屋子，哀叹道："要是我们珍惜原有的财富该多好啊！如果我们不杀那只下金蛋的母鸡，现在每天还能有一个金蛋呢！"

下金蛋的鸡

讲述者：刘甜甜

后　　记

　　这本书从构思到成稿经历了九年时间，从第一次经历学前教育专业技能大赛讲故事辅导，到后来了解到毕业生的招聘面试要求，都深感讲故事的能力对于幼儿教师的重要性。还有离校的毕业生们多次向我求故事稿，甚至参加过技能大赛培训的同学还向我要她们培训时曾经用过的讲故事视频，所有的这些都促使我要把这些年培训的技巧和经验编辑成书，而且要把同学们讲的优秀视频进行分享，用作示范。

　　这本书的成稿，不仅仅有我一人之力，还有很多领导和老师都给我提供了很多无私的帮助和支持。最开始引导我走向语言故事教学的及文平老教授，虽然现今已经退休，但他的教研光芒一直映照着我；还有把我引领进故事团队、技能大赛辅导团队的杜凤岗老师，最初他对我讲故事培训水平的肯定，让我一直自信地坚守在讲故事培训的前线；还有我们的杨树格主任，既是我们的老主任，又是语言组的老前辈，他对语言的肯定和重视让我在语言领域多了很多施展的机会，才能收获很多经验；还有一直和我亦师亦友的刘立新老师，她一直陪伴我从教研的艰难探索中走过来，给我帮助，给我关爱和引领；由于我不是科班学前教育专业出身，许多专业知识和幼儿园教法方面经常会出现问题，这时候理论教师安惠敏老师和孙丽花老师一直为我查漏补缺，才能让我的语文语言技法和幼儿园教法统一融合；当然也要感谢曾经和我一起培训的贾秀梅老师和李艳老师，曾经和我在一个战壕交流和沟通，也是我成长的基础；现如今我们的李津主任又给我提供了一种助力，督促和支持我最终成稿出版；而在这个过程中，我的学生们给我提供了最丰富的创作源泉，她们每次的错误、每次的进步、每次的完善，都是我总结的基础，这些故事再创作文本案例也都是我和她们火花碰撞、灵感泉涌的结果，好多视频的录制渗透着她们一次次打磨、一次次修改的心血。最后提一句，这些年的视频积累多亏我嫂嫂的摄像机提供的技术支持，在此一并感谢。当然这本书的知识和技巧还是其次，最主要的是在这个过程中，我思想的升华和教学科研能力的进步，以及这些亦师亦友的领导、朋友们、学生们无私的情谊才是我最宝贵的财富。

　　这本教材的编撰还借鉴了很多前辈专家学者已有的研究成果，参考了很多的

后 记

幼师口语教材,主要参考书目如下:

［1］刘梅,王砚美．幼师语言培训教程［M］．北京:人民邮电出版社,2014.

［2］本社中学语文室．听语和说话(第二册)［M］．北京:人民教育出版社,2005.

［3］国家教委师范司．教师口语［M］．2版．北京:北京师范大学出版社,1996.